建筑与市政工程施工现场专业人员继续教育教材

职业道德与法律法规相关知识

中国建设教育协会继续教育委员会　组织编写

刘仁辉　主编

中国建筑工业出版社

图书在版编目（CIP）数据

职业道德与法律法规相关知识/中国建设教育协会继续教育委员会组织编写. —北京：中国建筑工业出版社，2016.1
建筑与市政工程施工现场专业人员继续教育教材
ISBN 978-7-112-19096-6

Ⅰ.①职… Ⅱ.①中… Ⅲ.①建筑业-职业道德-继续教育-教材②建筑法-中国-继续教育-教材 Ⅳ.①F407.961.5②D922.297

中国版本图书馆CIP数据核字（2016）第033962号

本教材是建筑与市政工程施工现场专业人员继续教育教材之一，主要内容包括：建筑业职业道德概述、建筑业从业人员应共同遵守的职业道德规范、建筑业职业道德修养、建设工程许可制度、建设工程招标投标及合同管理制度、建设工程安全生产管理法律制度、建设工程质量法律制度、建设工程环境保护法律制度。

本教材可用于建筑与市政工程施工现场专业人员继续教育培训，也可供相关人员参考使用。

责任编辑：朱首明　李　明　李　阳
责任设计：李志立
责任校对：陈晶晶　赵　颖

建筑与市政工程施工现场专业人员继续教育教材
职业道德与法律法规相关知识
中国建设教育协会继续教育委员会　组织编写
刘仁辉　主编

＊

中国建筑工业出版社出版、发行（北京西郊百万庄）
各地新华书店、建筑书店经销
北京红光制版公司制版
北京云浩印刷有限责任公司印刷

＊

开本：787×1092毫米　1/16　印张：11　字数：271千字
2016年6月第一版　2016年12月第二次印刷
定价：**29.00**元
ISBN 978-7-112-19096-6
（28421）

建筑与市政工程施工现场专业
人员继续教育教材
编审委员会

主　任： 沈元勤

副主任： 艾伟杰　李　明

委　员：（按姓氏笔画为序）

参编单位：

中建一局培训中心

北京建工培训中心

山东省建筑科学研究院

哈尔滨工业大学

河北工业大学

河北建筑工程学院

上海建峰职业技术学院

杭州建工集团有限责任公司

浙江赐泽标准技术咨询有限公司

浙江铭轩建筑工程有限公司

华恒建设集团有限公司

序

建筑与市政工程施工现场专业人员队伍素质是影响工程质量、安全、进度的关键因素。我国从 20 世纪 80 年代开始，在建设行业开展关键岗位培训考核和持证上岗工作，对于提高建设行业从业人员的素质起到了积极的作用。进入 21 世纪，在改革行政审批制度和转变政府职能的背景下，建设行业教育主管部门转变行业人才工作思路，积极规划和组织职业标准的研发。在住房和城乡建设部人事司的主持下，由中国建设教育协会主编了建设行业的第一部职业标准——《建筑与市政工程施工现场专业人员职业标准》JGJ/T 250—2011，于 2012 年 1 月 1 日起实施。为推动该标准的贯彻落实，中国建设教育协会组织有关专家编写了考核评价大纲、标准培训教材和配套习题集。

随着时代的发展，建筑技术日新月异，为了让从业人员跟上时代的发展要求，使他们的从业有后继动力，就要在行业内建立终身学习制度。为此，为了满足建设行业现场专业人员继续教育培训工作的需要，继续教育委员会组织业内专家，按照《标准》中对从业人员能力的要求，结合行业发展的需求，编写了《建筑与市政工程施工现场专业人员继续教育教材》。

本套教材作者均为长期从事技术工作和培训工作的业内专家，主要内容都经过反复筛选，特别注意满足企业用人需求，加强专业人员岗位实操能力。编写时均以企业岗位实际需求为出发点，按照简洁、实用的原则，精选热点专题，突出能力提升，能在有限的学时内满足现场专业人员继续教育培训的需求。我们还邀请专家为通用教材录制了视频课程，以方便大家学习。

由于时间仓促，教材编写过程中难免存在不足，我们恳请使用本套教材的培训机构、教师和广大学员多提宝贵意见，以便我们今后进一步修订，使其不断完善。

中国建设教育协会继续教育委员会

2015 年 12 月

前　　言

　　工程建设项目投资额巨大，建设周期长，与国民经济和人民生命财产安全休戚相关，因此工程建设在国民经济中的地位举足轻重。以法律与职业道德来规范工程建设活动，保证建筑产品质量、建筑安全生产和维护正常市场秩序，已成为当今社会不争的共识。加强和加速科学的工程建设立法十分必要。可喜的是，我国的工程建设法规体系正在得到迅速发展与完善。

　　工程建设活动远不只是一个技术劳动的过程，其成败不仅取决于技术。职业道德法律对于工程建设活动的程序、工程建设参与者的资格及其相互关系以及工程建设过程中各参与者的权利和义务都有明确规范。因此土木工程专业的从业人员，仅仅掌握专业技术知识还远远不够，熟悉工程建设法律知识是从事工程建设活动的必备前提。良好的职业道德，既是对从业人员在职业活动中的行为要求，也是各行业对社会所承担的道德责任和义务。掌握职业道德规范，并在专业学习、教学实习、社会实践中养成，也是勤勉立业、成功创业的基石。了解和掌握与工程活动密切相关的法律知识，可以使从业人员增强法律意识，树立法制观念，提高辨别是非的能力，从而不仅做到自觉守法，严格依法办事，而且还能积极运用法律武器，维护自身合法权益，同各种违法犯罪行为做斗争，成为具有较高职业素质的专业人员。

　　近几年，我国工程建设领域职业道德与法制建设不断加强，工程建设实践经验不断丰富。新法规、新规范、新经验层出不穷，从而加快了建设法规理论研究工作的步伐，取得并积累了一些新的研究成果。本书参编人员根据工程建设活动的一般程序，系统地介绍了工程建设领域职业道德与法律法规的理论和应用知识，全面反映了近年来国内工程建设职业道德与法律法规的新变化和新发展。本书讲解了职业道德的概念，建筑业职业道德建设的现状和意义；详细地论述了建筑业从业人员应共同遵守的职业道德规范；讲解了道德修养、职业道德修养和加强职业道德修养的途径。并针对建设工程许可制度、建设工程招标投标及合同管理制度、建设工程安全管理制度、建设工程质量管理制度进行了分析与解读。

　　本书内容新颖，紧密联系工程项目实践，可作相关从业人员的继续教育教材，也可供建设单位、设计单位、施工单位、工程管理咨询单位、科研单位等相关专业人员参考。

　　本书由哈尔滨工业大学管理学院刘仁辉担任主编，由哈尔滨工业大学土木学院台双良副主编，中国建筑一局有限公司的刘洋、贾旭参与编写。

　　本书在编写过程中，查阅和检索了许多建设法规方面的信息、资料和有关专家的著述，但由于我国的职业道德与建设法规体系尚在制定和完善之中，其理论体系的成熟还需要在实践中不断丰富、发展和完善；更主要地，由于编者水平有限，时间仓促，不妥之处在所难免，衷心希望广大读者批评指正，以便再版时能够加以完善。

目　　录

一、建筑业职业道德概述

（一）职业道德相关概念

1. 职业

（1）职业的概念

职业是指由于社会分工而形成的具有特定专业和专门职责，并以所得收入作为主要生活来源的社会活动，通常也称为工作岗位，如警察、教师、公务员、律师、医生等。

从社会的发展进程来看，职业是人类社会出现分工以后产生的一种社会历史现象，是一种以社会分工和劳动分工为纽带的社会形式和社会关系。每一个健康的成年人，一生大部分时间都要从事某一种或者某几种具有专门业务和特定职责的社会活动，并以此作为自己获得生活资料的主要来源。从社会的角度来看，职业是劳动者获得的社会角色。从国家的角度来看，每一种职业都是社会分工中的一个部门。从个人的角度来看，职业是劳动者谋生的手段，须承担一定的社会义务和责任，并获得相应的报酬。

（2）职业责任权利

职业在社会生活中主要包括责权利三个方面：职业责任，指每一个职业都包含相应的社会责任，必须承担一定的社会任务，为社会作出应有的贡献；职业权利，指每一个从业人员都有一定的职业业务权利，即只有从事这种职业的人才享有特定权利；职业利益，指每一个从业人员都能从职业工作中获得工资、奖金、荣誉等利益。任何一种职业都是由职业责任、职业权利和职业利益组成的统一体。

（3）职业意义

首先，职业是社会个体谋生的手段。人们通过职业为社会奉献劳动，社会按照一定的标准给付劳动者相应的报酬，这些报酬是从业人员及其家庭成员生存和发展的经济基础。其次，职业是人们与社会交往的一种主要渠道。从事一定职业的个体，通常以较为特定的内容和形式与外界进行交往。再次，职业是实现个人人生价值的主要媒介。每一个人都有自己的人生理想，理想的实现需要借助一定的渠道，正是职业为每一个从业人员提供了施展才华的舞台。

2. 道德

（1）道德的概念和内涵

所谓"道"，最初是指人走的路。世上本无路，走的人多了，也就成了路，有约定成俗之意，由此引申为做人的道理，之后又进一步表示事物的运动、变化和发展的规则和规律。对"道"的认识、实践之所得就称为"德"。

随着历史的发展、经济的繁荣、社会的进步，道德的内容也在不断地发展和完善。大多数学者认为，道德是人类社会所特有的现象，是由经济关系决定的，依靠社会舆论、传统习惯、社会教育和人的内心信念去调整人与人、人与社会、人与自然之间的关系，并以善恶标准进行评价的原则、规范和心理意识的总和。

道德具有以下四重含义：

首先，道德是人类社会所独有的现象，它所调整的对象与人类的活动密切相关。每个人都生存在一定的社会环境中，在这个特定的环境中，必然要与他人、社会和自然界之间产生一定的社会关系。这些关系是错综复杂的，在处理这些错综复杂的关系中一定会出现各种各样的矛盾，如何解决这些矛盾，在一定程度上就由道德来调节。

综合起来，道德能够调整的社会关系可分为四类：一是个人与个人的关系，如父母、姊妹、同事、同学之间的关系；二是个人与社会集体之间的关系，如个人与单位、个人与集体、个人与国家的关系；三是社会集团之间的关系，如企业之间、团体之间、部门之间的关系；四是人与自然的关系。

人与自然的关系虽然不是严格意义上的社会关系，但环境危机的背后隐藏的是道德危机。当前社会上有些人不讲环境道德，乱扔乱倒废弃物，肆意毁坏森林，破坏生态平衡，势必导致我们赖以生存的地球遭到破坏，给自己和后代带来危机。所以，人与自然的关系仍然属于人与人之间的关系。

其次，道德是由社会经济关系所决定的。道德起源于人类生存和发展的需要，起源于人类的社会实践，以符合人们对实践行为约束的需要。从生产实践中产生的道德，是社会一定经济关系的产物，有什么样的经济关系，就有相应的社会道德。经济关系所表现出来的利益直接决定道德的原则和规范。因此，我们不能抛开利益来研究道德，利益是道德的基础，由经济关系、经济利益所决定的道德，必然随经济关系的变化而变化。

再次，道德是一种特殊的行为规范。众所周知，政治、法律以及宗教依赖一系列的社会组织、机关、设施来实现调节功能。与其不同，道德通过社会舆论、传统习惯、教育和内心信念的力量去调整人与人、个人与社会之间的关系。社会舆论是报刊、电台、电视等宣传工具或者群体对某人的行为或者某些社会现象进行或褒或贬的评论和议论，促使人们按照一定的道德规范去行动。传统习惯是一种强大的社会力量，以"合俗"或者"不合俗"来评价人们行为的善恶，使人们感到按照某种道德规范是"应当如此"，进而自觉地服从某种道德规范的约束。内心信念是指个人的良心、是非善恶观念、荣辱观，它是行为者内心的法庭，主要评判行为者自己的所有行为。人们遵从道德规范时就感到心灵上的满足和快感，而违反时就感到不安和羞愧，从而积极地影响人们的行为。没有社会舆论、传统习惯和内心信念，道德也就没有办法维护和存在。

最后，道德是以善恶作为评价标准的。人类认识社会的方式有三种：科学的方式、艺术的方式和道德的方式。科学是以真假范畴把握世界，艺术是以美丑表现世界，而道德则是通过善恶价值评判世界，即它是将从一定的社会利益中引申出来的生活原则和行为准则作为善恶标准，把世界上的各种事物判断为善的或者恶的，在把握善恶的矛盾运动中来调节人们的行为。善恶是价值范畴，它以善恶关系表明个人与个人、个人与集体、集体与集体之间的关系。善恶判断是一种价值判断。在现实生活中，凡是符合一定道德原则和规范的行为或者事件，就被评判为善；凡是违背一定道德原则和规范的行为或者事件，就被评判为恶。善恶价值的内容也是由社会经济关系所决定的。

（2）道德的特点

作为一种意识形态的道德，与政治、法律、哲学、艺术不同，具有以下特点：

其一，道德具有精神内容和实践内容的统一性。马克思曾经把人类把握世界的方式分为四种：即科学理论的、艺术的、宗教的和实践精神的，道德是社会意识，而且是一种思想关系，因此它是一种精神。但道德作为一种精神又不同于科学、艺术等其他精神，而是一种以指导行为为目的，以形成人们正确的行为方式为内容的精神，因此它又是实践的。道德区别于其他社会意识的根本特征就在于它是一种实践精神。道德存在于人们的意识之中，又表现在人们的现实生活中，通过人们处理各种复杂的社会关系表现出来。从某种意义上讲，道德实践比道德意识更为重要。一个人的道德意识再高，在没有付诸行动之前，就不能称他是品德高尚的人，衡量一个人道德水平的标志就是看他的道德实践和道德行为。

其二，道德具有渗透社会生活的广泛性。与其他上层建筑相比，道德具有广泛的社会性。从纵向来看，道德贯穿于人类社会发展的各种形态。道德萌芽于原始社会，私有制下又形成了不同的阶级道德。随着社会的进步和人类社会的发展，道德也必定会进一步的发展。从横向来看，道德存在于社会生活的各个领域、各种社会关系中，大到经济领域、政治领域，小到人们的衣、食、住、行，都要面对各种关系，如父子、夫妻、上级与下级、师生等，在处理这些关系时，必须遵循一定的原则和规范，其中道德就占有很大的比重。

其三，道德具有发展和历史继承性。道德是由经济关系所决定的，经济关系的变化必然引起道德的变化。在人类道德史上，一切道德上的兴衰变化，归根到底都源于经济关系的变革。由于社会经济关系的变革是一个由低级形态向高级形态发展的过程，因而道德也随之发展和提高。道德如同人类历史不能割断一样，新道德总是从不同的方面延续过去的某些道德传统，因此道德具有历史的继承性。

其四，道德的内容因时代的不同会有所变化。在不同的时代，人们的道德观念不同。古代人的道德观念和现代人的道德观念会有些不同，两代人之间的道德观念也会有所不同。一方面是因为社会生产的发展会促使人们的道德观念发生变化；另一方面是由于外来文化的冲击，使原有的道德文化和人们的道德观念发生了变化。所以我们还要以发展的观点来认识道德、发展道德。

（3）道德的功能

道德的功能主要有：

1）调节功能。调节功能是道德的主要功能。道德具有通过评价等方式来指导和纠正人们的行为和实践活动以达到协调人际关系、维护社会秩序的能力。道德是社会矛盾的调节器。人们生活在社会中总要和自己的同类发生这样或那样的关系。因此，就不可避免地要发生各种矛盾，这就需要通过社会舆论、风俗习惯、内心信念等特有的形式，以自己的善恶标准去调节社会上人们的行为，指导和纠正人们的行为，使人与人之间、个人与社会之间的关系臻于完善与和谐。

道德的调节功能主要有两种表现方式：一种是社会调节，即以社会的道德原则、规范为尺度来评价人们的道德行为，协调人们的道德关系，这是最基本的道德调节方式。例如，对于那些见利忘义、见死不救的行为，可以通过社会的道德规范、社会舆论以及传统习惯进行调节。另一种是道德的自我调节，即以个人的道德思想为尺度来评价社会的道德行为，协调自我在社会中的道德角色以及与他人、与社会的道德关系。例如，社会上的一些犯罪分子侥幸逃脱法律的制裁长达十几年，却一直受着良心的谴责，长期处于精神折磨的痛苦之中，最后主动投案自首等。这种行为可以说是道德自我调节的结果。道德的社会调节和自我调节之间具有相互联系、相互影响的关系。

2）认知功能。道德能够通过道德判断、道德标准和道德理想等形式，反映个人同他人、个人同社会的利益关系，向人们指出在现实世界价值关系中的方向，提供进行道德选择的条件和知识。道德是引导人们追求至善的良师。它教导人们认识自己对家庭、对他人、对社会、对国家应负的责任和应尽的义务，教导人们正确地认识社会道德生活的规律和原则，从而正确地选择自己的行为和生活道路。

3）激励功能。道德依据社会价值观、价值观念体系，通过确定道德理想并树立道德榜样，建立道德的鼓励和批评机制，从而激发人们形成良好的道德风貌、道德品行和道德境界，向往、追求和实现完美的道德人格。在社会生活中，道德激励功能的实现与人们的成就感、尊严感的形成和发展息息相关，与人们道德人格的追求、形成和完善密不可分。道德不仅调节人与人之间的关系，而且平衡人与自然之间的关系。它要求人们端正对自然的态度，调节自身的行为。环境道德是当代社会公德之一，它教育人们应当具有造福于而不是贻祸于子孙后代的高度责任感，从社会的全局利益和长远利益出发，开发自然资源，发展社会生产，维持生态平衡，积极治理和防止对自然环境的人为性的破坏，平衡人与自然之间的正常关系。

4）教育功能。道德能够通过评价和鼓励等方式，造成社会舆论，形成社会风尚，树立道德观念，塑造理性人格，培养人们的道德品质和道德情操。道德是催人奋进的引路人。它培养人们良好的道德意识、道德品质和道德行为，树立正确的义务、荣誉、正义和幸福等观念，使受教育者成为道德纯洁、品行高尚的人。

5）评价功能。道德具有指导人们判别社会中的各种言行的善恶、美丑等功能。道德是公正的法官。道德评价是一种巨大的社会力量和人们内在的意志力量。道德是人以评价来把握现实的一种方式，它是通过把周围的社会现象判断为"善"与"恶"，或者"美"与"丑"来实现的。

3. 职业道德

（1）职业道德的概念

职业道德，就是同人们的职业活动紧密联系的符合职业特点要求的道德准则、道德情操与道德品质的总和。它既是对本职人员在职业活动中行为的要求，又是职业对社会所负的道德责任与义务。职业道德是人们在职业生活中应遵循的基本道德，即一般社会道德在职业生活中的具体体现，是职业品德、职业纪律、专业胜任能力及职业责任等的总称，属于自律范围，它通过公约、守则等对职业生活中的某些方面加以规范。

（2）职业道德的特点

与一般的社会道德不同，职业道德包括以下四个方面的特点：

1）内容特定。职业道德明确地表达职业义务、职业责任以及职业行为上的道德准则。职业道德反映某一职业、行业以至产业特殊利益的要求，是在特定的职业实践的基础上形成的。因此，职业道德表现为某一职业特有的道德传统和道德习惯，表现为从事该职业的人们所特有的道德心理和道德品质，甚至造成从事不同职业的人们在道德品貌上的差异。如人们常说的某人有"军人作风"、"工人性格"、"农民意识"、"干部派头"、"商人习气"等。

2）表现形式多样。由于各种职业道德的要求都较为具体、细致，因此其表达形式多种多样，特别是职业道德的行为准则的表达形式往往比较具体、灵活、多样。职业道德从本职业交流活动的实践出发，采用制度、守则、公约、承诺、誓言、条例，以及标语口号之类的形式，这些灵活的形式既便于被从业人员接受和实行，也便于形成一种职业的道德习惯。

3）行业特性。职业道德主要表现在实际从事一定职业的成人的意识和行为中，是道德意识和道德行为成熟的阶段。职业道德与各种职业要求和职业生活相结合改变人们在学校学习阶段和少年生活阶段所形成的品行，影响道德主体的道德风貌，每种职业都担负着特定的职业责任和职业义务。由于各种职业的职业责任和职业义务不同，从而形成各自特定的职业道德的具体规范。

4）历史继承性。职业具有不断发展和世代延续的特征，不仅其技术世代延续，其管理员工的方法、与服务对象打交道的方法，也有一定的历史继承性。相同的职业，具有基本相同的劳动条件、劳动对象和任务，从业人员接受的职业训练也大致相同，随着时间的推移逐渐形成某种特殊的职业心理、职业习惯、职业传统，以及特殊的职业意识和语言，并世代相传。虽然随着生产力的发展和科技的进步，会使职业活动不断细分和深化，但职业道德在总体上不会发生根本的变化。

5）强烈的纪律性。纪律也是一种行为规范，但它是介于法律和道德之间的一种特殊的规范。它既要求人们能自觉遵守，又带有一定的强制性。就前者而言，它具有道德色彩，就后者而言，又带有一定的法律色彩。就是说，一方面遵守纪律是一种美德，另一方面遵守纪律又带有强制性，具有法令的要求。例如，进入施工现场，必须正确佩戴安全帽；工人必须执行操作规程和安全规定；军人要有严明的纪律，等等。因此，职业道德有时又以制度、章程、条例的形式表达，让从业人员认识到职业道德具有纪律的规范性。

（3）职业道德的社会作用

职业道德是社会道德体系的重要组成部分，具有社会道德的一般作用，同时又具有自身的特殊作用，具体表现在：

1）职业道德可以调节从业人员内部以及从业人员与服务对象之间的关系。职业道德的基本职能是调节职能，职业道德所调节的职业关系包括两个方面：一方面是可以调节从业人员内部的关系，即运用职业道德规范约束职业内部人员的行为，促进职业内部人员的团结与合作。这些职业关系主要包括各部门之间的关系、同事之间的关系、领导者与被领导者之间的关系等。如职业道德规范要求各行各业的从业人员，都要团结、互助、友爱、敬业、齐心协力地为发展本行业、本职业服务。另一方面是可以调节从业人员与服务对象之间的关系。这种关系就是一定职业的从业人员与该职业以外的其他从业人员或者社会上其他人员的关系。职业道德要求从业人员从本职业的性质和特点出发，尽心尽职，尽力满足服务对象的要求，自觉维护职业工作的信誉和尊严。

2）良好的职业道德有助于维护和提高本行业的信誉，促进本行业的发展。行业及企业的信誉（形象、信用和声誉），是指该行业或者企业的产品或服务在社会公众中的信任程度。提高信誉主要靠产品质量和服务质量，而合乎标准的从业人员的职业道德水平是产品质量和服务质量的有效保证。若从业人员职业道德水平不高，很难生产出优质的产品和提供优质的服务，势必有损于本行业和本企业的形象与信誉，影响本行业的发展。在社会主义市场经济不断发展和完善、市场竞争日趋激烈的条件下，对建筑业来说，职业道德状况如何，将直接影响本行业、本部门的社会声誉和经济效益。完成一项优质工程，等于树起了一座丰碑，而留下一项豆腐渣工程，必将败坏整个行业的形象。

3）职业道德是从业者形成高尚职业理想和情操的关键。职业活动是人类最基本的活动，决定和制约着其他方面的活动。个体对人类社会的贡献，主要是通过完成本职工作来实现的。个体知识修养、劳动技能、道德品质的提高，离不开职业实践活动。职业道德在社会生活中广泛推行，使从业人员非常明确地树立了是非、荣辱、善恶的观念，它对个人生活道德的选择、职业理想的形成、人生观和道德理想的确立都起着重大的作用。事实证明，各行各业的先进人物之所以能够为社会作出非凡的贡献，无一不是立足本职工作，在本职工作中严格遵守职业道德。职业道德中的爱岗敬业、诚实守信、认真负责、明理大度等能使从业人员在成才与事业的道路上不断前进，取得成功。在职业活动中学习、培养和锻炼自己各种优良的道德品质，形成高尚的道德理想和情操，无论对社会还是对个人都具有十分重要的意义。

4）良好的职业道德有助于提高全社会的道德水平。职业道德风貌受社会风尚制约的同时，也对社会风尚产生影响。人们在自己的职业活动中，能否自觉地遵守职业道德对于社会生活的稳定、良好社会风尚的形成具有决定的作用。如果人们有高尚的职业道德，彼此互相帮助、互相支持、方便他人、热情服务，把为人民服务作为自己工作的目的，那么就会产生良好的社会关系和社会道德风尚。在社会生活中，人们形象地把商业服务比喻为社会风尚的"窗口"，把医务人员称为"白衣天使"，把教师称为"人类灵魂的工程师"，这都是职业道德对社会道德风尚产生积极影响的结果。职业道德是整个社会道德的主要内容。一方面，职业道德涉及每个从业者如何对待职业，如何对待工作，同时也是一个从业人员的生活态度、价值观念在职业活动中的具体表现；是一个人的道德意识、道德行为发展的成熟阶段，具有较强的稳定性和连续性。另一方面，职业道德也是一个职业集体，甚至一个行业全体人员的行为表现。如果每个行业、每个职业集体都具备优良的职业道德，对整个社会道德水平的提高肯定会发挥重要作用。

（4）个体与职业道德

职业道德是个体事业成功的重要条件。在现代社会中，职业道德在人们事业中所起的作用表现得越来越突出。个体想在某一领域取得一定的成就，需要具备良好的职业道德品质。没有企业愿意聘用懒惰、粗鲁无礼、纪律观念淡薄、心胸狭窄、狡猾奸诈、夸夸其谈、不务正业、毫无责任心和敬业精神的职员并委以重任。在日常生活中，也没有人愿意与这样的人进行更多的交往。这种既无人缘又无职业道德品质的人要想成就一番事业，无异于痴人说梦。因此，个体想要有所成就、有所作为，首先得从学习如何做人、如何做事开始，提高职业道德素养，脚踏实地，一步一个脚印地去努力。很难想象一个既没有职业理想，也没有进取心、责任感、意志力等品质的人能够在事业上有所成就。

职业道德是人格升华的途径之一。随着社会和经济的发展，尤其是在现代市场经济充分发展之后，企业将逐步取代家庭在社会中的重要地位，成为社会的主体。从而，职业道德在整个社会道德体系中的地位也将越来越重要。新的职业道德观念，将对新的家庭、婚恋道德和公共道德观念的形成，产生极为重要的影响。人类的进步在于不断地摆脱兽性，增进人性，完善人格，使"自然的人"逐步上升为"道德的人"。道德人格的高低，是衡量一个人人性的标准。人类人性的增长、兽性的减少最终表现为道德人格的提高。而这种提高，最终又归结为道德习惯的形成，其中包括职业道德习惯的形成。这种品格的提高有利于抵御企业经济行为对社会生活和其他领域的过分渗透。理论学习，更多的是从外部获得一种道德上的认知，具备一定的是非判断标准，对从业人员所应该具备的职业道德素质有一定的理性认识。这些认识要最终内化为一种道德品质，外化为一种道德实践活动，只有当社会为每一个人提供一个实践的舞台时才可能实现。

一个想要成就事业的人，必须经受得住形形色色的诱惑以及各种各样艰难困苦的考验。在这些考验中，每个人都应该勇敢地分担作为人的责任和义务，都应该劳动和奉献，为自己所从事的工作付出辛劳、汗水和热血。唯有积极参与日常事务和兢兢业业地完成自己本职内的工作，才能学到实际有用的知识和智慧。正是在日常的事务和工作中，我们才能了解自己的职责范围，懂得遵守工作纪律，明白要容忍、勤勉。正是在日常的事务和工作中，我们才会遭遇各种各样的诱惑，并在抵御这些诱惑的过程中，不断克服和摆脱自己身上的兽性，从而形成对自我的正确评价能力和对事物的正确判断能力。那些为了自己的事业和对真理的追求而经受磨炼的人，会受到人们高度的尊敬和崇拜。品格只有通过不断地历练才会变得完美。

（5）企业与职业道德

职业道德建设可以促进企业文化建设、增强企业凝聚力并提高企业竞争力。

职业道德在企业文化建设中占据重要地位。企业文化对企业的发展和进步具有重要的功能，但企业文化功能的发挥需要借助职工的各种生产、经营和服务行为来实现。因此，要有效发挥企业文化的功能和作用，就要求职工必须具有较高的职业道德水平。

职业道德是增强企业凝聚力的手段。企业是具有社会性的组织，在企业内部存在着各种各样错综复杂的关系，既有企业所有者之间的关系、所有者与经营管理者的关系、所有者与职工的关系，又有经营管理者之间的关系、经营管理者与工人的关系、工人之间的关系以及职工与企业的关系等。这些关系既有相互协调的一面，也有矛盾冲突的一面。如果解决不好，会削弱企业的凝聚力，对企业实现各个阶段的发展战略目标产生消极影响，甚至导致企业破产倒闭。这就要求企业重视职工职业道德建设，使所有员工都能从大局出发，协调好同事关系、上下级关系乃至个人与企业的关系，提高企业的凝聚力。

职业道德可以提高企业的竞争力。所谓竞争，是指在市场经济条件下，各经济行为主体为了获得某种经济利益以满足生存和发展的需要而进行的相互追赶、争夺有利条件的优胜劣汰的运动过程。职业道德建设有利于企业提高产品和服务的质量，有助于降低产品成本、提高劳动生产率和经济效益，有利于促进科技进步，有利于创立和维护自己的品牌，从而提高自己的竞争力。

（二）建筑业职业道德建设的现状

目前，我国尚处在社会主义初级阶段，经济体制改革的目标是建立和完善社会主义市场经济体制。随着改革开放的进一步深入和市场经济的迅猛发展，我国职业道德建设工作正面临着许多新情况和新问题。当前我国职业道德建设工作在现行的经济体制中，既受我国传统道德的影响，又受西方市场经济道德的影响。

建筑业，作为人员庞大、技术和管理相对滞后的行业，在我国现行市场经济阶段，职业道德建设也存在有喜有忧的现状。以下就三个方面分别对建筑业职业道德建设的现状进行阐述。

1. 社会主义市场经济与建筑业职业道德建设

我国现行的社会主义市场经济体制具有以下特征：在国家宏观调控下，充分发挥市场对资源配置的基础作用，以自由竞争为前提，价值规律、供求规律是它的基本规律，等价交换是它的基本原则。市场经济的这些特征，决定了市场经济内在地包含着处理行业内部的关系、行业之间的关系、人与物的关系和人与人的（社会）关系的规则。社会成员之间的经济行为是通过物质刺激来推动的，消费者和生产者在谋求各自的利益中存在着矛盾和竞争等。

社会主义市场经济对建筑业职业道德建设起到积极和消极双重作用。积极作用是主流。与传统的计划经济相比，市场经济激发了励精图治、知难而进和自强不息的精神，在社会的各个方面传播了时间观念、竞争观念、效率观念和创新观念，用诚实劳动创造幸福生活已成为时代的主旋律。但对建筑业所产生的消极作用，也不能掉以轻心，应采取有效措施逐步加以解决。在市场经济的条件下，建筑业出现的道德缺失现象说明了全面加强职业道德建设的重要性和紧迫性。

在实行高度集中的计划经济环境下，建筑业较容易抵制外来的意识形态侵蚀和干扰，"黄赌毒"等丑恶现象易于打击和限制，极少有分配不公和贪污受贿现象，自然也不会产生由此引发的许多社会道德问题。在改革开放和实行市场经济的环境下，旧道德观念的消亡，新道德观念的形成，需要有一个适应生产力发展的过程。在社会转型时期，由于经济关系的变化和利益关系的调整，风险因素的增加，错误价值观念的影响等，使一些人的道德观念出现了滑坡。这些道德倒退和堕落现象会给社会主义市场经济的繁荣发展带来极大的危害。只有正确认识社会主义市场经济对建筑业职业道德的影响，才能解决好这些问题，建立并完善符合社会主义道德规范的建筑业职业道德体系。

（1）市场经济对建筑业职业道德建设的积极影响

其一，增强建筑业的拼搏进取精神。市场经济是建立在发达的商品货币关系基础上的。而商品货币关系的实质，是不同经济主体之间平等独立的等价交换关系。因此，作为市场交换主体之一的建筑业及各部门都必须做到：产权明晰；自主经营；能对市场的变化及时作出灵活的反映和判断；冲破传统计划经济条件下形成的依附观念、惰性意识、无所作为、等级特权等落后的道德观念，形成自强不息、勇于创新、积极进取的新观念。所以，自强、自立、勇于进取是建筑业在市场经济中所必须具备的道德精神。

其二，增强建筑业的竞争、风险和开放观念。市场经济是开放和竞争的经济，国内市场与国际市场、本地市场与外地市场相互联系、相互贯通、相互影响。在这一开放型的经济中，建筑业为了生存，必定要参与国内、国际的激烈竞争，并且在竞争中求得发展，在竞争中求得生存，而竞争意味着"优胜劣汰，适者生存"。因此，市场经济还是风险的经济。市场经济的这些特点反映到行业的思想观念中，有助于冲击、削弱建筑业内的闭关自守、安于现状、绝对平均、端"铁饭碗"的陈旧观念，有利于调动建筑业内在的潜力，强化行业的竞争、风险和开放观念。

其三，增强建筑业的效率、效益观念。价值规律是市场经济的基本规律。价值规律从内在机制上要求经济主体少投入、多产出，高质量、高效益，这个特点反映在建筑业职业道德观念上，就是采用项目法施工、加强投资控制、提高施工的工业化程度等，从而增强建筑业的效率、效益观念。这有助于克服不讲究经济核算、不珍惜时间、散漫、拖沓等旧观念，有利于促进建筑业生产力发展，增强经济活力。

其四，增强建筑业的平等、公正、法制意识。等价交换是市场经济的基本原则。在等价交换面前，没有特权，人人平等。为了确保市场原则和准则的有效贯彻与有序进行，必须建立健全各项法制。这种平等、法制意识的加强，又必然强化"公正"的道德意识，并有利于破除等级观念、宗教观念和种族观念，使整个建筑业的平等、公正和法制意识得以强化。目前，建筑业所进行的项目管理中，认真贯彻国家和行业的规范、标准和规程就是这一意识的具体体现。

（2）不完善的市场经济对建筑业职业道德建设的消极影响

其一，滋长拜金主义价值观。把金钱（货币）作为人生的目标和价值，对金钱顶礼膜拜，不择手段追逐金钱。商品的价值要通过货币来实现，这就极容易使一些行业认为"钱"就是一切。在市场经济条件下，建筑业有些企业和个人以追求经济效益最大化为直接目的，认为金钱是万能的，甚至出现了见利忘义、贪污腐败、欺诈盗窃、坑蒙拐骗等现象。

其二，滋长享乐主义人生观。享乐主义人生观，就是把追求享受玩乐作为最高宗旨，把挥金如土、穷奢极欲作为人生的最高目标。在市场经济条件下，建筑业有些企业和个人出于交易双方各自的利益动机，在接待方面奉行高消费、高享受，有的甚至采取严重败坏社会道德的非法手段，谋取私利。凡此种种，如不能加以正确地引导和限制，我们这个行业就很容易成为享乐主义人生观的温床，这对我们的国家、民族和人民都如同一种犯罪，是我们所深恶痛绝的。

其三，滋长极端利己主义道德观念。极端利己主义道德观念是私有制和剥削制度的产物。一切剥削阶级将利己主义奉为金科玉律，所谓"人不为己，天诛地灭"。在市场经济条件下，利益的原则是发展生产的根本原则。只有肯定了正当的个人利益，经济规律才能够有效地运行。但是，建筑业的一些主体所追求的只是眼前的、微观的、直接的利益最优化。因此，"趋利"往往成为行业当中有些人思想行为的自发倾向。这就容易刺激人们为了个人和小团体的利益，不惜损害整体和社会的利益。

2. 我国传统道德与建筑业职业道德建设

我国素以"文明古国"著称于世，中华民族传统文化源远流长。我国几千年所形成的传统道德，在总体上已经与当代的社会生活和时代要求不相适应。但是，也应当看到，任何国家、任何民族的道德发展，都具有继承性的特点。因此，传统道德对建筑业职业道德建设也具有双重影响。

在加强建筑业职业道德建设的过程中，对待传统道德影响，应采取科学的态度，弘扬积极影响，遏制消极影响，构建有中国特色的社会主义建筑业职业道德。通过对传统道德进行吸收、改造、剔除，达到"弃恶扬善"、"趋利避害"的目的。对传统道德中应加以吸收的"精华"，用现代文明的要求和社会主义原则加以改造、充实和发展，使之符合社会主义的时代要求，成为社会主义职业道德的有机组成部分。对现阶段建筑业存在的消极、丑恶现象做到认真地分析和研究，分清滋生的源头和性质，逐步解决。

（1）传统道德对建筑业职业道德建设的积极影响

其一，崇尚国家统一与爱国主义传统。我国历史悠久、幅员辽阔、人口众多，是一个具有多民族的发展中大国。纵观历史，崇尚国家统一与爱国主义的精神世代延续。自古以来，许多爱国人士、爱国思想、爱国事迹，都陶冶着一代又一代中华儿女的爱国情操。在每一个历史阶段，爱国主义总是与时代的主题紧密结合，它集中表现为反抗民族压迫，维护民族团结，反对分裂，维护国家统一；反抗外国侵略，维护国家的主权和独立；对祖国的山河和同胞无限热爱，对祖国的历史、文化具有高度的民族自尊心和自豪感；对祖国的前途和命运无比关心，为不断丰富和发展中华民族的文明努力进取、奋斗不息。中华民族悠久的爱国主义传统对增进民族团结，维护国家独立与统一等，都起到了不可磨灭的积极作用。经过继承、改造和提高，崇尚国家统一与爱国主义传统，仍将成为全中国人民的宝贵精神财富。

其二，仁爱的观念。中国历史上，以孔子为代表的儒家思想一直主导着人们的言行，儒家思想的道德核心就是"仁爱"。例如，孔子提出的"孝、悌、忠、信、礼、义、廉、耻"；孟子提出的"恻隐之心，仁之端也"；范仲淹提出的"先天下之忧而忧，后天下之乐而乐"；陆九渊提出的"遏恶扬善，举直错枉"以及梁启超提出的"有益于群者为善，无益于群者为恶"等。这些思想有其特定的阶级内容和历史局限，但也蕴含着积极的、普遍的价值。这些将在建筑业乃至中华民族的道德建设上产生重大的作用，因而是我国优秀道德传统的重要组成部分。

仁爱学说，要求"克己"、"爱众人"、"舍己为群"、"恻隐为怀"、"体恤仁民"等。这种识大体、先人后己的理想价值观，体现了中华民族崇高的道德情操，表现了崇高的人道主义精神。因此，我们在进行社会主义现代化建设的今天，特别需要大力加以继承和弘扬。

其三，勤俭节约、艰苦奋斗的精神。勤俭节约、艰苦奋斗，是中华民族在生存斗争中造就出的民族性格和优秀品德，是中华民族发展的强大精神动力之一。古人云："侈而惰者贫，力而俭者富"、"历览前贤国与家，成由勤俭败由奢"、"一粥一饭当思来之不易，半丝半缕恒念物力维艰"、"忧劳可以兴国，逸豫可以亡身"。这些古训总结了我国历史上艰苦朴素可以兴国，奢侈腐化可以灭邦的经验教训；说明了艰苦奋斗才能成才的道理。

艰苦奋斗是一个历史范畴，在不同时代、不同时期有着不同的内容和表现形式。勤俭节约、励精图治、拼搏实干、奋发向上的进取精神和奉献精神是永远不能淡化和丢弃的。多少年来，建筑业以勤俭节约、艰苦奋斗的精神，继承和发扬着中华民族的传统美德，战天斗地、不畏困苦，完成了一个又一个令世人瞩目的丰功伟绩。三峡工程、青藏铁路、南水北调、西气东输等，见证了我国建设事业艰苦奋斗、勇于奉献的精神。建筑业的全体职工必须从社会主义中国的前途和命运的高度，来认识继承和发扬艰苦奋斗精神的重要性。

（2）传统道德对建筑业职业道德建设的消极影响

其一，愚昧迷信观念。由于科学知识水平低下，人们对自然现象的规律知之甚少，崇拜神灵和巫术的迷信活动有其客观的基础。同时，统治阶级为巩固统治，利用儒家学说中的糟粕和宗教的教义，大肆鼓吹和传播天命论及封建迷信思想，以达到愚弄、恐吓人民之目的。孔子提出，"君子有三畏：畏天命、畏大人、畏圣人之言"。要求人们时刻存在敬畏心理，按照天命的意旨行事。孔子还主张，"唯上智与下愚不移"，把"上智"与"下愚"说成是天生不变的，被统治者是天生的"下愚"，理应受到统治。这就为尊卑贵贱的封建等级制度，从人性方面寻找到了依据，为封建统治秩序服务等。

新中国成立后，随着社会生产力的快速提高、科学文化知识的不断普及，特别是辩证唯物主义和历史唯物主义的教育，广大建筑业职工乃至各行各业的群众的精神面貌发生了深刻的变化。这对一个长期经受封建道德传统影响的国家和饱受有神论毒害的人民群众而言，是极其宝贵的历史性进步。但是，我们也要清醒地看到愚昧迷信仍有市场，用科学破除迷信还有很长的路要走。特别是在市场经济条件下，人们面临种种不确定因素和风险，有些人就会感到无能为力，从而幻想存在一种神秘的力量支配自己。与此同时，也有一些人趁机把那些早已被唾弃的封建糟粕改头换面，或借用、篡改科学术语，打着伪科学的旗号大搞迷信活动，借以敛钱生财或另有政治图谋。当前社会上一些地方借看相、占卦、看风水、建庙宇、修祖坟、盖祠堂等愚昧迷信活动，达到其不可告人的目的。这些活动的共同特征是信仰鬼神，祈求神灵保佑或借机敛财。事实告诉我们，以科学破除迷信，以文明改变愚昧，还需作出长期的努力。

其二，重人治、轻法治的观念。我国曾长期受封建制度的统治，封建统治者实行的是皇权至上、朕即国家的制度。统治者为了欺骗、麻痹人民，掩盖其压迫和剥削的实质，往往强调"德治"，打出"施仁于民"的旗号。应当承认，强调德治，也就是人治，从社会文明发展的角度看，虽是一种愚民政策，但也有一定的合理成分。统治阶级懂得要维护自己的统治必须"文武并用"，即在强调德治的同时，也重视使用法律来统治人民。在封建统治者看来，"法"就是"刑"，所谓"杀戮禁诛之谓法"。这种用"人治"来"治人"的法治思想，完全是根据统治者的利益和意志来制定的，广大民众根本得不到法律的保护，更谈不上对统治者权利的限制。"刑不上大夫，礼不下庶人"，"民可使用之，不可使知之"，俨然成了天经地义的道理。

新中国成立后，曾长期实行计划经济，一度又盛行"个人崇拜"，致使法制不健全，民众的法制观念相当淡薄。即使在当前的改革开放及市场经济条件下，建筑业当中的"长官意识"、"以权代法"、"土皇帝"、"有法不依"等现象屡见不鲜。一部分人无法无天，无所顾忌，走上犯罪的道路；还有一部分人不遵守公共秩序、不爱护公共财产、不尊重他人、不自觉纳税以及以感情代替法治的现象还比较普遍。这说明在建筑业当中不断清除封建落后意识、树立法制观念，对保障社会主义物质文明和精神文明是相当必要的。

其三，闭关自守、故步自封的观念。在封建意识的长期统治下，我国社会小生产型的自然经济始终占据主导地位。这种封建意识、经济结构形成了闭关自守、安于现状、故步自封、不思进取以及不尊重科学的观念。目前，在建筑业中，这些现象也时有发生。建筑业在技术、观念、人员素质等方面，与一些发达国家相比还相当落后。如果我们不脚踏实地、居安思危，势必会在市场经济的大潮中被淹没。建筑业为了适应社会的发展，就必须打破故步自封的封建意识，虚心向先进的行业学习，向先进的国家学习，只有这样才能完成历史赋予建筑业的使命。这就要求所有行业的职工解放思想、转变观念，善于取人之长补己之短，才能求得全面的发展。

3. 西方资产阶级道德与建筑业职业道德建设

西方资产阶级道德，是在当代资本主义国家，尤其是在发达资本主义国家占主导地位的道德。它对我国建筑业职业道德建设有着较大的影响。我们应当结合我国的国情，从加强我国社会主义道德建设的实际出发，客观的分析、比较、批判，大胆的借鉴和吸收。我们只有善于批判地吸取一切反映人类文明和进步的思想成果，才能使社会主义职业道德与人类文明进步的潮流相一致。同时，我们对资产阶级道德中维护资本主义制度、推行强权政策和霸权主义、美化极端个人主义以及腐朽生活方式等价值观念，应坚决加以抵制和排除。

在改革开放、发展社会主义市场经济的条件下，西方资产阶级价值观必然凭借其在信息和传媒领域的绝对优势，通过政治、经济、文化等渠道渗透进来，中西各种价值观正呈现碰撞交错、混合的现状。

（1）西方资产阶级道德对建筑业职业道德建设的积极影响

资本主义条件下的市场经济与我国社会主义条件下的市场经济虽然有质的区别，但同为市场经济，定有其必然的共性。即遵循相同的经济规律、相同的运行机制、相同的市场法则。与此同时，在思想道德上就必然要求有相同的价值观念选择、价值观念评价等取向准则。由于我国市场经济体系刚刚建立，熟悉、借鉴西方市场经济的理论、方法和价值观念是非常必要的，是我国社会主义市场经济发展的客观要求。

其一，重视民主、人权的观念。资产阶级在反对封建君主统治，建立资本主义制度的斗争中，提出了民主、人权的思想。其基本原则是"人人生而自由，权利平等"，如言论自由、出版自由、宗教信仰自由、抗议政府的和平集会权利、私有财产不可侵犯的权利等。资产阶级的民主、人权观念较封建地主阶级的专制、残酷观念而言，具有历史性的进步，是人类道德文明发展的体现。

其二，重视科技、人才、教育的观念。重视科技、人才、教育，是发展社会化大生产的需要。美国之所以能在世界经济、科技、军事等领域始终具有明显优势，最关键的一点是，美国投入巨额资金，大力发展科技，振兴教育，培育和网罗人才，形成全社会崇尚科学文化、重视教育的观念，这体现了现代社会的科学与文明精神。建筑业广大职工应当学习、借鉴美国这方面的成功经验，努力学习科学文化知识，努力学习先进经验，为振兴建筑业作出每个人应尽的义务。当前，建筑业尊重知识、尊重人才、尊重科学的氛围已经形成。每年大量具有大、中专以上学历的毕业生步入建筑业的不同部门，为建筑业的发展注入了新的活力。他们是建筑业的希望和未来。建筑业的各个部门要以发展的眼光接纳这些建筑业的生力军，为他们施展才华提供环境和条件，使他们尽早成才。

其三，重视效率、管理和法制的观念。西方资产阶级国家工作讲究高效率、快节奏，这是市场经济条件下的行为准则，是保障企业生存和发展的重要条件。为适应社会化大生产和市场经济有序运转的需要，资本主义国家和企业重视管理，建立了科学的管理理论和规章制度，为维护资本主义社会的稳定和正常秩序，建立了比较完整的法律法规和监督、实施机制。资本主义国家的管理制度、法律法规是通过长期的实践探索，总结出的符合客观规律的有益经验，是人类社会文明的成果，我们可以积极的借鉴、吸收。在建筑业中，广泛推行项目管理制度，确定具体、可行的施工目标，引入监理机制，实行全员持证上岗等。这都是借鉴西方国家先进管理经验、重视工作效率、建立健全法制氛围的具体体现。

我们不仅要学习西方国家先进的科技成果，还要学习他们先进的管理方法。不仅要学习他们在社会公共生活中讲文明、讲卫生、讲纪律的行为准则，还要学习他们在发展市场经济过程中所形成的先进观念。

（2）西方资产阶级道德对建筑业职业道德建设的消极影响

其一，推行强权政治、霸权主义的价值观。美国等西方国家竭力把自己的社会制度、价值观念，强加于社会主义国家和第三世界国家，干涉别国内政。他们为推行强权政治和霸权主义制造种种谬论，打着"人权"和"反恐"的幌子。美国及其他西方国家所推行的强权政治和霸权主义，是威胁世界和平与稳定的主要根源。建筑业当中，在承接工程任务、组织施工劳务等方面，也或多或少存在一些强权政策、霸王现象。例如，一些地区为了排除外地建设企业参与竞争，人为地设置种种障碍；一些部门为了满足自己的经济利益，在签订工程承包或者其他合同时设置霸王条款；一些单位负责人不顾群众的劝阻，冒险强行施工等。所有这些都是与建筑业的职业道德背道而驰的，我们必须用法制代替强权，用民主代替霸权，真正建立和完善社会主义法制社会下的民主集中制。

其二，崇尚利己主义、拜金主义价值观。资本主义国家的经济是建立在生产资料私有制基础之上的，他们认为私有财产是神圣不可侵犯的。在这个基础上形成的价值观、人生观，必然是利己主义的。受这种观念的影响，建筑业当中的一些单位或个人，事事都从自己的利益出发，认为个人利益至上、个人价值第一，甚至假公济私、损人利己。在商品经济的社会里，金钱（即货币）作为商品的一般等价物，其作用是突出的。商品化的实现，很容易产生拜金主义。资产阶级把追求金钱作为人生的主要目标，把人与人的一切关系都变成赤裸裸的金钱关系，为了金钱，可以不择手段。这种极端丑恶自私的价值观危害性极大，它腐蚀、扭曲了人们的灵魂，诱惑人们丧失人性，最终导致堕落。所以，我们在学习和吸收资本主义国家有益东西的同时，必须坚决抵制和批判各种庸俗、没落的东西。

其三，追求腐朽生活方式的价值观。追求糜烂纵欲、奢侈豪华的生活方式，是一切剥削阶级人生观的重要内容。资产阶级取得政权后，就极力夸大金钱的作用，极力奉行享乐主义。建筑业中的一些人，特别是青年人，被这种价值观和现象不知不觉地潜移默化了，产生了恶劣的影响。所以，加强建筑业的职业道德建设是非常重要和必要的。

（三）建筑业职业道德建设的意义

建筑业职业道德建设具有以下三个方面的重要意义：

（1）建筑业职业道德建设是贯彻"以德治国"思想的重要举措

以德治国，就是以马列主义、毛泽东思想、邓小平理论为指导，以为人民服务为核心，以集体主义为原则，以爱祖国、爱人民、爱劳动、爱科学、爱社会主义为基本要求，以职业道德、社会道德、家庭道德为落脚点，积极建立适应社会主义市场经济发展的社会主义思想道德体系，并使之成为全体人民普遍认同和自觉遵守的规范。法制属于政治建设，德治属于思想建设。虽然二者的范畴不同，但其地位和功能都是非常重要的。法制教育和职业道德教育是相辅相成的，越是要发挥法制的作用，越需要加强职业道德教育。以"敬业"为例，法律只能保证劳动者对待工作应满足法律的规定，而职业道德才能使劳动者爱祖国、爱行业、爱企业、爱岗位、视企业利益如个人利益。所以，一个行业的法制教育和职业道德教育应齐头并进，共同建立和加强。

大力加强社会主义市场经济条件下建筑业的职业道德教育，是贯彻"以德治国"思想的重要举措。首先，加强建筑业职业道德教育对提高全行业职工的素质具有重要作用。通过大力加强行业的职业道德教育建设，制定较为完善的行业职业道德规范，形成全行业思想上的强大内在力量来规范每个职工的职业行为。只有把整个行业的成员用道德的力量凝聚起来，才能推动整个中华民族思想道德素质和科学文化素质的提高，实现我们共同的理想和目标。其次，行业职业道德的建设和完善，对改善社会风气有着极其重要的作用。社会风气的形成、发展和变化，在很大程度上受行业职业道德的影响。因为社会风气的好坏，大量表现在行业职工的职业生活和人与人形成的相互关系之中。

（2）职业道德建设为改革开放和现代化建设提供思想保证和精神动力

加强建筑业职业道德教育，不断提高广大建设职工的思想觉悟和道德品质，既能形成高度的主人翁意识，促进行业生产力发展；又能够更好地保证行业现代化的建设，使其沿着正确的道路和方向前进。

在社会主义初级阶段，我们的根本任务就是大力发展生产力。这一任务的完成必须依靠全国各行各业的共同努力，发挥各行各业的积极性和创造性。这就需要发挥职业道德的作用，运用各个行业干部职工的内心信念等精神力量，激发职工的工作积极性。人是生产力中最积极、最重要的因素，加强建筑业的职业建设是提高人的素质的重要途径。因此，行业职业道德的建设对发展生产力、加速我国社会主义现代化建设，具有重要的保证作用。

早在1984年，邓小平同志就指出，在加强物质文明建设的过程中，要注意思想道德建设，要改善社会的道德风气。他说："经济建设这一手，我们搞得相当有成绩，形势喜人，这是我们国家的成功。但风气如果坏下去，经济搞成功又有什么意义？会在另一个方面变质，反过来影响整个经济变质，发展下去会形成贪污盗窃、贿赂横行的世界"。他还针对某一段时期实际工作中存在的"一手硬"、"一手软"的状况，严肃指出："十年最大的失误是教育。这里我主要是讲思想政治教育，不单纯是对学校、青年学生，是泛指对人民的教育"。又说，造成这一问题的原因是"一手比较硬、一手比较软，一硬一软不相称，配合得不好"。因此，大力加强建筑业的道德建设，能够有效克服行业的不正之风，坚决纠正以权谋私等腐败现象，不断提高行业广大职工的职业道德水平，以良好的职业道德风貌来推动经济建设的健康发展，保证改革开放和现代化建设沿着有中国特色的社会主义道路前进。

（3）加强建筑业职业道德建设能促进社会主义市场经济健康发展

社会主义市场经济的建立和发展，使人们的道德观念发生了积极的变化，与市场经济相适应的新的道德观念开始逐步确立。追求行业正当利益、讲求效率、开拓创新、平等竞争、崇尚科学、尊重知识和人才的观念日益深入各个行业。由于我国实行市场经济的时间还较短，因此市场经济体制还不完善，尚存在一些问题，尤其是市场经济秩序混乱是当前我国社会主义发展中存在的突出问题。建筑业主要表现在以下几个方面：招标投标阶段，通过行贿受贿、围标、串标等违法手段承揽施工项目，搅乱建筑市场；施工阶段，偷工减料、以次充好、违法分包或者非法转包，造成建筑工程质量不合格。企业管理方面，偷税漏税，损害国家利益；拖欠工人工资和建材供应商货款，扰乱社会秩序。

市场经济是一种法制经济，同时又是一种道德经济。市场经济的有序进行和健康发展，需要与市场经济相适应的行业道德秩序。市场经济下，行业道德秩序的要义是"守信"。市场机制、市场工具，诸如买卖、合同、借贷、支付、契约、期货等，无不体现信用关系，市场经济本身就是信用经济，由这种信用经济的性质所规定的行业道德秩序，只能是"守信"。市场经济演进的历史告诉我们，越是竞争激烈的市场制度，越要求人们在道德上守信，排斥无信、欺诈、放纵等对市场、对社会不负责任的败德行为。道德上的无信及由此引发的道德秩序混乱，在向市场经济转轨过程中极易发生。只有当人们认识到以守信为特征的市场经济道德对市场经济发展的作用，认识到"信誉就是生命"，市场经济的道德秩序才能得以确立，市场经济才能走向正常运行的轨道。我国社会主义市场经济是与社会主义根本制度联系在一起的，我们的市场经济更需要"守信"的道德，更需要良好的行业道德秩序。因此，加强建筑业职业道德建设尤其是管理人员的道德建设极其重要。

加强建筑业职业道德建设，有利于促进整个行业市场经济道德观念的形成和社会主义市场经济道德秩序的形成，保证社会主义市场经济的健康发展。

二、建筑业从业人员应共同遵守的职业道德规范

（一）遵规守法、廉洁奉公

1. 遵规守法、廉洁奉公的含义

遵规守法，指的是建筑业的广大从业人员，要自觉遵守与工程建设有关的国家或者行业制定的法律法规、工程强制性标准及有关行业管理的规定。廉洁奉公，是指建筑业从业人员在职业活动中，不假公济私，不化公为私，不受贿赂，不贪钱财，以国家和人民的利益为重，一心为公。

这里的"法"，是指由相应的国家机关制定或认可的，并以国家强制力保障实施的，社会所有成员必须遵守的行为规范的总称。它包括法律和法规两个方面的含义。法律是由全国人民代表大会及其常务委员会制定的规范性文件。法规包括行政法规和地方性法规。行政法规是国务院制定的规范性文件；地方性法规是省、自治区、直辖市以及省级人民政府所在地的市和经国务院批准的较大的市的人民代表大会及其常务委员会，根据本行政区域的具体情况和实际需要依法制定的在本行政区域内有法律效力的规范性文件。

遵规守法、廉洁奉公是紧密联系的。只有遵规守法，才能廉洁奉公；廉洁奉公必然遵规守法。遵规守法、廉洁奉公体现了建筑业从业人员对国家、人民及集体利益的尊重和维护，因而是社会主义行业职业道德的一条重要道德规范。

2. 遵规守法、廉洁奉公的重要性

（1）遵规守法、廉洁奉公是建筑业进行行业活动和社会主义建设的需要

在现代社会中，随着科学技术和生产力的迅速发展，不仅行业类别越来越多、分工越来越细，而且行业之间的联系也越来越密切，社会化的协作越来越广泛。与职业活动相关的法律和法规，就是为了调整各种职业活动中的各种关系，解决各部门、各单位之间以及不同经济成分、不同所有制企业之间的各种矛盾和纠纷而制定的。遵守这些法律和法规，能够保证各个行业和部门职业活动的正常进行，保证市场经济的健康发展和有效运行。

当前，建筑业普遍实施的是项目管理制。项目管理就是目标管理，具体就是以安全、质量、成本、进度和环保等为工程建设目标的管理。实现这些目标就成为建筑业的工作重点。目标实现的标准，必须由我们国家或者行业等所颁布的现行规范、标准和规程来界定。整个工程建设的过程，就是遵守规范、标准和规程的过程，也就是具体"遵规守法"的过程。

社会主义市场经济的完善和发展，没有法律和法规的保障是无法进行的，所以建筑业的广大职工必须严格遵守国家制定的法律和法规，这是社会主义建设的需要，也是整个行业求得生存和发展的前提条件。

　　廉洁奉公也是同建筑业职业活动紧密联系在一起的。建筑业的核心任务就是为社会服务、为人民服务，这也是社会主义建设的根本目的。完成这一任务必须以国家和集体利益为重，必须遵规守纪，必须廉洁奉公。在实际工作中，凡是不正之风和腐败现象严重的地方、部门或企业，那里的职业活动和经济发展也必然受到严重影响。

　　（2）遵规守法、廉洁奉公是建筑业适应市场经济的客观要求

　　遵规守法、廉洁奉公是由社会主义市场经济的特殊性决定的。社会主义市场经济是市场经济和社会主义制度的紧密结合，是中国共产党领导的以公有制为主体、以共同富裕为目标的社会主义市场经济。这一特殊性要求在经济活动中，必须坚持全心全意为人民服务的宗旨，保证国有资产的保值、增值，防止国有资产流失，防止化公为私、损公肥私，必须防止贫富两极分化，更不允许非法经营，获取不义之财。这就决定了建筑业的广大职工，都必须遵规守法、廉洁奉公。

　　市场经济是竞争经济。公平竞争的原则，与行业、部门的垄断经营行为，尤其是与以权谋私、搞权钱交易的腐败行为是格格不入的。市场经济又是法制经济。要通过法律法规来规范市场经济的行为，使整个市场经济在法制的轨道内运行。这同提倡廉洁奉公、用法规制约和规范建筑业的行业行为是一致的。整个建筑业只有遵规守法、廉洁奉公，才能适应社会主义市场经济的客观要求。

　　（3）遵规守法、廉洁奉公是抵制和纠正建筑业不正之风的需要

　　部门和行业的不正之风，是违法乱纪的具体表现，也是一种腐败现象。建筑业如果出现不正之风，将严重地破坏党和人民群众的血肉联系，严重地阻碍社会主义市场经济的建立和发展，严重地败坏党风和社会风气。此外，还直接给国家造成巨大的经济损失。

　　为了有效抵制和坚决纠正建筑业的不正之风，对于整个行业来说，必须切实做到以人民利益为最高利益，遵规守法、廉洁奉公，并建立起一道以思想观念和伦理道德为基础的内在防线。有了这道内在防线，就能强化行业自我约束的能力，提高建筑业遵守职业道德的自觉性。

3. 遵规守法、廉洁奉公的基本要求

　　（1）从行业做起、从部门做起、从我做起，自觉遵规守法

　　在市场经济的活动中，自觉遵规守法是建筑业从业人员的法律义务，特别是广大领导干部必须自觉遵守；否则必然会受到法律的制裁。

　　遵规守法可以通过两种途径实现：一是根据法规要求，积极履行法规规定的义务，如保证工程质量、坚持诚信服务、遵守劳动纪律、根据宪法和税法的要求积极履行纳税义务等；二是根据法规规定，不做禁止或者不允许的事，不贪污腐败、不损公肥私、不化公为私、不以权谋私、不搞行业垄断等。

　　（2）自觉地同违法乱纪行为和行业不正之风作斗争

　　建筑业的广大职工，都要有国家主人翁的责任感，自觉遵规守法、廉洁奉公，身体力行，坚决反对消极、腐败现象；对欺行霸市、贪污腐败、以权谋私、权钱交易等违法乱纪行为敢于挺身而出、大胆揭发、坚决抵制。如果听之任之，姑息迁就，必然会助长违法违规不正之风的气焰，导致社会不良风气的泛滥，给国家利益和人民利益造成更大的损失，每个公民的利益也会失去保障。

（二）文明施工、安全生产

1. 文明施工、安全生产的含义

文明施工就是坚持合理的施工程序，按既定的施工组织设计，科学组织施工，严格执行现场管理制度，做到经常性的监督检查，保证现场清洁、工完场清、材料堆放整齐，做好环境保护，不扰民，施工秩序良好。安全生产是指以"预防为主、安全第一"为指导方针，防止工程建设中发生人员伤亡和财产损失事故而采取的各项技术及组织措施和方法。

文明施工和安全生产是相辅相成的，建筑业安全施工不但要保证广大从业人员的生命和财产安全，同时要加强施工现场管理，保证施工井然有序，增强环保意识，改变过去脏、乱、差的面貌。这对提高投资效益、保证工程质量以及提高建筑业的整体形象都具有重大的意义。

2. 文明施工、安全生产的重要性

（1）文明施工、安全生产是改革开放、社会主义市场经济发展的需要

文明施工、安全生产在一定程度上代表了一个国家、一个民族的形象。当今的经济是开放型经济，任何一个国家不可能孤立于世界大经济环境之外。如果建筑业的文明施工、安全生产工作没有做好，没有落到实处，将直接影响到整个国家的形象以及整个民族的形象，也必将阻碍改革开放的步伐和经济的发展。

文明施工、安全生产也是社会主义市场经济的发展需要。发展经济的主要目的，就是满足人民的物质和文化需求，是以人为本的经济。所以，保障每个公民的人身和财产安全是我们国家的一项基本国策，是社会主义市场经济发展的需要。

（2）文明施工、安全生产是建筑业贯彻科学化、人性化管理的需要

建筑业是一个高危险、事故多发的行业。施工生产的流动性、建筑产品的单件性和类型的多样性、施工的复杂性等决定了施工生产过程中的不确定性，施工过程、工作环境呈多变状态，危险作业较多，因而容易发生安全事故。另外，工程建设多在露天、高处作业，手工劳动及繁重体力劳动多，而劳动者素质又相对较低。

建筑业的安全事故频频发生，伤亡人数居高不下，其中重、特大安全事故更是损失惨重，建筑业安全事故的发生率仅次于交通业和矿山业。调查显示，因建筑业安全事故而造成的损失，相当于国民生产总值的 1.5%，具体数值高达 1600 亿元，而且这个数据还仅仅是建筑安全事故造成的一系列直接经济损失，如果再考虑上建筑安全事故造成的众多间接损失，建筑安全事故对我国经济和社会造成的全部损失将会高达 6000 多亿元。

要解决这个问题，没有科学的管理、不坚持以人为本的思想是不行的。文明施工、安全生产就是坚持科学化管理、人性化管理的一项具体表现。

（3）文明施工、安全生产是改变建筑业落后面貌、树立行业形象的关键

我国的建筑业与工商业和服务业等行业相比是落后的行业。这主要表现在从业人员素质相对较低、技术和管理较落后、发展速度较慢、生产效率较低等方面。要改变这些现状，最根本的是人的改变。加强文明施工、安全生产正是坚持以人为本、提高人员素质的具体举措。因为，只有把文明施工和安全生产搞好了，从业人员才能在一个文明、安全、祥和、温馨的环境条件下工作和生活，才能够吸引优秀的人才加入到建筑业来，才能够彻

底改变建筑业的落后面貌。

文明施工、安全生产是树立行业形象的关键所在。在市场经济的竞争中，一个行业的形象在很大程度上决定了人才的吸引程度，进而决定了行业的未来。各个行业、企业及个人都特别注意树立各自的形象。行业形象的树立除了需要一些物质要素外，最关键的是行业从业人员的精神面貌。加强文明施工、安全生产在物质和精神两个方面，使整个建筑业有一个良好的行业形象。

3. 文明施工、安全生产的基本要求

（1）坚持"预防为主、安全第一"的方针

在社会主义国家里，安全生产是一项基本国策，是社会主义企业管理的一项重要原则。安全是生产发展的客观需要，特别是现代化生产，更要强化安全生产，把安全生产工作放在第一位的目标控制中，尤其是当生产与安全发生矛盾时，生产服从安全，这是安全生产的含义。

在建设生产中，必须用辩证统一的观点去处理好安全与生产的关系。建筑业的项目领导必须善于安排好安全工作与生产工作，特别是在生产任务繁忙的情况下，更要处理好两者的关系，切不可忽视安全。越是生产任务繁忙，越是要重视安全，把安全工作做好；否则，就会因安全事故，既造成人员伤亡或财产损失、妨碍生产，又影响行业和企业形象，这是多年来的生产实践证明了的一条重要结论。

文明施工、安全生产工作必须强调预防为主。预防为主就是要在事前做好安全工作，防患于未然。依靠科技进步，加强安全科学管理，做好科学预测与防范工作，把工伤事故和职业危害消灭在萌芽状态。

预防为主和安全第一是相辅相成、互相促进的。"预防为主"是实现"安全第一"的基础。要做到安全第一，必须要做好防范措施。

（2）完善并落实各项文明施工、安全生产责任制

国家、行业管理等部门已制定了一系列贯彻文明施工、安全生产的法律和法规，规定了相关的责任制度，如安全生产责任制、群防群治制度、安全生产教育培训制度、安全生产检查制度、伤亡事故处理报告制度和安全责任追究制度等。这些规章制度是有力贯彻"预防为主、安全第一"方针政策的具体措施，是保证安全生产的首要工作。建筑业各部门，都必须认真制定这些责任制度，并切实加以完善和落实。

建立健全以安全生产责任制为中心的各项安全管理制度，是保障工程建设安全生产的重要组织手段。"无规矩不成方圆"，没有规章制度，就无章可循。文明施工、安全生产是关系到建筑业全方位、全过程的一项重要工作，必须制定和落实具有制约性的安全生产责任制。增强整个行业各级、各部门及全行业从业人员的安全责任心，使安全生产管理纵向到底、横向到边，专管成线、群管成网，责任明确、协调配合、共同努力，真正把安全生产工作落到实处。

（三）客户至上、竭诚服务

1. 客户至上、竭诚服务的含义

客户至上是指把客户的利益时刻放在心上，坚持和贯彻"服务群众、奉献社会"的社

会公德，时时处处为客户着想，一切从客户的利益出发，把客户的利益得失作为判断是非的标准，热爱客户、服务客户、关心客户。竭诚服务是指在为客户服务时，诚实守信，光明磊落，言语真切，实事求是，信守诺言，全心全意为客户服务。

客户至上与竭诚服务也是相辅相成的。客户至上是竭诚服务的目的，竭诚服务是客户至上的体现。要做到客户至上必然要竭诚服务，而为客户竭诚服务就必须把客户的利益时刻放在首要的位置，真正做到"客户就是上帝"。

2. 客户至上、竭诚服务的重要性

（1）客户至上、竭诚服务是建筑业加强行业职业道德的需要

在社会主义社会，我们所从事各个行业的目的都是为群众服务、为社会服务。在市场经济下，为客户服务是建筑业职业道德的本质所在。若要使建筑业在激烈的市场经济大潮中立于不败之地，就必须要得到客户的认可，以服务求生存，以质量求生存。客户至上、竭诚服务正是让客户认可行业的工作、认可行业的服务。

客户至上、竭诚服务是以诚实守信为前提的。建筑业的大多工作就是建造人们赖以生存的建筑物或构筑物，而这些产品投资规模较大、使用期限较长，特别是出现事故时损失重大，这就更需要整个行业在从事工程建设时，时时处处以客户的利益为首要利益，把客户的利益作为行业管理的重要目标，从安全、质量、成本、进度、环保等方面，急客户所急，想客户所想。这正是加强建筑业职业道德建设的本质所在。

（2）客户至上、竭诚服务是提高建筑业产品质量的需要

产品质量是建筑业赖以生存的基础，它包括工程质量、工作质量和服务质量等。这些质量要素是一个有机的整体，缺一不可。没有让客户满意的工程质量，就谈不上好的工作质量和服务质量；没有让客户满意的工作质量和服务质量，也不可能有好的工程质量。

在市场经济中，任何一个行业只有在保证产品质量的前提条件下，才能谈得上利益甚至是生存，这是市场经济的规则。产品质量提高的最大受益者是客户，得到了客户的认可，才有企业的生存。所以，做到客户至上、竭诚服务，就必须提高产品质量，而产品质量的提高也必将提高整个建筑业的社会信誉，也必将吸引更多的客户，建筑业才有更加光明的未来。

（3）客户至上、竭诚服务是建筑业发展和生存的需要

任何行业的生存都离不开市场，而市场的实质是拥有客户。失去客户，建筑业就失去了生存和发展的基本源泉。在社会主义市场经济条件下，一个行业怎样才能得到广大客户的信任和欢迎呢？加强整个行业的职业道德建设，坚持"客户至上、竭诚服务"的思想，千方百计地满足客户物质和心理的需要，就能够赢得客户的信赖，提高整个行业的信誉，吸引更多的客户。行业拥有了较多的客户，就增强了整个行业的竞争力，就能占领更大的市场，扩大财源，增加盈利，并进一步增强整个行业自我积累、自我改造和自我发展的能力。

3. 客户至上、竭诚服务的基本要求

（1）以人为本、客户至上

在建筑业中，以人为本的"人"就是各种各样的客户。因此，以人为本、客户至上，就是真正把客户当成主人、亲人，从客户的实际需要出发，让客户花最少的费用和代价，得到最满意的服务。

以人为本、客户至上是全心全意为人民服务在建筑业的具体体现，是建筑业职业道德的根本要求。以人为本、客户至上就是要在感情上把客户当作"亲人"，用热情周到的服务让他们体会到浓浓的亲情；在地位上把客户当作"主人"，尽最大的努力来满足他们的要求，千方百计为客户排忧解难，真心真意为每个客户做好服务。

以人为本、客户至上是建筑业职业道德总的原则，是建筑业其他职业道德规范的根基，建筑业其他道德规范是其具体要求和体现。建筑业只有把客户的利益置于整个工作的中心，在行为上主动热情、服务周到，在业务上提高技能、追求质量，在思想上转变观念、开拓进取，在工作上精益求精、一丝不苟，只有这样，用户至上、竭诚服务才能落到实处。

（2）客户至上、竭诚服务要有措施和行动

综观各个行业及所有从业人员，无不称把客户利益放在首位。但在具体的措施和行动上，特别是在涉及自己行业及个人利益时，所作所为却不尽相同。因此，建筑业要把客户至上、竭诚服务落到实处，应做以下几点：

1）诚实守信，讲究质量。诚实守信是建筑业最基本的职业道德要求，也是基本的道德原则。它要求在服务客户时，要保证工程质量，绝不能以次充好；在数量上，不打折扣；在服务价格上，不巧立名目变相加价。建筑业讲利润、讲赚钱，这是理所当然的，但更需要以诚实守信、童叟无欺为前提。质量是建筑业的生命，以质取胜是其必然选择，讲求质量应贯穿于为客户服务的全过程，落实到具体工程建设中，要周密准备，精心施工，严把质量关，做好后期服务。

2）合法经营，公道待客。建筑业从业主体在生产和经营时，必须有合法的经营和生产手续，严格按照法律和法规所规定的安全、质量、成本、进度和环保等要求去做。公道待客应包括以下几方面：首先，对待客户要公道，一视同仁。要求对待客户不能以职务高低、权力大小、关系亲疏来实行差别对待。其次，在价格上要公道，坚持"以质论价，收费合理"的原则，自觉执行国家或者地方制定的价格政策，不得擅自提价、变相涨价、劣质高价。在工程建设中，认真执行合同中的限定时间，采取科学的技术和组织措施，保证按期完成工程任务。

3）提高技能，科学管理。建筑业要做到客户至上、竭诚服务，还必须不断提高行业的技术水平，用先进的技术和科学的管理，去赢得客户的信任；用整个行业的实力，让客户放心。科学技术是生产力的主要要素，也是表征一个行业实力的重要标志。

（四）和谐相处、团结互助

1. 和谐相处、团结互助的含义

和谐相处是指建筑业与其他行业和部门、建筑业内部各部门及所有从业人员之间应当营造一个良好的和谐氛围，和睦相处，平等对待，相互配合，协同工作。团结互助是指建筑业与其他行业和部门、建筑业内部各部门及所有从业人员之间应做到以为社会、为客户服务为目标，集中精力，共同努力，相互促进，相互帮助，取长补短，协同发展。

和谐相处、团结互助是集体主义道德原则和新型人际关系在行业活动中的具体体现，是调节行业之间、同行之间和从业人员之间的重要道德规范。

2. 和谐相处、团结互助的重要性

（1）和谐相处、团结互助是社会主义职业道德原则和新型人际关系在建筑业的具体表现

建筑业是一个劳动密集型行业，参与的人员种类繁多、数量较大。整个行业做到和谐相处、团结互助，不仅能调节好行业内部各种关系，利于行业的管理，而且还能够调节好与其他行业和集体，特别是与客户的关系。这样，就可以建立一个良好的社会主义职业道德环境，使建筑业在平等、和谐、团结、互助中生存和发展，同时也促进了全国各民族、各行业的协调发展。

（2）和谐相处、团结互助是科学技术发展和生产社会化程度提高的需要

随着科学技术的发展，建筑业的社会化程度越来越高，行业分工越来越细，劳动过程更加趋于专业化、社会化。其中，任何一道工序出现差错，都会影响整个生产和建设项目。因此，在生产社会化和工业化程度日益提高的形势下，就更加需要建筑业和谐相处、团结互助，以求实现最佳的经济效益和社会效益。

建筑业只有做到和谐相处、团结互助，才能够齐心协力地提高我国的经济水平，为实现和谐社会尽到自己的责任。当然，由于种种原因，现实社会还存在一些严重的消极腐败现象，在激烈的社会竞争中，还出现了不正当的竞争手段，从而影响行业的团结协作。对此，建筑业的广大职工，都必须有清醒的认识并自觉地加以抵制。

（3）和谐相处、团结互助是社会主义事业取得成功的保障

"天时不如地利，地利不如人和"，"家和万事兴"。我国古人留下的思想精华，也是各行各业的成功之道。综观社会历史，人类社会的发展就是人类合作的历史，没有人能独立于集体之外很好地生存，也没有人能独自成功。只有把个人的工作和奋斗融于集体和社会之中，寻求帮助，汇聚集体的力量，才能到达成功的彼岸。

社会主义事业是全国各族人民的事业。要把我国建设成和谐社会，没有和谐相处、团结互助的社会氛围是不可能实现的，它需要各行各业以及广大从业人员同心协力、共同奋斗。同样，建筑业实现发展的远大目标，也必须要和谐相处、团结互助。

3. 和谐相处、团结互助的基本要求

（1）顾全大局、以诚相待

社会主义的团结互助精神，不仅体现在建筑业内部的各种关系上，也体现在与其他行业和部门的关系上。和谐相处，需要顾全大局、以诚相待、相互支持。所谓"大局"，就是从国家、社会的利益出发考虑问题，把部门和局部的利益放在服从的地位。即个人利益服从部门利益，部门利益服从行业利益，行业利益服从"大局"利益。所谓诚，就是实事求是、言行一致、表里如一。同时，还应相互支持，在法律和经济政策许可的范围内，彼此都应尽量协助对方解决生产或工作上的困难，反对漠不关心或损人利己的不道德行为。

（2）相互尊重、谦虚谨慎

要正确处理建筑业与其他行业、部门或个人的关系，就必须相互尊重、谦虚谨慎，善于学习其他行业的长处，严于律己，宽以待人。要做到谦虚谨慎，就必须有自知之明，勇于认识和改正本行业的不足，虚心学习其他行业的先进之处，不居功自傲。应当指出的是，谦虚不是自卑，而是一种宽容无私的精神和态度；骄傲不是自信，而是一种狭隘片面的思想反映。要牢记"谦虚使人进步，骄傲使人落后"的至理名言。

（3）发扬风格、主动合作

在现代社会，各行各业的职业活动，都是由相互联系的许多部门构成的整体。因此，团结协作就要求彼此之间都要有主动配合、相互支持、发扬风格、相互帮助的风尚，绝不能互不通气、相互拆台，更不能乘人之危、落井下石。

和谐相处、团结互助的精神，不是一朝一夕就能建立起来的。建筑业的广大职工只有从本行业做起、从现在做起、从我做起，自觉增强团队意识，发扬建筑业团结互助的优良传统，才能为建设和谐社会作出本行业的贡献。

（五）艰苦奋斗、厉行节约

1. 艰苦奋斗、厉行节约的含义

艰苦奋斗、厉行节约，主要是指建筑业的所有从业人员，在进行职业活动中要不畏艰难困苦，努力做好各项本职工作；要严格注意节约，尽可能地为国家、集体积累更多的财富。

艰苦奋斗和厉行节约是紧密联系在一起的。厉行节约是艰苦奋斗的具体表现。艰苦奋斗、厉行节约是中华民族的优良传统和高贵的品质，也是中国共产党的光荣传统。

2. 艰苦奋斗、厉行节约的重要性

（1）艰苦奋斗、厉行节约是把我国建设成为社会主义现代化强国的需要

建设社会主义现代化强国，是一项前无古人的创举。创业就意味着艰苦奋斗。没有艰苦奋斗的过程，创业就不可能成功。艰苦奋斗、厉行节约不仅是建筑业的职业道德规范，也是我国新时期实现宏伟目标所必须具备的重要措施。

艰苦奋斗、厉行节约是把我国建设成为社会主义现代化强国的重要条件。一个国家、一个民族、一个行业，如果不坚持和提倡艰苦奋斗、厉行节约，只是在前人创造的物质文明成果上坐享其成，贪图享乐，不思进取，那么，这个国家、民族或行业定会坐吃山空、毫无希望。我们国家不仅现在要讲艰苦奋斗、厉行节约，而且将来强大了也要讲。建筑业更是如此。

（2）艰苦奋斗、厉行节约是建筑业反腐倡廉的需要

艰苦奋斗、厉行节约对加强自身建设、提高防腐拒变能力、实现执政目标具有重要意义。要发扬我党和中华民族的优良传统，完成反腐倡廉这一伟大的系统工程，除了加强制度、法律的建设之外，道德建设也发挥着重要的作用，而要求各个行业，特别是党员干部保持勤劳节俭的优良品质是道德建设的一项重要内容。

勤劳就是艰苦奋斗、勤政务实、有较高的工作效率；节俭就是以民为本、克己奉公、厉行节约、不贪不占。事实上，丢掉勤劳节俭的精神，就必定养尊处优、弄权敛财，走向腐败。毋庸讳言，近几年来，建筑业出现了一些腐败现象，涉案人员小到基层干部，大到部厅级官员，有些案件情节之恶劣、涉案金额之大，为新中国成立以来所罕见。从已查处的腐败案件来看，几乎所有的腐败分子都由不愿过艰苦朴素的生活、贪图物质享受为开端，逐步走上了骄奢淫逸、腐化堕落的道路。因此，加强建筑业艰苦奋斗、厉行节约，对建筑业乃至全国的反腐倡廉都有重大的意义。

（3）艰苦奋斗、厉行节约是我国实现可持续发展的需要

　　可持续发展是指既满足当代人的需要，又不对后代人满足其需要的能力构成危害的发展。所谓节约型社会，是指在促进经济发展和全民生活水平提高的前提下，通过观念转变和经济增长方式的改进，在生产、建设、流通各领域节约资源，提高资源利用效率，减少损失浪费，以尽可能少的资源消耗，创造尽可能大的经济社会效益。

　　建设节约型社会要坚持资源开发与节约并重，把节约放在首位的方针，紧紧围绕实现经济增长方式的根本转变，以提高资源利用效率为核心，以节能、节水、节材、节地、资源综合利用和发展循环经济为重点，加快结构调整，推进技术进步，加强法制建设，完善政策措施，强化节约意识，尽快建立健全促进节约型社会的体制和机制，逐步形成节约型的增长方式和消费模式，以资源的高效和循环利用，促进经济社会可持续发展。节约是全民的节约，是各行各业的节约，是社会生活全方位的节约，是贯穿于发展全过程的节约。

　　可持续发展战略、建设节约型社会是人类在面临人口剧增、资源短缺、环境污染、生态破坏等严重问题，人类的生存和发展面临威胁与挑战时，经过理性选择而寻找的一条新的发展道路。这一点对于人口众多且发展速度最快的我国而言，更是显得特别紧迫。我国人均资源占有量远远低于世界平均水平，仅为世界人均资源占有量的一半左右。同时，我国的经济增长有 2/3 是在对生态环境透支的基础上实现的，如果再按照高耗能、粗放式的方式扩大再生产，全世界的能源也难以维持高速运行的中国经济快车。

　　发展是永恒的主题，在全面迈向小康社会的征途中，我们不可能放慢经济增长速度来适应保护资源环境的需要，也不可能以破坏环境为代价来维持经济发展的速度，唯一可行的办法是提倡和履行艰苦奋斗、厉行节约，以实现可持续发展的需要。建筑业也是建设节约型社会中的一支重要力量，坚持和落实艰苦奋斗、厉行节约的行业职业道德有着重要的现实意义和历史意义。

3. 艰苦奋斗、厉行节约的基本要求

　　(1) 端正认识、从我做起

　　艰苦奋斗、厉行节约以勤劳勇敢、不怕困难、努力完成每一个历史使命为基本原则。这是一种表现人类文明状态的先进思想，是我们改变落后面貌的必要条件。没有为他人奉献的精神，没有正确的思想意识，就不可能有艰苦奋斗、厉行节约的行动。所以，要艰苦奋斗就必须端正思想，要厉行节约就必须认清行业所肩负的责任，从本行业做起，从我做起。

　　(2) 掌握方法、践之以行

　　在建筑业倡导艰苦奋斗、厉行节约，并不是要过"苦行僧"似的日子，而是在保证整个行业整体水平不断提高的前提下，在职业活动的实践中科学地节约资源，提高效益。例如，在拌制混凝土拌合物时，适当添加合适的外加剂，就可适量节约水泥的用量，并且使混凝土在和易性、耐久性等方面得到改善。只要我们掌握科学的方法，充分发挥建筑业全体人员的聪明才智，集思广益，勇于实践，大胆创新，构建节约型社会的目标定会在我们手中实现。

(六) 积极进取、勇于竞争

1. 积极进取、勇于竞争的含义

　　积极进取是指为了生存和发展的需要，运用已知的信息，不断突破常规，发现或产生某种新颖、独特的有社会价值或个人价值的新事物、新思想而进行不断探索的活动。所谓竞争，是指市场主体之间为争取有利的经济条件和市场条件，以获取更大利益而进行的较量和争斗。

竞争是市场运行的基本要素之一，是和商品经济、市场经济相伴而生的。

中共中央关于建立社会主义市场经济体制若干问题的决定指出："公有制经济特别是国有经济，要积极参与市场竞争，在市场竞争中壮大和发展。国家要为各种所有制经济平等参与市场竞争创造条件，对各种企业一视同仁。"进取、竞争是建设社会主义市场经济的内在要求，是生产力不断发展的一个推动力。

随着社会主义市场经济体制的建立，各种竞争在我国各个行业将广泛开展。因此，积极进取、勇于竞争应成为建筑业职业道德规范的重要内容。该规范的基本含义是建筑业在职业活动中要树立竞争意识，在工作中以科学的态度努力向上，永不自满，具有敢为人先、勇于开拓的精神和意识。

2. 积极进取、勇于竞争的重要性

（1）积极进取、勇于竞争是社会主义市场经济的内在需要

竞争是商品经济的产物。有商品经济存在，就必然有竞争存在。我国建立的社会主义市场经济，同样需要培育和发展市场体系，形成统一、开放、竞争的大市场，以发挥市场机制在资源配置中的基础作用。建立起具有竞争性的市场经济体系，是市场经济的共性，各个行业会在竞争中优胜劣汰。

建筑业为了获取更多的利益，赢得更大的生存空间，就必须作出合理、科学的决策，不断开发出适应市场需求、能占领市场的新产品和新工艺，并不断改善和提高产品质量与服务，以增强行业的竞争力。此外，建筑业还必须在重视和改进思想工作的同时，使用适合市场经济要求的方式和方法，解决内部劳动力的激励和约束问题。

因此，建筑业在加强和改进内在的管理水平的同时，还要充分利用资源流动和竞争等市场机制，提高行业职工的整体素质。

（2）积极进取、勇于竞争是建筑业发展的巨大动力

建筑业只有不断创造出新技术、新工艺、新理论或新方法，不断探索和研究，认识未被前人认识的规律、本质和趋势，才能提高建筑业在新时期的生存能力。建设事业是进取的基础，建设岗位是创新的平台，而积极进取、勇于竞争的精神是建设事业发展的巨大动力。事业生存和发展的基础就在于不断地进取，只有坚持不懈地开拓进取，建设事业才能立于不败之地。

建筑业的发展必须依靠突破，不断提出新的见解、开拓新的领域，勇于竞争，否则就不可能发展。建筑业也只有积极进取、勇于竞争才能大力推动整个行业的发展。

（3）积极进取、勇于竞争是提高建筑业生产力的需要

只有充分开展竞争，才能实现资源的优化配置，才能起到优胜劣汰的作用，才能向市场提供客户满意的产品和服务，才能扩大对外贸易的能力，从而推动行业生产力的发展，并满足客户多样性、多层次的需要。

建筑业若要在市场竞争中求得生存和发展，必须在行业员工中引入竞争机制。通过资源优化，行业的劳动力水平和素质会得到较大的提高，进而提高建筑业的生产力。

3. 积极进取、勇于竞争的基本要求

（1）增强竞争意识，提高竞争实力

增强建筑业的竞争意识，要克服安于现状的心理，打破墨守成规的观念，勇于开拓创新，敢于抓住机遇，不断前进。同时，还必须提高整个行业的竞争实力。为此，建筑业从业人员要不断学习和掌握现代化的科学技术与管理经验，广泛地收集信息，以科学的态度打破常规，不断发展自己、壮大自己，以适应国内和国际竞争的需要。

（2）提倡团结协作精神，反对不正当竞争

在竞争中，不论行业内外，都应当发扬团结协作精神。在发展本行业的同时，也为其他行业提供尽可能多的帮助，以达到共同发展的目的。与此同时，在市场竞争中，应当本着公平、公正、诚实、守信的原则，遵守公共的职业道德，坚决反对不正当竞争。

（3）不畏艰难困苦，勇于战胜困难

市场竞争不仅是技术、质量、管理、信誉以及能力的竞争，也是思想、道德、作风和精神等方面的竞争。"商场如战场"，没有常胜将军，何况我们建设的是社会主义市场经济，必将会遇到各种各样意想不到的艰难困苦，甚至是失败。只要发扬建筑业顽强拼搏、百折不挠的优良传统，发扬建筑业吃苦在前、享受在后的高尚品德，一切艰难困苦都是可以战胜的。

（七）崇尚科学、不断创新

1. 崇尚科学、不断创新的含义

崇尚科学，要求一切要按照客观世界的本来面目揭示客观规律，用科学的思想观察问题，用科学的方法处理问题，用科学的知识解决问题；不断创新，要求建筑业从业人员不能故步自封、满足现状，要运用科学的方法和现有的条件，针对工程建设中安全、质量、成本、进度、环保等方面的要求，不断创造出新颖、有价值的成果。

崇尚科学是不断创新的前提，不断创新是崇尚科学的必然结果。一部人类文明的进步史，就是一部科学不断战胜愚昧的历史。人类的进步，主要就是科学技术进步的历史，或者说是科学技术的进步带来的社会进步的历史。这里所说的科学，既包括自然科学，也包括社会科学。社会科学对于破除人类历史上的种种蒙昧主义，唤醒人类对自身和社会真实关系的看法所起的重要作用，丝毫不亚于自然科学。

2. 崇尚科学、不断创新的重要性

（1）崇尚科学、不断创新是建筑业生存和发展的需要

与其他行业相比，不论是在人员素质、施工手段还是管理水平等方面，建筑业都是一个相对缺乏竞争力的行业，特别是与发达国家相比，我国的建筑业在许多方面整体水平较低。崇尚科学、不断创新就意味着在工程建设中，要科学立项、科学论证、科学选址、规划和设计，不仅要考虑当前的发展需要，还要考虑到可持续发展以及环境和社会长期发展的需要。其次在施工过程中应贯彻绿色施工的原则，用科学的方法进行安全、质量、进度、成本等目标的管理。

但是，值得关注的是，建筑业的诸多做法尚未满足崇尚科学、不断创新的要求，如还有一些项目管理仍是按照经验和传统的做法，一些施工技术已经远远不能满足现代绿色施

工的要求等。只有依靠科学理论和创新意识，才能使整个建筑业具有旺盛的生命力和竞争力。

（2）崇尚科学、不断创新是建筑业摆脱落后的必经之路

科学是反映自然、社会、思维等客观事物运动变化规律，并经过实践检验和逻辑论证的学科知识体系。科学是人们生产知识、创造知识的社会实践活动，是人类脑力劳动创造的宝贵精神财富。科学从产生那天起就肩负起改造世界、实现人类梦想的重任。

只有崇尚科学、不断创新，才能提高建筑业的技术和管理水平，摆脱落后。

3. 崇尚科学、不断创新的基本要求

（1）崇尚科学、反对愚昧

科学与愚昧的斗争，有悠久的历史。科学与愚昧的对立，是因为愚昧是人与生俱来的。人们只有努力学习科学、不断创新，才能克服愚昧。

（2）加大投入、提高科学素质

建筑业应该为科学发展提供硬件和软件条件。从硬件方面来说，科学研究需要投入，需要设备，需要人才。只有大力投入，才能购买设备、培养人才，为科学的发展和进步予以物质支持。而从软件方面来说，整个行业应该崇尚科学，尊重科学，尊重知识。建筑业应该提供条件，发展科学教育事业，让更多的人有机会和条件摆脱愚昧无知的状态。

（3）端正态度、不断创新

增强崇尚科学的光荣感，就要树立科学的态度，掌握科学知识。树立科学的态度，就是要加强科学理论的武装，提高科学素养，掌握科学知识，就是要提高科学文化水平，以科学改变无知，以文明破除愚昧。唯有如此，才能用科学知识解释各种奇异的自然现象，以科学的态度探索未知的行业领域，凭科学的精神同借"科学"之名招摇撞骗的伪科学作斗争。

三、建筑业职业道德修养

（一）道德修养概述

1. 修养和道德修养

修养，是指一个人的素质经过长期锻炼或改造达到一定的结果和水平，它既包含"修身养性"的动态过程之意，又包含待人处事的正确态度及境界之意。

在实际生活中，修养是一个含义十分宽泛的概念，它渗透于人类社会生活的各个方面，具有多方面的内容，如政治修养、理论修养、文化修养、艺术修养、科学修养、道德修养等。

修养是人们提高科学文化水平、培养思想品质和专业技能所不可缺少的手段。例如，刘少奇同志专门写了《论共产党员的修养》一书教育全党。伟人们所说的修养，既有学习锻炼之意，又有经过学习锻炼获得所具有的能力、境界之意，强调革命者要具有多方面的修养，其中道德修养占有重要的地位。

道德修养，是社会成员按照一定的道德、法律原则和规范对自己的思想、意识、道德、品行等方面进行自我锻炼、自我教育、自我改造、自我陶冶的过程，以及在这个实践过程中所形成的道德情操和道德上所达到的某种状态、水平、境界。道德修养，是整个人生修养的重要组成部分，它对于社会主义国家的人民来说，无疑是指人们按照爱国主义、集体主义、社会主义、共产主义的政治思想、道德规范要求，在个人精神状态方面进行的一系列自我反省、自我认识、自我批评、自我改造的过程，以及由此而形成的正确思想意识和高尚道德境界。

2. 道德修养的一般规律

人们在进行道德修养时，必然会遇到诸如道德修养的内容、性质、发展方向等一系列问题。而要真正搞清这些问题，必须先搞清道德修养的理论基础、前提条件和过程等一般规律。

（1）道德修养的理论基础

马克思主义科学的世界观和方法论是社会主义建设者人生修养的基石，只有在它的正确指导下，当代社会主义建设者才能从根本上正确认识和把握社会历史发展规律；正确认识和处理个人同他人、集体、国家、社会的关系，树立正确的价值观，最大限度地发挥个人的社会价值；才能理清各种错误社会思潮造成的思想混乱，坚定社会主义信念和共产主义理想，激发社会责任感和历史使命感，为社会主义建设贡献力量。

马克思主义是深深植根于实践并在实践中不断发展完善的科学。中国共产党人把马克思主义基本理论和中国实际有机结合起来，在长期民主革命和社会主义建设过程中，形成了中国化的马克思主义理论成果，即毛泽东思想、邓小平理论和"三个代表"重要思想。

这些中国化的马克思主义理论成果集中体现了不同时期、不同历史条件下中国共产党人对社会发展的思考和探索，内容极为丰富。

这些成果构成了当代社会主义建设者进行自我修养的理论基础，具有极为重要的指导意义。不同行业的建设者应结合自己的工作实际和思想实际，自觉运用这些科学理论和思想观点来指导自己的思想道德修养，以促进道德修养水平的不断提高。

（2）道德修养的主观条件

人的主观能动性是进行道德修养的主观条件。道德修养是一种道德的自律，是自我认识、自我批评、自我塑造和自我提高的过程。在这一改造主观世界的过程中，同一个人既是修养的主体，又是修养的客体。

自觉性是修养的本质特征。修养者有无自觉性及自觉性的高低，直接决定修养的效果。内因是根本，外因是条件，外因通过内因起作用。无论外在环境和条件如何，要做一个品德高尚的人必须努力发挥自身的主观能动性、自觉性，才能奏效。社会主义建设者要主动运用马克思主义的科学世界观指导自我修养的过程，坚持以"自觉之我"、"能动之我"抵制"自贱之我"、"被动之我"，不断提高、充实、完善思想道德修养的自觉性，警惕和抵制各种错误思想的侵蚀影响。

（3）道德修养的客观条件

马克思主义认识论认为，群众是认识的主体，也是实践的主体，正确的思想必然是从群众中来、到群众中去。"从群众中来"是产生修养的自觉要求，"到群众中去"是人生修养的正确途径。可见，主动参加社会实践是人生修养的客观条件。

实践是产生人们修养要求的社会根源，也是检验人们思想和行为正确与否的标准。当人的思想和行为符合社会发展规律，代表最广大人民群众的根本利益时，就会受到认可和褒奖，从而进一步激发行为者加强人生修养、提高思想道德品质的愿望。反之，当人的错误思想和行为在实践中表现出来时，必然会引起社会的批评和谴责，导致行为者内在的思想困惑和矛盾，促使自己以积极的态度去改正、调整。一个人的道德品质就是在正确思想与错误思想的矛盾斗争中产生的。

（4）道德修养的过程

道德修养是一个贯穿人一生的过程，但又有一定的阶段性。在道德修养的某个方面、某个阶段，一般要经过道德认识的提高，从而形成道德情感，经过道德意志的锻炼，确立道德信念，最终外化为自觉的道德行动。

提高道德认识，指人们对一定社会或阶级关于道德的理论、原则和规范的确立和掌握。道德认识的形成是一个从感性认识上升到理性认识的过程。

升华道德情感，指人们依据一定的道德认识对现实生活中的道德关系和道德行为所产生的爱憎、好恶等心理体验和情绪情感体验。作为建筑业的从业人员，不能对行业不正之风漠然视之、对爱岗敬业的好人好事无动于衷，更不能颠倒美丑，形成一种反社会、悖常理的道德情感。建筑业的从业人员必须不断升华道德情感，把道德情感升华到对工作、对岗位、对事业、对祖国的热爱上来，并使之成为一种稳定持久的、强烈的、积极的、高尚的道德情感。

锻炼道德意志，指人们在履行道德义务和承担道德责任的过程中表现出来的一种坚不可摧的毅力和精神。综观古今，凡是取得突出成就的人，无一不具有坚强的道德意志，坚强的道德意志必须经过长期的培养和锻炼。在建立社会主义市场经济体制的今天，生活方式和价值观等日益多元化，权力、金钱、美色等各种诱惑日益增多。能否抵得住诱惑、耐得住清贫，是对一个人道德意志的考验，必须具有高度的自觉性、敏锐的果断性、坚决的自制力和顽强的坚持性，才能不被诱惑俘虏，守住道德修养的底线。

增强道德信念，指人们对道德理论、道德人格、道德原则、道德规范的正确性和正义性深刻、持久、稳定而有根据的信任，以及由此而产生的对某种道德义务的强烈责任感。道德信念的功能在于人们不折不扣地完成道德准则的要求，忠实地履行自己的道德义务。具有坚强道德信念的人，往往能热忱地追求某种崇高的理想人格，努力捍卫某种社会或阶级的道德原则和道德规范，不惜一切代价履行自己的道德义务。

强化道德行为。道德行为是评价一个人道德品质高低的重要标志，它在人们道德品质形成和发展中具有极为重要的作用。强化道德行为的首要问题是根据一定的道德准则选择正确的道德行为。在现实的道德生活中，人们常处于两难的境地。这就要求我们要有新的道德认识，包括道德觉悟、道德知识和道德经验；要明白道德价值和等级次序，小道理服从大道理，高一级的道德义务必须优先考虑、优先承担。

总之，人们在进行道德修养的过程中，一定要自觉遵循道德品质形成和发展的规律，努力提高道德认识，在日常的道德实践中不断把道德认识升华为道德情感和意志，内化为坚强持久的道德信念，进而把道德认识、情感、意志、信念外化为行动，养成良好的道德习惯，这样才能真正提高道德修养水平。

3. 道德修养的社会意义

道德修养是使社会主义的道德原则和规范转化为人们内在的道德品质的关键环节，是形成高尚的社会道德风尚和优良的社会传统的熔炉。只有加强道德修养，才能更好地发挥思想道德的社会作用，促进社会的全面发展。

（1）加强道德修养有益于社会主义市场经济的健康发展

社会主义市场经济体制的建立，引发了人们的思想革命，一些符合市场经济发展需求的新思想、新观念不断出现，如竞争思想、平等思想、效益观念、开拓进取观念等，同时一些消极的思想观念和生活方式也日益泛滥，如拜金主义、享乐主义、个人主义思想观念等。这些对人们的道德修养也提出了更加严峻的挑战。

如果因为改革开放和社会主义市场经济建设，使我们的人民丧失了社会主义的信念和道德准则，那我们将背离社会主义市场经济建设的初衷，已经取得的物质文明建设成就也会最终丧失掉。市场经济越发展，就越要坚持理想信念教育，越要加强道德修养。

（2）加强道德修养有利于改善人际关系，实现构建和谐社会的目标

人是各种社会关系中的一个节点，人的本质属性是社会属性，人们之间的交往形成了人际关系。随着科技的发展和社会主义市场经济的不断发展，人们之间交往的范围越来越大，内容越来越丰富，形式越来越多样化。在这种环境中，如果不注重道德修养，就会使商品交换的法则侵入到人际交往领域，把人与人之间的关系变成赤裸裸的交易关系。

当前少数干部出现的权钱交易、吃拿卡要、行贿受贿、腐化堕落等腐败现象和好逸恶劳、爱慕虚荣、弄虚作假等不良社会风气，严重破坏了社会主义社会的人际关系，在一定程度上出现了诚信缺失和信任危机。制止这种日益蔓延的腐败现象和不良社会风气，除了严肃法纪、加强教育引导之外，还必须切实提高人们内在的觉悟因素。必须通过道德修

养，提高道德素质，自觉增强抵御不正之风的觉悟和能力，进一步发展人与人之间平等、团结、友爱、互助、合作的同志式关系。如果人人都有修养的自觉性，人人都从自身寻找修养的差距，不去抱怨社会、他人和集体对自己的不公，那我们这个社会的人际关系就是协调的、良性的，建设社会主义和谐社会的目标就容易实现了。因此，提高道德修养的自觉性，对于调整人们的道德行为、正确处理人与人的关系、正确处理个人与社会的关系、优化社会环境、建立和谐社会，都具有不可忽视的重大作用。

（3）加强道德修养是个人全面发展的内在需要

不同的生活经历和主观努力，决定了人们具有不同的道德境界。人非动物，不仅有物质需求，而且还要有崇高的精神追求和道德理想。古人云仁者长寿，即道德水平高的人能健康长寿。这是因为具备高尚道德修养水平的人内心是平衡的、安静的、满足的，通过道德理想的实现收获了无形的财富和幸福，因而人生态度是积极的，心理和生理是健康的。反之，那些道德水平低下的人，尽管暂时得到了名誉、地位、权力、金钱、美色及各种物质享受，但因为其自私自利、狭隘、欺骗、犯罪等各种有形无形的伤害，使他人、集体、社会受到了物质损失和精神伤害，其本人内心会受到良心和道德的谴责或者受到社会舆论的指责与否定，其内心是痛苦的、不安的、孤单的。

加强道德修养，能不断净化灵魂，陶冶情操，使人们多做对他人、对集体、对社会有益的事，实现心理和生理的健康发展，实现内心真正的幸福和满足，实现人的全面发展和完善。

总之，加强道德修养，不仅是社会政治、经济、文化发展的需要，而且是每个社会成员内在的精神需求。

（二）职业道德修养

1. 职业道德修养的含义

职业道德修养，是指从业人员在职业实践活动中，按照职业道德基本原则和规范的要求，在职业道德意识和行为方面的自我学习、自我锻炼、自我改造，并形成高尚的职业道德品质和职业道德境界。职业道德修养是道德修养的重要分支。

2. 职业道德修养的内容

职业道德修养的内容十分丰富，核心是社会主义职业道德规范的要求。以类别划分，职业道德修养的内容可大致归纳为思想政治素质、品德素质、文化素质、身心素质。

（1）思想政治素质

思想政治素质是职业道德修养的核心内容，目的是使从业人员树立坚定、正确的政治方向和政治态度，树立科学的世界观和方法论，明辨是非，坚定社会主义信念。

（2）品德素质

个人品德素质会对其职业行为产生重大影响，是职业道德修养的基础。品德素质主要包括责任、公正、正直、同情、仁爱、真诚、守信等。

责任是我们分内应该做的事。责任的范围是没有固定界限的，存在于每一个岗位。在我们的一生中，无论任何情况，都应该履行责任。不惜一切代价和甘冒一切风险地遵从责任的召唤，这是最高尚的文明生活的本质体现，无论何时，伟大的事业都值得人们去为之奋斗。

公正、正直是人们处理与他人和社会关系的准则。公正和正直是人们能按照一定的社会道德原则和观念的要求，做到不偏不倚。公道正直，是对人们权利与义务、报酬与贡献、奖惩与功过之间对应关系的确立和认可。公正、正义的本质是一种社会契约，是为了保障全体成员的利益不受他人侵犯，为了维护社会的安定秩序而自然形成的一种普遍公认的道德准则。公正原则的核心内容是利益分配的公正。

同情、仁爱之心是人与人之间的一种情感关系，它不是以损害对方尊严为代价的怜悯，而是建立在人格平等基础上的移情力。当他人感到悲痛时，与其站在一起，认真对待其现实生活状况以及内心世界。人们随时可能有困难，因此需要得到同类无私的支持和帮助，使个体在困境中不至于孤立无援。

真诚、守信，使人生充满可靠、坦诚与开放，展现的是一种向往光明的性情，是职业道德的基本要求。

品德素质是职业道德修养最核心的内容，可以维护人民大众的利益和国家的利益，从而形成良好的社会风尚，使人心向善，迸发无穷的威力，乃至改变世界。

（3）文化素质

文化素质，是以一定的人文社会科学知识、自然科学知识和工程技术知识为主要内容而形成的一种综合的、潜在的素质。作为建筑业的从业人员，不论是从事行政管理、设计、施工还是咨询服务工作，都要掌握好本职业所必需的专业技能。在此基础上，还要培养自己的人文社会科学、自然科学等多方面的综合文化素质。

（4）身心素质

健康强壮的体魄是人们学习和工作的生理基础，现代人不仅应满足于身体没有疾病，更应注重体能的增强和精力的充沛。心理健康，是个体在良好的生理状态基础上的自我和谐，以及与外部社会环境的和谐所表现出的个体的主观幸福感。如对自己满意，对工作满意，对外部人际关系满意等。同时，从业人员还要有对学业和事业的执着追求、顽强拼搏、坚韧不拔的心理，以及应对挫折的承受力等等。

上述基本素质，对个人的成长发展和职业道德水平的提高都是十分重要的。要想事业成功，上述基本素质缺一不可。思想道德素质对其他素质的形成有很强的渗透性和促进性，是从业者各种素质修养的基础。其他素质水平的高低反过来会促进或抑制思想道德修养水平的提高。

3. 职业道德修养的实质

职业道德修养的实质，是两种对立的道德意识之间的斗争，是善与恶、正与邪、是与非之间的斗争，是"此我"与"彼我"的斗争。对于从业者而言，要取得职业道德修养上的进步，就必须自觉地进行两种道德意识的斗争。

在我国历史上，出现过封建地主阶级的道德、资产阶级的道德、小生产者的道德等腐朽或者消极的道德。由于种种复杂的社会历史原因，这些道德观念至今在某种程度上仍残留在人们的心目中，对从业者的职业道德产生着消极影响。同时，我国悠久的历史和灿烂的文化也形成了精忠报国、天下为公、勤俭自强、尊老爱幼、忠于职守、讲究信誉等优秀传统。在我国革命和社会主义建设过程中又形成了集体主义、为人民服务、公而忘私、艰苦奋斗、爱岗敬业等优秀革命道德传统和社会主义道德原则。职业道德修养，就是要在职业实践中，有意识地强化优秀道德品质，消除错误、消极、腐朽道德观念的影响，形成与职业要求相一致的道德品质和道德情操。

4. 职业道德修养的一般特征

（1）目的性

职业道德修养要解决整个社会主义职业道德要求与个人道德选择能力、道德实践能力的矛盾；解决自身受消极、错误、腐朽职业道德因素影响而形成的低下的道德品质和先进的道德品质之间的矛盾。

（2）选择性

职业道德修养本质上是一种自我改造、自我陶冶、自我解剖的活动，通过对自己内心世界及行为的反省、检查，吐故纳新，培养新的职业道德情感和职业道德信念。每个人的职业道德状况都是不一样的，修养的内容、侧重点、方法、目标等都有所不同，没有统一、固定的模式，需要每个人根据自身的不同情况作出选择。

（3）自律性

自律性是职业道德修养的重要特征。职业道德修养主体所开展的自我学习、自我改造、自我修正、自我锻炼、自我反省等心理活动和实践活动，是由自己内在道德需要所启动的自主、自觉、自愿的行为，而不是某种外在力量的强制。

这种自我改造的活动有两个特点：一是自身有强烈的修养愿望和明确的自身修养目标；二是在使命感和责任感的支配下，要有坚强的意志力。修养者自身的自觉性、主动性、积极性、恒心和毅力等主观因素具有决定性的意义。只有这种强烈持久的自律，才能使职业道德义务内化成职业道德良心、情感、信念，达到较高境界。

（4）他律性

他律性一方面包括社会、企业、学校以及家庭对从业者有计划、有组织地施加系统的职业道德影响，以使其按国家、社会提倡的职业道德规范从业；另一方面也包括社会舆论、家庭成员、同事对从业者在职业活动中职业行为的评价，使其按照舆论认可的职业道德规范约束自己的言行。他律是职业道德修养的必经阶段，也是低级的、不完善的阶段。要达到高层次、高境界的职业道德修养水平，主要还要靠自律。

（5）实践性

职业道德修养具有实践性。职业道德修养本质上是从业者的思想活动，以大脑为物质载体，以职业实践为思考内容和对象。没有人类生产实践活动，没有劳动的社会分工，职业道德就不会产生，职业道德修养就无从谈起。职业行为修养本身就是职业道德修养的一项重要内容，而行为本身就是实践活动。没有参加职业实践的个体，不论有多么美好的愿望和惊人的接受能力，职业道德的规范和内容都无从做起，都无法把该职业道德规范用于自身。总之，离开职业实践，就没有职业道德，更没有职业道德修养可言，实践是职业道德修养的关键。

5. 职业道德修养的目标

职业道德修养的目标是通过从业人员把职业道德的核心内容和基本规范内化为自己的需要，提高职业道德意识，培养职业道德情感，形成职业道德信念，调节职业道德行为，培养职业道德习惯，从而树立高尚的职业道德品质，塑造理想的职业道德人格，达到理想的职业道德境界。

社会主义职业道德修养的总目标是成为有理想、有道德、有文化、有纪律的社会主义劳动者，具体目标如下：

（1）有职业理想

职业理想是对符合自身条件和心理愿望的职业工作的种类及所要达到的成就的追求和向往。职业理想是随着人生观的确立而经过漫长岁月逐渐形成的，受诸多因素的影响，由自身、时代、知识、家庭、经历等因素决定，是从业者个人的工作积极性和创造性的基础。

社会主义社会为人们选择和实现高尚而有价值的职业理想提供了充分的制度和思想保障。人们的职业和工作虽然千差万别，但只要能够满足人们物质和文化的需要，就都是有价值的、光荣的职业，都会受到社会的承认和人民的尊敬。

（2）具备本职工作必需的知识和技能

具有良好职业道德修养的人一定是勤奋钻研业务，并具备本职工作所必需的知识、技能，能胜任本职工作的人。这些知识和技能包括基本的思想品德素质、文化素质和职业技能素质。

（3）在胜任本职工作的基础上精益求精、不断创新

通过进一步的学习和研究，在基础知识方面向纵深发展，在职业技能方面向高科技发展，不断学习新知识，接受新观念，探索新问题，进行新实践，有发明、有创新，为节能、环保作贡献。

（三）提高职业道德修养的途径和方法

（1）树立终身学习的观念，不断提高岗位工作质量

加强职业道德修养，并不是空洞的、抽象的，而是要贯穿于职业实践活动的始终，以精湛的专业技术水平和优质、高效的岗位工作质量来体现。如果本职工作所必需的专业技术知识不具备，业务不过硬，那他的职业道德就是一句空话。不断提高本职工作质量，唯一的途径就是终身学习和不断钻研。

在科学技术日新月异、知识和信息爆炸的今天，知识老化的速度日益加快，企业所面对的环境在加速变化。学生时代所学的知识已不足以应付工作的挑战。当前，我们处于互联网＋时代，各行各业都面临着前所未有的挑战和机遇。如果不持续学习，无论是企业还是从业者，都将面临被淘汰的境地。"三天不学习，赶不上刘少奇"。这就要求从业人员不断学习、终身学习，活到老、学到老。

终身学习有三种类型：正规学习、非正规学习、非正式学习。它们共同构成了终身学习的体系。其中，正规学习多在青少年时期进行，非正规、非正式学习多为成人学习。这三种不同类型的学习，在不同时代、不同社会有不同的比例。不同个人也总有不同的经历，但成人学习总是占据了人生的大部分时间。一生中还是以非正规和非正式的成人学习为主。因而，摆脱以学校为中心的传统观念，努力以成人教育、社会教育来促进成人的学习，仍是终身学习体系的主旨。虽然正规学习的时间相对较短，但为非正规和非正式学习奠定了基础。

当前，不少国家、地区和国际组织都在积极探索有利于人们终身学习、促进学习型社

会形成的具体方略。为保证所有人都有终身学习的机会，确保终身教育在 21 世纪更富有成效，1997 年联合国教科文组织第五届国际成人教育会议作出了开展"每天学习一小时"运动的决定。欧盟各国通过建立"个人技能卡"制度，及时考核和记录个人除正式的学历文凭外所获得的其他各种技能学习成果，以对通过各种途径获得的学习成果进行客观、公正、合理的认定来形成鼓励学习的良好机制。日本文部省也正在考虑试行"终身学习卡"制度，鼓励国民更加积极地参与各种学习活动。我国作为发展中的教育大国，也正在加快学习型社会的建设。

每个从业人员的个人情况和岗位要求不同，学习的目标和任务也不一样。建筑业的干部和职工要结合自己的岗位要求，确定自己的学习目标。

总之，要不断学习、终身学习，不断提高专业技术水平和管理水平，把加强职业道德修养的要求落实在优质高效的岗位实践中。通过深入钻研业务，提高岗位工作质量，带动整个行业职业道德建设，树立行业新风。

（2）学习优秀人物的高尚职业道德，发挥榜样的激励作用

榜样的力量是无穷的。在我国革命和建设的不同时期，不同行业涌现了层出不穷的模范人物，形成了不同时期、不同类型的先进精神，如雷锋精神、女排的拼搏精神、抗洪精神以及载人航天精神等，无不激励着全国人民奋发向上、立足岗位做贡献的斗志，对人们的职业道德修养产生了巨大的影响，激励了一代又一代的人前进。在加快改革开放和社会主义市场经济建设步伐，实现社会经济快速、持续、协调发展的今天，在全社会各行各业学习先进模范人物的高尚品德和崇高精神并使之在全社会发扬光大，成为激励和鼓舞广大群众前进的精神力量，是社会主义精神文明的重要内容，也是从业人员加强职业道德修养、提高自身职业道德水平的必由之路。

班杜拉在 20 世纪 60 年代提出了道德品质形成的社会学理论。该理论告诉我们，在提高自己的职业道德修养时，必须注意向先进人物学习。我们可以通过先进人物的报告，观察他们的积极表现，来获取相应的知识和信息，搞清楚应该怎么做、如何做。这种学习必须发自内心，是真诚的，只有这样，我们才可能集中注意力，将学习行为保持在自己的头脑中。同时，要使耳闻目睹的榜样行为内化为自己的职业道德品质，必须重视这种行为的重现过程，要身体力行、亲自实践，在实践中不断修正自己的行为。当我们在学习一种具体的职业道德行为时，不要忘记自我激励。可以和先进人物交流，了解他们在作出相应行为时的内心体验。要在作出行动的过程中鼓励自己，以愉快的心情体验这样做会带来的利益，从而使自己的职业道德行为逐渐接近社会的要求和标准。

建筑业是一个艰苦的行业，更需要在广大从业人员中树立艰苦奋斗、爱岗敬业的典型，在全行业形成比先进、学先进、赶先进、超先进的正气。学习先进模范人物的优秀品质，主要有两个途径：一是多读名人的传记和模范人物的先进事迹。这些名人身上都具有优秀的道德品质，体现着高尚的道德情操，学习他们的事迹，以便受到感染和鼓舞，使自己的职业行为更符合职业道德原则和规范的要求。二是学习本行业的、身边的领导、师傅、同事、同学等，弥补自己的不足。他们生活在自己身边，看得见、摸得着，影响更直接、更深刻、更快捷。一个虚心上进的人，往往是一位热心向别人学习的人。职业道德修养就是改造自己，提高自己的道德境界。只要别人比我们做得好，哪怕只是一方面，这一方面就值得我们学习。

学习先进模范人物要联系自己的职业活动和职业道德的实际，注重实效，不照抄照搬，不搞形式主义，要学习他们的世界观、人生观，学习他们的优秀品德，学习他们对待工作、生活的态度，学习他们敬业、乐业、勤业、精业的精神，在自己的本职工作中找差距，自觉抵制一切不道德的职业行为，自觉抵制拜金主义、享乐主义、极端个人主义等腐朽思想，大力培育和弘扬新时期的创业精神，不断提高职业道德水平，立志在平凡的岗位上作出不平凡的贡献。

（3）虚心学习中国传统职业道德的精华

我国是一个历史悠久、文化灿烂的文明古国，有许多优良道德传统。这与古人特别推崇道德修养是分不开的。孔子的学生曾参说："古之欲明明德于天下者，先治其国；欲治其国者，先齐其家；欲齐其家者，先修其身；欲修其身者，先正其心；欲正其心者，先诚其意；欲诚其意者，先致其知；致知在格物。"即，"格物、致知、诚意、正心、修身、齐家、治国、平天下"，强调"修身"即加强个人道德修养的极端重要性。强调先做人，后做事，把做人看成是治家乃至治国的基础与前提。这不仅说明了修身是做人、做事的前提，而且还总结了修身的方法，即必先正心、诚意。

我国古代优秀的职业道德传统有：

胸怀天下，民族利益至上。"天下兴亡，匹夫有责"，"苟利国家生死以，岂因祸福避趋之"，"先天下之忧而忧，后天下之乐而乐"；

公忠为国、清正廉洁，认为"公私之交"是"存亡之本"，秉公执法，顾全大局，反对徇私枉法和以权谋私，不以私情害公利，反贪拒贿；

自强不息、锲而不舍的顽强拼搏精神，"锲而舍之，朽木不折，锲而不舍，金石可镂"；

提倡礼仪仁爱，重视人际关系的和谐。仁是孔子全部思想的核心，"仁者，爱人"。在处理人际关系时，强调从"爱人"出发，"己欲立而立人，己欲达先达人"，"己所不欲，勿施于人"，"礼之用，和为贵"；

诚信待人，言而有信。言行一致，表里如一，把"言必信，行必果"看做处世立业的根本。

（4）吸收外国职业道德中的精华

外国职业道德中的精华也是人类优秀文明成果的组成部分，我们应虚心地学习和吸收，闭关自守、敝帚自珍的思想是不可取的。按照毛泽东同志"古为今用、洋为中用"的要求，对外国的职业道德，认真鉴别、分析、吸收、创新，为社会主义职业道德建设提供丰富的营养。

外国优秀的职业道德有：社会正义、天赋人权的平等思想；崇尚独立自主，个性自由发展；开拓创新，勇于探索；忠于职守，重视岗位责任；勤奋刻苦，钻研科学技术，精益求精；重视产品和服务的质量，讲究商业信誉。

（5）经常内省，开展自我批评

职业道德修养是一种自省行为，通过自我反省、自我检查、自我评价、自我批评的办法来检讨、规划和约束自己的言行，增强自己按照职业道德规范开展职业活动的自觉性。

内省是提高职业道德修养的有效方法，也是古人常用的方法。孔子说："内省不疚，夫何忧何惧？"曾子说："吾日三省吾身。"古人认为，要提高自身道德修养，应该经常反省自己的行为。尽管他们所处的时代和今天已大不相同，他们提出的内省方法对我们仍然具有很强的参考价值。

人的职业道德水平高低，与个体的主观能动性、主观认识水平有很大关系。这就要求我们在职业实践中经常进行深刻的反思，按照职业道德的高标准严格要求自己。在职业活动中，经常结合自己思想工作和生活中的实际进行自我反省、自我剖析、自我批评和总结，勇于无情地剖析自己，正视自己的弱点，通过自我内心的思想斗争，不断战胜落后的思想道德观念，改正不良行为，充分发扬积极、健康向上的因素，严格按照正确的道德意识开展职业活动，从而把自己锻炼成一个职业道德高尚的人。

（6）慎独

"慎独"一词出自儒家进行自我修养的经典《中庸》，"道也者，不可须臾离也，可离非道也。是故君子戒慎乎其所不睹，恐惧乎其所不闻。莫见乎隐，莫显乎微，故君子慎其独也"。"慎"即谨慎，"独"就是独处，一个人单独在一个场所工作、生活。两者合起来的意思是，在只身一人没有任何监督的情况下，仍能严格要求自己，不放纵自己，不做不道德的事。

在国外的修养思想中，尽管没有"慎独"这一概念，但也很讲究慎独精神。德漠克利特说过："要当心，即使当你独自一人时，也不要说坏话或干坏事，而是要学得在你自己面前比在别人面前更知耻。"毕达哥拉斯也说过："不论是别人在跟前或者自己单独的时候，都不要做一点卑劣的事情。"马克思主义修养论认为，慎独是在"独立工作，无人监督"，有做各种坏事的可能时，仍能坚持自己的道德信念，自觉按照无产阶级道德原则和规范行动，而不做坏事。我们要时时处处用"慎独"二字来要求自己，使自己真正成为具有高尚职业道德修养的人。

慎独，是职业道德修养的精髓，强调活动主体的自觉性。职业道德修养的目的是提高人们的职业道德品质，其核心就是要形成坚定的道德信念。而能否做到慎独，正是考验道德信念是否坚定的最好办法。一个人，在熟人圈里做些好事并不难，难的是在陌生环境里、在无人监督的情况下也做好事。最难做到的事，也正是最能考验人的事。如果一个人无法做到慎独，那么他的道德动机只是停留在遵从阶段，他的职业道德行为并没有成为他内在的道德品质的一部分，甚至可能是虚伪的。

慎独是一种修养方法，也是修养的一种境界。每个从业人员都要重视这一修养方法，都应该达到这一修养的境界。

（7）从完成修养的小目标做起，终生不辍

加强职业道德修养，是一个长期的过程，不可能一蹴而就，必须从一点一滴做起，从完成小目标开始，树立信心，长期坚持。

三国时期的刘备告诫他的儿子："勿以善小而不为，勿以恶小而为之"，指的就是这种防微杜渐的修养方法。平时不检点、不注意自己的职业道德修养，只幻想有朝一日在紧要关头，挺身而出，弃旧从新，一鸣惊人，一下子成为职业道德标兵，是根本不可能的。要养成良好的职业道德品质，必须意志坚强、立场坚定不拒小善。

实现职业道德上的小目标，还要与平时生活中的点滴小事相联系。一个人不可能将他的职业道德修养完全孤立于他平时的为人、处事、立业之外，只在职业劳动中表现出谦谦君子。这就是说，一个人要想提高自己的职业道德修养水平，就必须注意在平时生活中的道德修养。平时的修养活动可以深化职业道德修养。

四、建设工程许可制度

（一）规划许可制度

根据《中华人民共和国城市规划法》的规定，城市土地利用与建设工程的规划管理将实行法定许可证制度。为了体现建设用地规划许可证和建设工程规划许可证的法律严肃性，促进城市规划管理工作的规范化，制定了统一的建设用地规划许可证和建设工程规划许可证。

1. 建设用地规划许可证

（1）申请建设用地规划许可证的一般程序：

1）凡在城市规划区内进行建设需要申请用地的，必须持国家批准建设项目的有关文件，向城市规划行政主管部门提出定点申请；

2）城市规划行政主管部门根据用地项目的性质、规模等，按照城市规划的要求，初步选定用地项目的具体位置和界限；

3）根据需要，征求有关行政主管部门对用地位置和界限的具体意见；

4）城市规划行政主管部门根据城市规划的要求向用地单位提供规划设计条件；

5）审核用地单位提供的规划设计总图；

6）核发建设用地规划许可证。

（2）建设用地规划许可证应当包括标有建设用地具体界限的附图和明确具体规划要求的附件。附图和附件是建设用地规划许可证的配套证件，具有同等的法律效力。附图和附件由发证单位根据法律法规规定和实际情况制定。

2. 建设工程规划许可证

在城市、镇规划区内进行建筑物、构筑物、道路、管线和其他工程建设的，建设单位或者个人应当向城市、县人民政府城乡规划主管部门或者省、自治区、直辖市人民政府确定的镇人民政府申请办理建设工程规划许可证。

申请办理建设工程规划许可证，应当提交使用土地的有关证明文件、建设工程设计方案等材料。需要建设单位编制修建性详细规划的建设项目，还应当提交修建性详细规划。对符合控制性详细规划和规划条件的，由城市、县人民政府城乡规划主管部门或者省、自治区、直辖市人民政府确定的镇人民政府核发建设工程规划许可证。

城市、县人民政府城乡规划主管部门或者省、自治区、直辖市人民政府确定的镇人民政府应当依法将经审定的修建性详细规划、建设工程设计方案的总平面图予以公布。

在选址意见书、建设用地规划许可证、建设工程规划许可证或者乡村建设规划许可证发放后，因依法修改城乡规划给被许可人合法权益造成损失的，应当依法给予补偿。

经依法审定的修建性详细规划、建设工程设计方案的总平面图不得随意修改；确需修改的，城乡规划主管部门应当采取听证会等形式，听取利害关系人的意见；因修改给利害关系人合法权益造成损失的，应当依法给予补偿。

　　未取得建设工程规划许可证或者未按照建设工程规划许可证的规定进行建设的，由县级以上地方人民政府城乡规划主管部门责令停止建设；尚可采取改正措施消除对规划实施的影响的，限期改正，处建设工程造价百分之五以上百分之十以下的罚款；无法采取改正措施消除影响的，限期拆除，不能拆除的，没收实物或者违法收入，可以并处建设工程造价百分之十以下的罚款。

　　申请建设工程规划许可证的一般程序包括：凡在城市规划区内新建、扩建和改建建筑物、构筑物、道路、管线和其他工程设施的单位与个人，必须持有关批准文件向城市规划行政主管部门提出建设申请；城市规划行政主管部门根据城市规划提出建设工程规划设计要求；城市规划行政主管部门征求并综合协调有关行政主管部门对建设工程设计方案的意见，审定建设工程初步设计方案；城市规划行政主管部门审核建设单位或个人提供的工程施工图后，核发建设工程规划许可证。

　　建设工程规划许可证所包括的附图和附件，按照建筑物、构筑物、道路、管线以及个人建房等不同要求，由发证单位根据法律法规规定和实际情况制定。附图和附件是建设工程规划许可证的配套证件，具有同等法律效力。

　　建设用地规划许可证和建设工程规划许可证，设市城市由市人民政府城市规划行政主管部门核发；县人民政府所在地镇和其他建制镇，由县人民政府城市规划行政主管部门核发。

（二）施工许可制度

1. 施工许可的基本要求

　　在中华人民共和国境内从事各类房屋建筑及其附属设施的建造、装修装饰和与其配套的线路、管道、设备的安装，以及城镇市政基础设施工程的施工，建设单位在开工前应当依照本办法的规定，向工程所在地的县级以上地方人民政府住房城乡建设主管部门申请领取施工许可证。

　　工程投资额在30万元以下或者建筑面积在300m^{2}以下的建筑工程，可以不申请办理施工许可证。省、自治区、直辖市人民政府住房城乡建设主管部门可以根据当地的实际情况，对限额进行调整，并报国务院住房城乡建设主管部门备案。

　　按照国务院规定的权限和程序批准开工报告的建筑工程，不再领取施工许可证。规定应当申请领取施工许可证的建筑工程未取得施工许可证的，一律不得开工。

　　任何单位和个人不得将应当申请领取施工许可证的工程项目分解为若干限额以下的工程项目，规避申请领取施工许可证。

2. 施工许可的条件

　　建设单位申请领取施工许可证，应当具备下列条件，并提交相应的证明文件：

　　（1）依法应当办理用地批准手续的，已经办理该建筑工程的用地批准手续。

　　（2）在城市、镇规划区的建筑工程，已经取得建设工程规划许可证。

　　（3）施工场地已经基本具备施工条件，需要征收房屋的，其进度符合施工要求。

（4）已经确定施工企业。按照规定应当招标的工程没有招标，应当公开招标的工程没有公开招标，或者肢解发包工程，以及将工程发包给不具备相应资质条件的企业的，所确定的施工企业无效。

（5）有满足施工需要的技术资料，施工图设计文件已按规定审查合格。

（6）有保证工程质量和安全的具体措施。施工企业编制的施工组织设计中有根据建筑工程特点制定的相应质量、安全技术措施。已建立工程质量安全责任制并落实到人。专业性较强的工程项目编制了专项质量、安全施工组织设计，并按照规定办理了工程质量、安全监督手续。

（7）按照规定应当委托监理的工程已委托监理。

（8）建设资金已经落实。建设工期不足一年的，到位资金原则上不得少于工程合同价的50%，建设工期超过一年的，到位资金原则上不得少于工程合同价的30%。建设单位应当提供本单位截至申请之日无拖欠工程款情形的承诺书或者能够表明其无拖欠工程款情形的其他材料，以及银行出具的到位资金证明，有条件的可以实行银行付款保函或者其他第三方担保。

（9）法律、行政法规规定的其他条件。

县级以上地方人民政府住房城乡建设主管部门不得违反法律法规规定，增设办理施工许可证的其他条件。

3. 申请办理施工许可证的程序要求

（1）建设单位向发证机关领取《建筑工程施工许可证申请表》。

（2）建设单位持加盖单位及法定代表人印鉴的《建筑工程施工许可证申请表》，并附规定的证明文件，向发证机关提出申请。

（3）发证机关在收到建设单位报送的《建筑工程施工许可证申请表》和所附证明文件后，对于符合条件的，应当自收到申请之日起十五日内颁发施工许可证；对于证明文件不齐全或者失效的，应当当场或者五日内一次告知建设单位需要补正的全部内容，审批时间可以自证明文件补正齐全后作相应顺延；对于不符合条件的，应当自收到申请之日起十五日内书面通知建设单位，并说明理由。

建筑工程在施工过程中，建设单位或者施工单位发生变更的，应当重新申请领取施工许可证。

建设单位申请领取施工许可证的工程名称、地点、规模，应当符合依法签订的施工承包合同。

施工许可证应当放置在施工现场备查，并按规定在施工现场公开。施工许可证不得伪造和涂改。

4. 施工许可证的管理

建设单位应当自领取施工许可证之日起三个月内开工。因故不能按期开工的，应当在期满前向发证机关申请延期，并说明理由；延期以两次为限，每次不超过三个月。既不开工又不申请延期或者超过延期次数、时限的，施工许可证自行废止。

在建的建筑工程因故中止施工的，建设单位应当自中止施工之日起一个月内向发证机关报告，报告内容包括中止施工的时间、原因、在施部位、维修管理措施等，并按照规定做好建筑工程的维护管理工作。

建筑工程恢复施工时，应当向发证机关报告；中止施工满一年的工程恢复施工前，建设单位应当报发证机关核验施工许可证。

发证机关应当将办理施工许可证的依据、条件、程序、期限以及需要提交的全部材料和申请表示范文本等，在办公场所和有关网站予以公示。

发证机关作出的施工许可决定，应当予以公开，公众有权查阅。

发证机关应当建立颁发施工许可证后的监督检查制度，对取得施工许可证后条件发生变化、延期开工、中止施工等行为进行监督检查，发现违法违规行为及时处理。

5. 施工许可证的责任

对于未取得施工许可证或者为规避办理施工许可证将工程项目分解后擅自施工的，由有管辖权的发证机关责令停止施工，限期改正，对建设单位处工程合同价款1%以上2%以下罚款；对施工单位处3万元以下罚款。

建设单位采用欺骗、贿赂等不正当手段取得施工许可证的，由原发证机关撤销施工许可证，责令停止施工，并处1万元以上3万元以下罚款；构成犯罪的，依法追究刑事责任。

建设单位隐瞒有关情况或者提供虚假材料申请施工许可证的，发证机关不予受理或者不予许可，并处1万元以上3万元以下罚款；构成犯罪的，依法追究刑事责任。

建设单位伪造或者涂改施工许可证的，由发证机关责令停止施工，并处1万元以上3万元以下罚款；构成犯罪的，依法追究刑事责任。

依照规定，给予单位罚款处罚的，对单位直接负责的主管人员和其他直接责任人员处单位罚款数额5%以上10%以下罚款。单位及相关责任人受到处罚的，作为不良行为记录予以通报。

发证机关及其工作人员，违反本办法，有下列情形之一的，由其上级行政机关或者监察机关责令改正；情节严重的，对直接负责的主管人员和其他直接责任人员，依法给予行政处分：（1）对不符合条件的申请人准予施工许可的；（2）对符合条件的申请人不予施工许可或者未在法定期限内作出准予许可决定的；（3）对符合条件的申请不予受理的；（4）利用职务上的便利，收受他人财物或者谋取其他利益的；（5）不依法履行监督职责或者监督不力，造成严重后果的。

五、建设工程招标投标及合同管理制度

（一）建设工程招标投标制度

1. 招标投标概述

招标投标制度是社会主义市场经济体制的重要组成部分。自《中华人民共和国招标投标法》（以下简称《招标投标法》）颁布以来，我国招标投标事业取得了长足发展，招标投标市场不断壮大，行政监督管理体制逐步完善，招标投标制度日趋完备，对规范招标投标活动、优化资源配置、提高采购质量效益、预防惩治腐败，发挥了重要作用。随着实践的不断发展，招标投标领域出现了许多新情况、新问题。一些依法必须招标的项目规避招标或者搞"明招暗定"的虚假招标；有的领导干部利用权力插手干预招标投标活动，搞权钱交易，使公共采购领域成为腐败现象易发、多发的重灾区；一些招标投标活动当事人相互串通，围标串标，严重扰乱招标投标活动正常秩序，破坏公平竞争；有的专家评标不公正。

（1）工程建设项目的定义

《招标投标法》第 3 条所称工程建设项目，是指工程以及与工程建设有关的货物和服务。所称建设工程，包括建筑物和构筑物的新建、改建、扩建及其相关的装修、拆除、修缮等；所称与工程建设有关的货物，是指构成工程不可分割的组成部分，且为实现工程基本功能所必需的设备、材料等；所称与工程建设有关的服务，是指为完成工程所需的勘察、设计、监理等服务。

具体说来，构成与工程建设有关的货物需要同时满足两个要件：一是与工程不可分割；二是为实现工程基本功能所必需。同时满足以上两个条件的货物，属于与政府采购工程有关的货物，由于什么是"不可分割"、什么是"基本功能"，实践中有时也难以判断。在此情况下，也可以从设计施工上进行判断。需要与工程同步整体设计施工的货物属于与工程建设有关的货物，可以与工程分别设计、施工或者不需要设计、施工的货物属于与工程建设无关的货物。

（2）强制招标范围和规模标准

《招标投标法》第 3 条规定，工程建设项目包括项目的勘察、设计、施工、监理以及与工程建设有关的重要设备、材料等的采购必须进行招标；依法必须进行招标的工程建设项目的具体范围和规模标准，由国务院发展改革部门会同国务院有关部门制定，报国务院批准后公布施行。

强制招标制度，是指一定范围内的工程、货物和服务，达到规定的规模标准的，必须以招标方式进行采购。由于在程序性、规范性、公正性和透明度方面，有关法律法规对招标活动有着较为严格的要求，在缺乏必要的激励与约束的情况下，采购人通常不会主动选择以招标方式进行采购。为规范公共采购行为，促进公平竞争，提高采购质量效益，预防惩治腐败，有必要建立强制招标制度，确保采购公平、透明、高效、廉洁。

以招标的方式进行采购，虽然有利于提高透明度和竞争性，但由于需要履行一系列严格的程序，客观上存在一定的效率损失。因此，强制招标的范围要合理适度，并非越大越好。确定强制招标的项目范围需要考虑以下三个方面：一是要考虑项目是否具有公共性。从采购资金来源看，是否属于财政性资金或者国有资金。从项目功能定位看，是否关系到公共利益、公众安全。具有公共性的项目，采购人在节约成本、提高质量等方面通常缺乏足够的动力，有必要将其纳入强制招标范围。二是要考虑成本因素。即便是具有公共性的项目，也并不意味着一律要进行招标。由于招标耗时较长，增加一定的成本支出，只有达到一定的规模时，通过招标节约的资金才能弥补因为招标增加的成本。三是要考虑市场发育程度。对于具有公共性的项目，如果成本、质量、效益、工期等约束机制比较健全，也可以不纳入强制招标范围，发挥市场机制的作用即可。

（3）招标投标交易场所及电子招标

设区的市级以上地方人民政府可以根据实际需要，建立统一规范的招标投标交易场所，为招标投标活动提供服务。招标投标交易场所不得与行政监督部门存在隶属关系，不得以营利为目的。国家鼓励利用信息网络进行电子招标投标。

2002年3月，国务院办公厅转发了建设部、国家计委、监察部《关于健全和规范有形建筑市场的若干意见》（国办发〔2002〕21号），要求加强管理，规范运行，促进有形建筑市场健康发展，创造公开、公平、公正的建筑市场竞争环境。根据这一规定，各地先后建立了有形建筑市场、建设工程交易中心、公共资源交易中心等各类有形市场，交通、水利、铁道等部门也建立了本行业的有形市场。这些招标投标交易场所的建设和发展，对提高招标投标透明度，加强招标投标行政监督，规范招标投标活动起到了一定作用，但也存在着管办不分、乱收费用、重复设置等问题。针对上述问题，中央《关于开展工程建设领域突出问题专项治理工作的意见》要求"建立统一规范的工程建设有形市场"。

按照立足当前、着眼长远的原则，在规范当前各类招标投标交易场所的同时，为其未来发展预留空间。一是在名称上，使用"招标投标交易场所"而非"有形建筑市场"。主要考虑是，公共资源交易中心等综合性交易场所已经成为有形市场发展的新趋势，一些地方已经或正在推进综合性交易场所建设，将工程建设项目招标投标、土地使用权出让招标拍卖、政府采购、产权交易等纳入统一的交易平台操作，实行集中交易、集中监管。二是在定位上，交易场所是为招标投标活动提供服务的。交易场所应当按照公共服务、公平交易的原则，为招标投标活动提供场所和信息服务，为政府监管提供便利。招标投标交易场所不能代行行政监督职责，也不能扮演招标代理机构的角色。三是在运行上，交易场所应当统一规范。所谓统一，就是要解决资源分散的问题，对各类交易场所进行整合，建立相对集中的招标投标交易场所。所谓规范，就是要立足服务这一定位，规范运行，切实解决政企不分、政事不分、管办不分等问题。四是在设立主体上，建立交易场所的主体应当是设区的市级以上地方人民政府。建立集中统一的招标投标交易场所，不仅要对不同类型的交易中心进行重组整合，在设立交易场所的政府层级上也不宜过多。目前，有形市场在数量上占绝大多数的是县级人民政府建立的交易中心，由于县级行政区域辖区范围相对较小，招标项目规模和数量有限，建立大量县级交易场所不但造成了重复建设和资源浪费，在客观上也加剧了市场分割，不利于扩大竞争、优化资源配置。五是在与行政监督部门的关系上，交易场所应当独立于行政监督部门。要实现政事分开、政企分开，就必须做到交易场所与政府部门及其所属机构脱钩，做到人员、职能分离。六是在收费上，招标投标交易场所不得以营利为目的，切实解决不合理收费问题，这也与其公共服务的定位是一致的。

电子招标投标是指利用现代信息技术，以数据电文形式进行的无纸化招标投标活动。推行电子招标投标具有五个方面的重要意义。一是有利于解决当前突出问题。例如，通过匿名下载招标文件，使招标人和投标人在投标截止日期前难以知晓潜在投标人的名称数量，有助于防止围标串标；通过网络终端直接登录电子招标投标系统，免除了纸质招标情况下存在的投标报名环节，极大地方便了投标人，既有利于防止通过投标报名排斥本地区本行业以外的潜在投标人，也通过增加投标人数量增强了竞争性。同时，由于电子招标投标具有整合和共享信息、提高透明度、如实记载交易过程等优势，有利于建立健全信用奖惩机制，遏制弄虚作假、防止暗箱操作、有效查处违法行为。二是有利于提高招标投标效率。与传统招标投标方式相比，电子招标投标实现了招标投标文件的电子化，其制作、修改、递交等都通过计算机系统和网络进行，省去了差旅、印刷、邮寄等所需的时间，便于有关资料的备案和存档。评标活动有了计算机辅助评标系统的帮助，可以提高效率。三是有利于公平竞争和预防腐败。招标投标程序电子化后，招标公告、招标文件、投标人信用、中标结果、签约履约情况等信息的公开公示将变得更加方便和深入，有利于提高透明度，更好地发挥招标投标当事人相互监督和社会监督的作用。同时，电子招标投标可以通过技术手段减少当前招标投标活动中存在的"暗箱操作"等人为因素，预防商业贿赂和不正之风。四是有利于节约资源能源。传统招标投标活动中消耗的纸张数量十分可观，文件印刷、运输、保存也要消耗大量资源能源。电子招标投标可以实现招标投标全过程无纸化，不但有利于节约纸张，保护环境，也可以节省不少文件制作成本和差旅开支。五是有利于规范行政监督行为。按照监管权限以及法定监管要求，科学设置监管流程和监管手段，减少自由裁量和暗箱操作，可以大大提高监管的规范性。

（4）禁止干预招标投标

禁止国家工作人员以任何方式非法干涉招标投标活动。

依照法律规定，国家工作人员包括国家机关工作人员和国有企业、事业单位中依法从事公务的人员。需要说明的是，实践中非法干涉招标投标活动的主体不仅限于国家工作人员。正因为如此，《招标投标法》第6条规定，任何单位和个人不得违法限制或者排斥本地区、本系统以外的法人或者其他组织参加投标，不得以任何方式非法干涉招标投标活动；任何单位和个人不得以任何方式为招标人指定招标代理机构；任何单位和个人不得强制招标人委托招标代理机构办理招标事宜；第38条第2款规定，任何单位和个人不得非法干预、影响评标的过程和结果。

2. 招标

（1）招标内容审核

按照国家有关规定需要履行项目审批、核准手续的依法必须进行招标的项目，其招标范围、招标方式、招标组织形式应当报项目审批、核准部门审批、核准。项目审批、核准部门应当及时将审批、核准确定的招标范围、招标方式、招标组织形式通报有关行政监督部门。

《国务院办公厅印发国务院有关部门实施招标投标活动行政监督的职责分工意见的通知》（国办发〔2000〕34 号）规定，项目审批部门在审批必须进行招标的项目可行性研究报告时，核准项目的招标方式以及国家出资项目的招标范围。本条根据《国务院关于投资体制改革的决定》（国发〔2004〕20 号，以下简称《投改决定》）的精神，对该规定作了适当调整：一是在项目范围方面，明确需要审核招标内容的项目为实行审批制和核准制的项目，实行备案制的项目不再审核招标内容。二是在审批、核准环节上，由于实行核准制的项目不再审批可行性研究报告，以及仅部分实行审批制的项目需要审批可行性研究报告，本条不再规定审批项目可行性研究报告时审核招标内容。三是在审核的招标内容上，明确为招标范围、招标方式和招标组织形式。

1）审核招标内容的主体是项目审批、核准部门

《投改决定》在项目管理方式上进行了改革，由不分投资主体、不分资金来源、不分项目性质，一律按投资规模大小分别由各级政府及有关部门进行"审批"，调整为区分政府投资项目和企业投资项目，分别采用"审批"、"核准"和"备案"。对政府投资项目继续实行审批制，对重大项目和限制类项目从维护社会公共利益角度实行核准制，其他项目无论规模大小，均改为备案制。按照"谁审批、谁核准"的原则，招标内容审核由审批、核准部门负责。本条规定的项目审批、核准部门是指负责审批项目建议书、可行性研究报告、资金申请报告，以及核准项目申请报告的国务院和地方人民政府有关部门。

审批、核准部门审核的招标内容既是招标人开展招标工作的依据，也是有关行政监督部门依法对招标人的招标投标活动实施监督的依据。因此，项目审批、核准部门应及时将其审核确定的招标内容通报有关行政监督部门。

2）审核招标内容的项目限于需要履行审批、核准手续的依法必须进行招标的项目

本条明确规定，仅审批和核准的依法必须进行招标的项目才需要审核招标内容。据此，不属于依法必须进行招标的项目，即使是审批类或核准类的项目，也不需要审核招标内容；不需要审批、核准的项目，即使属于依法必须进行招标的项目，也不需要审核招标内容。需要审批、核准招标内容的项目范围，见图 5-1。对于不需要审核招标内容的项目，由招标人根据《中华人民共和国招标投标法实施条例》（以下简称《条例》）的规定，依法自行确定是否需要招标以及招标方式和招标组织形式。

（2）招标方式

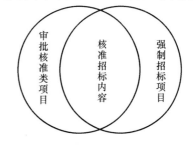

图 5-1　需要审核招标内容的项目示意图

《招标投标法》规定，招标方式分为公开招标和邀请招标。公开招标，是指招标人以招标公告的方式邀请不特定的法人或者其他组织投标。邀请招标，是指招标人以投标邀请书的方式邀请特定的法人或者其他组织投标。招标人采用公开招标方式的，应当发布招标公告。依法必须进行招标的项目的招标公告，应当通过国家指定的报刊、信息网络或者其他媒介发布。招标人采用邀请招标方式的，应当向三个以上具备承担招标项目的能力、资信良好的特定的法人或者其他组织发出投标邀请书。根据以上规定，并从实际执行情况看，公开招标与邀请招标各有优势。除依法应当公开招标的项目外，招标人可根据招标项目的实际情况自主选择采用何种招标方式。

国有资金占控股或者主导地位的依法必须进行招标的项目，应当公开招标；但有下列情形之一的，可以邀请招标：1）技术复杂、有特殊要求或者受自然环境限制，只有少量潜在投标人可供选择；2）采用公开招标方式的费用占项目合同金额的比例过大。

虽然公开招标与邀请招标各有利弊，但由于公开招标的透明度和竞争程度更高，国内外立法通常将公开招标作为一种主要的采购方式。例如，《中华人民共和国政府采购法》（以下简称《政府采购法》）第26条第2款规定，公开招标应作为政府采购的主要采购方式；我国台湾地区《政府采购法》第19条规定，除法定情形外，限额以上的采购应当公开招标。世界银行《货物、工程和非咨询服务采购指南》明确规定，在绝大多数情况下，国际竞争性招标（国际公开招标）是实现经济效益、竞争机会均等、采购程序透明度等价值的最佳方式。联合国贸易法委员会《货物、工程和服务采购示范法》规定，一般情况下货物或者工程应当通过招标程序（公开招标）进行采购。

根据《招标投标法》的规定，国家重点项目和省、自治区、直辖市人民政府确定的地方重点项目原则上应当公开招标。本条在《招标投标法》前述规定的基础上，借鉴相关立法经验，对公开招标的项目范围作了补充规定，即国有资金占控股或者主导地位的依法必须进行招标的项目，原则上也应当公开招标。所谓"国有资金"，根据《工程建设项目招标范围和规模标准规定》（国家发展计划委员会令第3号）第4条规定，包括各级财政预算资金、纳入财政管理的各种政府性专项建设基金，以及国有企业事业单位自有资金。所谓"控股或者主导地位"，根据《中华人民共和国公司法》第217条规定，是指国有资金占有限责任公司资本总额50％以上或者国有股份占股份有限公司股本总额50％以上；国有资金或者国有股份的比例虽然不足50％，但依出资额或者所持股份所享有的表决权已足以对股东会、股东大会的决议产生重大影响的，或者国有企事业单位通过投资关系、协议或者其他安排，能够实际支配公司行为的，也属于国有资金占控股或者主导地位。

需要说明两点：一是国有资金的比例应当是项目资金来源中所有国有资金之和，国有企事业单位的自有和自筹资金均属于国有资金。二是依法必须进行公开招标项目的范围，不限于《招标投标法》第11条和本条规定。例如，《土地复垦条例》第26条规定，政府投资进行复垦的，有关国土资源主管部门应当依照招标投标法律法规的规定，通过公开招标的方式确定土地复垦项目的施工单位；《国务院关于促进节约集约用地的通知》（国发〔2008〕3号）明确要求，土地前期开发应通过公开招标方式选择实施单位。

（3）可以不招标情形

1）涉及国家安全、国家秘密不适宜招标。例如有关国防科技、军事装备等项目的选址、规划、建设等事项均有严格的保密及管理规定。招标投标的公开性要求与保密规定之间存在着无法回避的矛盾。因此，凡涉及国家安全和秘密确实不能公开披露信息的项目，除适宜招标的可以邀请符合保密要求的单位参加投标外，其他项目只能采取非招标的方式组织采购。

2）抢险救灾不适宜招标。包括发生地震、风暴、洪涝、泥石流、火灾等异常紧急灾害情况，需要立即组织抢险救灾的项目。例如必须及时抢通因灾害损毁的道路、桥梁、隧道、水、电、气、通信以及紧急排除水利设施、堰塞湖等项目。这些抢险救灾项目无法按照规定的程序和时间组织招标，否则将会给国家和人民群众的生命财产安全带来巨大损失。不适宜招标的抢险救灾项目需要同时满足以下两个条件：一是在紧急情况下实施，不满足招标所需时间；二是不立即实施将会造成人民群众生命财产损失。

3）利用扶贫资金实行以工代赈、需要使用农民工不适宜招标。按照《国家扶贫资金管理办法》（国办发〔1997〕24号）的规定，国家扶贫资金是指中央为解决农村贫困人口温饱问题、支持贫困地区社会经济发展而专项安排的资金，包括支援经济不发达地区发展资金、农业建设专项补助资金、新增财政扶贫资金、以工代赈资金和扶贫专项贷款等。其中以工代赈是现阶段的一项农村扶贫政策，是由国家安排以工代赈资金建设与农村贫困地区经济发展和农民脱贫致富相关的乡村公路、农田水利等小型基础设施工程，受赈济地区的农民通过参加以工代赈工程建设，获取劳务报酬，增加收入，以此取代直接救济的一种扶贫政策。因此，使用以工代赈资金建设的工程，实施单位应组织工程所在地的农民参加工程建设，并支付劳务报酬，不适宜通过招标方式选择承包单位。但技术复杂、投资规模大的工程，特别是按规定必须具备相关资质才能承包施工的桥梁、隧道等工程，可以通过招标选择具有相应资质的施工承包单位，将组织工程所在地农民为工程施工提供劳务并支付报酬作为招标的基本条件。

4）需要采用不可替代的专利或者专有技术。根据《中华人民共和国专利法》，专利是指对发明创造包括发明、实用新型和外观设计经申请并通过审查后所授予的一种权利。专利权是发明创造人或其权利受让人对特定的发明创造在一定期限内依法享有的独占实施权，是知识产权的一种。专有技术是指先进、实用但未申请专利权保护的产品生产技术秘密，包括产品设计图纸、生产工艺流程、配方、数据公式，以及产品质量控制和管理等方面的技术知识、经验等。专利和专有技术的主要区别有：一是专利属于工业产权，专有技术不属于工业产权，是没有取得专利权的技术知识，是具有实用性的动态技术。二是专利是经过审查批准的新颖性、创造性水平比较高的先进技术，专有技术不一定是发明创造，但必须是成熟的、行之有效的。三是专利的内容是公开的，专有技术的内容是保密的，是一种以保密性为条件的事实上的独占权。四是专利的有效性受时间和地域的限制，专有技术没有这种限制。

5）采购人依法能够自行建设、生产或者提供。符合本项规定的可以不进行招标主要是为了降低成本。准确理解该规定需要注意以下三个要点。

一是采购人指符合民事主体资格的法人、其他组织，不包括与其相关的母公司、子公司，以及与其具有管理或利害关系的，具有独立民事主体资格的法人、其他组织。由于符合本项不需要招标，所以此处使用了"采购人"而非"招标人"这一概念。如某水电集团公司是某水电站项目法人的股东，虽然水电集团公司具有水电站施工的相应资质能力，但因水电站项目的采购人是独立组建的水电站项目法人，该项目法人不能未经招标而将该项目直接发包给水电集团公司。

二是采购人自身具有工程建设、货物生产或者服务提供的资格和能力。能够自行建设、生产或者提供的工程、货物和服务，既可能是采购人自己使用，也可能是提供给他人。例如，某房地产开发公司除具有房屋开发资质外，还具有相应的房屋建筑工程施工总承包一级资质，其开发的商品房就可以按有关法律法规和规定自行组织施工，而不需要招标。

三是采购人不仅要具备自行建设、生产或者提供的资格和能力，还应当符合法定要求。对于依照法律法规规定采购人不能自己同时承担的工作事项，采购人仍应进行招标。

例如，承担某政府投资项目管理职能的主体即使具有施工资质能力，也不能同时承担该政府投资项目的施工承包。再如，根据《建设工程质量管理条例》及有关规定，工程监理单位与被监理工程的施工承包单位以及建筑材料、建筑构配件和设备供应单位有隶属关系或者其他利害关系的，不得承担该项建设工程的监理业务。因此，采购人如果自行提供了工程监理服务，则不能同时承包工程施工以及供应建筑材料、建筑构配件和设备。

6）已通过招标方式选定的特许经营项目投资人依法能够自行建设、生产或者提供。这里所称的特许经营项目，是指政府将公共基础设施和公用事业的特许经营权出让给投资人并签订特许经营协议，由其组建项目公司负责投资、建设、经营的项目。适用本条规定需要满足以下两个条件：

一是特许经营项目的投资人是通过招标方式选定的。政府采用招标方式选择项目投资人，中标的项目投资人负责组建项目公司法人，并按照与政府签订的项目特许经营协议负责项目的融资、建设、特许经营。类似的项目特许经营模式有 BOT、BOO、TOT、BT等。由于已经通过招标方式确定了项目投资人，并据此确定了公共产品、公共服务的价格，或者项目建成后的资产转让价格及有关权利、义务和责任，允许特许经营项目的项目法人不再经过招标将其工程、货物或者服务直接发包给具备建设、制造、提供能力的投资人，这样做不仅不会影响公共利益，而且可以降低特许经营项目的建设成本，吸引更多的市场主体积极参与提供公共服务。

二是特许经营项目的投资人（而非投资人组建的项目法人）依法能够自行建设、生产和提供。需要说明的是，特许经营项目的投资人可以是法人、联合体，也可以是其他经济组织和个人。其中，联合体投资的某个成员只要具备相应的资格能力，不论其投资比例大小，经联合体各成员同意，就可以由该成员自行承担项目建设、生产或提供。

7）需要向原中标人采购工程、货物或者服务，否则将影响施工或者功能配套要求。本项规定了原中标项目可以不进行招标而继续追加采购的情形，应当正确把握以下三个方面：一是原项目通过招标确定了中标人，因客观原因需要向原合同中标人追加采购工程、货物或者服务。追加采购的内容必须是原项目招标时不存在，或因技术经济原因不可能包括在原项目中一并招标采购，而是在原项目合同履行中产生的新增或变更需求，或者是原项目合同履行结束后产生的后续追加项目。二是如果不向项目原中标人追加采购，必将影响工程项目施工或者产品使用功能的配套要求。例如，原建设工程变更用途需要追加供热管道安装，或需要追加其他附属配套设施或主体工程需要加层等，因受技术、管理、施工场地等限制，只能由原中标人施工。再如，原生产机电设备需要追加非通用的备品备件或消耗材料，或原生产控制信息系统功能需要改进和升级等，为保证与原货物和服务的一致，只能向原中标人追加采购。因实际需求情况复杂，本项没有对追加采购的数量作出规定，实践中应当从严掌握，合理界定范围，而不能无限制地追加。三是原项目中标人必须具有依法继续履行新增项目合同的资格能力。如果因原中标人破产、违约、涉案等造成终止或无法继续履行新增项目合同的，应按规定重新组织招标选择原有项目或新增项目的中标人。

由于符合以上条件的追加采购没有竞争性，有可能增加采购成本，出现规避招标现象，产生腐败交易。例如，招标人故意将原招标项目化整为零，先招小项目，后送大项目，或不具备条件即启动招标等，形成追加采购的事实。为此，必须加强监督，严格本项规定的适用范围。

8）国家规定的其他情形。国家规定主要有全国人民代表大会及其常委会制定的法律、决议，国务院制定的行政法规、决定、规范性文件以及国务院有关部门制定的规章等。

（4）招标组织形式

招标组织形式分为自行招标和委托代理招标。所谓自行招标，就是招标人自己办理招标公告、资格预审公告、投标邀请、编制资格预审文件和招标文件、对资格预审文件和招标文件进行澄清说明、组织开标、组建评标委员会评标、定标等全过程招标事项。根据《招标投标法》的规定，招标人自行招标，应当具有编制招标文件和组织评标的能力，并向有关行政监督部门备案。

委托招标代理机构组织招标，符合专业化发展要求，有利于提高招标工作的质量、效率和规范化程度。不具备自行招标能力的招标人应当委托招标代理机构办理招标事宜，具备自行招标能力的招标人也可以将全部或者部分招标事宜委托招标代理机构办理，但任何单位和个人不得为招标人指定招标代理机构。

招标项目管理人员的专业能力结构是决定招标工作质量、效率和规范化程度的基本因素。因此，本条规定招标人具有编制招标文件和组织评标的能力，是指具备与招标项目规模和复杂程度相适应的技术、经济等方面的专业人员。专业人员包括项目投资咨询师、项目管理师、工程造价师、招标师、专业工程师、会计师等或具有相同专业水平和类似项目工作经验业绩的专业人员。在具体招标项目中，招标人自行组织招标配备的技术、经济专业人员的专业结构、数量和专业能力水平应当与招标项目所属行业、专业特性、项目规模以及复杂程度相适应，以满足项目实施管理的要求，适应项目组织、技术、财务、招标采购、合同等管理的需要，适应项目质量、进度、成本、安全、环境、法律风险等控制的需要。

招标代理机构的资格依照法律和国务院的规定由有关部门认定。国务院住房城乡建设、商务、发展改革、工业和信息化等部门，按照规定的职责分工对招标代理机构依法实施监督管理。

招标代理机构是依法设立、从事招标代理业务并提供相关服务的社会中介组织。根据《招标投标法》的规定，国家对招标代理机构实行资格认定制度，由有关行政监督部门按照《招标投标法》和有关规定明确的认定标准和办法，对申请从事招标代理业务的机构组建成立、注册资金、专业人员结构数量及其代理服务业绩、社会信用等要素条件进行评审论证，对符合相关资格条件的机构赋予其招标代理资格。

招标代理机构应当拥有一定数量的取得招标职业资格的专业人员。取得招标职业资格的具体办法由国务院人力资源社会保障部门会同国务院发展改革部门制定。

招标代理机构在其资格许可和招标人委托的范围内开展招标代理业务，任何单位和个人不得非法干涉。

招标代理机构代理招标业务，应当遵守《招标投标法》和《条例》关于招标人的规定。招标代理机构不得在所代理的招标项目中投标或者代理投标，也不得为所代理的招标项目的投标人提供咨询。

招标代理机构不得涂改、出租、出借、转让资格证书。

招标代理机构应当在其资格许可范围内从事招标代理业务。为了规范招标代理行为，招标代理机构应当依法取得有关行政监督部门认定的招标代理机构资格，并在其资格许可范围内从事招标代理业务。未取得招标代理资格或者超越资格许可范围承担招标代理业务的，其招标代理行为无效，并应承担相应的法律责任。

招标代理机构应当在招标人委托的权限范围内从事招标代理业务。《中华人民共和国民法通则》（以下简称《民法通则》）规定："公民、法人可以通过代理人实施民事法律行为。代理人在代理权限内，以被代理人的名义实施民事法律行为。被代理人对代理人的代理行为，承担民事责任。"据此，招标代理机构不仅应当在其资格许可的范围内，而且还要在招标人委托的权限范围内，以招标人的名义依法办理相关招标事宜，其行为后果由招标人承担。

招标人应当与其委托的招标代理机构签订书面委托合同。合同约定的收费标准应当符合国家有关规定。

（5）公告与标准文本

公开招标的项目，应当依照《招标投标法》和《条例》的规定发布招标公告、编制招标文件。

招标人采用资格预审办法对潜在投标人进行资格审查的，应当发布资格预审公告、编制资格预审文件。

依法必须进行招标的项目的资格预审公告和招标公告，应当在国务院发展改革部门依法指定的媒介发布。在不同媒介发布的同一招标项目的资格预审公告或者招标公告的内容应当一致。指定媒介发布依法必须进行招标的项目的境内资格预审公告、招标公告，不得收取费用。

编制依法必须进行招标的项目的资格预审文件和招标文件，应当使用国务院发展改革部门会同有关行政监督部门制定的标准文本。

1）招标人应当依法发布资格预审公告和招标公告

《招标投标法》规定："招标人可以根据项目本身的要求，在招标公告或者投标邀请书中，要求潜在投标人提供有关资质证明文件和业绩情况，并对潜在投标人进行资格审查；国家对投标人资格条件有规定的，依照其规定。"该款对资格审查作了原则性规定。资格审查作为招标投标活动的关键环节之一，不规范的资格审查活动严重危害招标投标活动的公正和公平。

资格审查方式分为资格预审和资格后审。所谓资格预审是指招标人在发出投标邀请书或者发售招标文件前，按照资格预审文件确定的资格条件、标准和方法对潜在投标人订立合同的资格和履行合同的能力等进行审查。资格预审的目的是为了筛选出满足招标项目所需资格、能力和有参与招标项目投标意愿的潜在投标人，最大限度地调动投标人挖掘潜能，提高竞争效果。对潜在投标人数量过多或者大型复杂等单一特征明显的项目，以及投标文件编制成本高的项目，资格预审还可以有效降低招标投标的社会成本，提高评标效率。所谓资格后审，根据规定，是指开标后由评标委员会按照招标文件规定的标准和方法进行的资格审查。

《招标投标法》规定："招标人采用公开招标方式的，应当发布招标公告。依法必须进行招标的项目的招标公告，应当通过国家指定的报刊、信息网络或者其他媒介发布。"本条规定的"依法发布"，是指招标公告的内容和发布招标公告的媒介应当符合规定。一是发布公告的媒介由国务院发展改革部门指定。根据国务院的授权，国家发展改革部门负责指定依法必须招标项目的公告发布媒介。二是不同媒介发布同一招标项目的公告内容应当一致。不同媒介上同一招标项目公告内容的不一致将导致信息不对称，从而影响潜在投标人的判断和决策，损害招标投标活动的公正性和公平性。三是指定媒介发布境内招标项目的公告必须免费，指定的媒介均是国内有较大覆盖面的媒介，自愿接受免费发布公告的条件才能被指定为发布媒介。

尽管资格预审方式既适用于公开招标项目，也适用于邀请招标项目，但邀请招标不一定要发布资格预审公告。需要指出的是，公开招标的项目发布资格预审公告后，一般无需再发布招标公告，且招标文件只发售给通过资格预审并确认参与投标的申请人。

2）编制资格预审文件和招标文件

资格预审文件是告知潜在投标人招标项目的内容、范围和数量、投标资格条件的载体，是指导资格预审活动全过程的纲领性文件，是潜在投标人编制资格预审申请文件、资格审查委员会对资格预审申请文件进行评审并推荐或者确定通过资格预审的申请人的依据。

招标文件是告知潜在投标人招标项目的内容、范围和数量、投标资格条件、招标投标的程序规则、投标文件编制和递交要求、评标的标准和方法、拟签订合同的主要条款、技术标准和要求等信息的载体，是指导招标投标活动全过程的纲领性文件，是投标人编制投标文件、评标委员会对投标文件进行评审并推荐中标候选人或者直接确定中标人，以及招标人和中标人签订合同的依据。

资格预审文件或者招标文件的内容违反法律、行政法规的强制性规定，违反公开、公平、公正和诚实信用原则，影响资格预审结果或者潜在投标人投标的，依法必须进行招标的项目的招标人应当在修改资格预审文件或者招标文件后重新招标，对中标结果造成实质性影响，且不能采取补救措施予以纠正的，招标、投标、中标无效，应当依法重新招标或者评标。此外，资格预审文件的主要内容不得与已经发布的资格预审公告矛盾，招标文件的主要内容也不得与已经发布的资格预审文件或者招标公告冲突。

公开招标的项目应当依法编制招标文件只是为了突出强调招标公告和招标文件在具体规定上的延续性，邀请招标的项目当然应当依法编制资格预审文件（采用资格预审时）和招标文件。

3）依法必须进行招标的项目的资格预审文件和招标文件应当使用标准文本

标准资格预审文件和标准招标文件由国务院发展改革部门牵头，会同国务院有关行政监督部门制定。制定和使用标准资格预审文件和标准招标文件是世界银行、亚洲开发银行等国际组织和欧美发达国家的成熟做法。长期以来，我国招标投标市场受行政分工体系的影响，条块分割、政出多门，严重制约了招标投标市场的统一和经济社会的发展，以及招标投标法律法规全面正确实施。为了规范资格预审文件和招标文件编制活动，提高资格预审文件和招标文件编制质量，国务院发展改革部门会同国务院八个行政监督部门于2007年11月颁布了《标准施工招标资格预审文件》和《标准施工招标文件》，取得了良好的社会效果。按照标准文件的体系规划，九部委又于2011年12月颁布了《简明标准施工招标文件》和《标准设计施工总承包招标文件》。标准招标文件的编制施行有利于进一步统一我国各个行业的招标投标规则，促进形成统一开放和竞争有序的招标投标市场；有利于提高资格预审文件和招标文件的编制质量和效率，进一步规范招标投标活动；有利于衔接我国各项投资和建设管理制度，发挥制度的整体优势；有利于提高资格预审文件和招标文件编制的透明度，预防和遏制腐败。

依法必须进行招标的项目的资格预审文件和招标文件应当使用标准资格预审文件和标准招标文件。世界银行《货物、工程和非咨询服务采购指南》第2.12款规定：借款人应使用世行发布的相应标准招标文件（SBD）。世行可接受为适用项目具体情况而做的、必要的最小改动。任何此类改动只能放在投标资料表或合同资料表中，或放在合同专用条款中，而不得对世行标准招标文件（SBD）中的标准文字（the standard wording）进行修改。需要说明的是，本条规定依法必须进行招标的项目应当使用标准文本，是指应当按照标准文本的使用规定使用。所谓"使用规定"，是国务院发展改革部门会同国务院有关行政监督部门为标准文件的颁布实施而配套发布的使用说明、部门规章和规范性文件，包括《〈标准施工招标资格预审文件〉和〈标准施工招标文件〉试行规定》（国家发展改革委等九部委56号令）、《关于做好标准施工招标资格预审文件和标准施工招标文件贯彻实施工作的通知》（发改法规〔2007〕3419号）和《关于印发简明标准施工招标文件和标准设计施工总承包招标文件的通知》（发改法规〔2011〕3018号）等。这些部门规章、规范性文件以及作为各个标准文件组成部分的使用说明，对标准文件的适用范围、配套体系和使用要求等作了规定。具体包括：一是标准资格预审文件中的申请人须知和资格审查办法正文部分以及标准招标文件中的投标人须知正文、评标办法正文和通用合同条款均应不加修改地直接引用。二是国务院有关行业主管部门可根据本行业招标特点和管理需要，对《标准施工招标文件》和《简明标准施工招标文件》中的"专用合同条款"、"工程量清单"、"图纸"、"技术标准和要求"，《标准设计施工总承包招标文件》中的"专用合同条款"、"发包人要求"、"发包人提供的资料和条件"作出具体规定。其中，"专用合同条款"可对"通用合同条款"进行补充、细化，但除"通用合同条款"明确规定可以作出不同约定外，"专用合同条款"补充和细化的内容不得与"通用合同条款"相抵触，否则抵触内容无效。三是招标人或者招标代理机构应结合招标项目具体特点和实际需要编制填写"投标人须知前附表"和"评标办法前附表"，并可在"专用合同条款"中对"通用合同条款"进行补充、细化和修改。但是前附表的填写内容不得与相关正文内容相抵触，否则抵触内容无效；专用合同条款不得违反法律、行政法规的强制性规定，以及平等、自愿、公平和诚实信用原则，否则相关内容无效。

（6）　文件发售

招标人应当按照资格预审公告、招标公告或者投标邀请书规定的时间、地点发售资格预审文件或者招标文件。资格预审文件或者招标文件的发售期不得少于5日。

招标人发售资格预审文件、招标文件收取的费用应当限于补偿印刷、邮寄的成本支出，不得以营利为目的。

1）招标人应当在规定的时间和地点发售资格预审文件和招标文件

资格预审公告中应当载明发售资格预审文件的时间和地点，招标公告或者投标邀请书中应当载明发售招标文件的时间和地点。这一规定是公开原则的要求，其目的是为了方便潜在投标人了解获取资格预审文件和招标文件的必要信息，从而及时获取资格预审文件和招标文件，便于潜在投标人参与投标竞争。需要说明的是，所谓发售并不意味着有偿出售。为减轻投标人负担，吸引更多的潜在投标人参与竞争，鼓励招标人或其招标代理机构免费发放资格预审文件和招标文件，确需收取必要的成本费用的，不得以营利为目的。

招标人应当在规定的时间和地点发售文件。按照公告或者投标邀请书中规定的时间和地点发售资格预审文件和招标文件，是诚实信用原则的要求。虚构发售地点或者以各种借口和手段阻止潜在投标人获取资格预审文件和招标文件，是当前招标投标实践中存在的不规范行为之一，其违背了诚实信用原则。

2）资格预审文件和招标文件的发售期不得少于 5 日

发售期不得少于 5 日是《条例》作出的一个最低期限的规定。规定一个低限发售期是为了保证潜在投标人有足够的时间获取资格预审文件和招标文件，吸引更多的潜在投标人参与投标，以保证招标投标的竞争效果。通过缩短资格预审文件或者招标文件的发售期限，限制或者排斥潜在投标人的现象在实践中多有发生。对于依法必须进行招标的项目，由于招标文件发售期包括在《招标投标法》第 24 条规定的留给投标人编制投标文件的期限内，适当延长招标文件发售期并未延长项目的招标周期。因此，为了更多地吸引潜在投标人参与投标，招标人在确定具体招标项目的资格预审文件或者招标文件发售期时，应当综合考虑节假日、文件发售地点、交通条件和潜在投标人的地域范围等情况，在资格预审公告或者招标公告中规定一个不少于 5 日的合理期限。

发售期不得少于 5 日是指日历天，并不是工作日。发售期采用日历天而非工作日是为了提高效率。但是，招标人不得故意利用节假日，尤其是类似于"黄金周"的长假发售资格预审文件或者招标文件，特别是发售期最后一天应当回避节假日，否则将在事实上构成限制或者排斥潜在投标人，并且也有违招标投标活动应当遵循的诚实信用原则。

招标文件发售期不仅是针对公开招标项目的资格预审文件的发售，邀请招标或者公开招标但已经进行资格预审的项目，其招标文件的发售期也应当遵守本条不得少于 5 日的规定。

3）资格预审文件和招标文件的收费不得以营利为目的

招标人或其招标代理机构发售资格预审文件、招标文件收取的费用仅限于印刷、邮寄的成本费用。该规定参考了联合国贸易法委员会《货物、工程和服务采购示范法》等国际规则的相关规定。本条规定的发售费用不包括图纸等资料的押金，图纸等资料的押金应在确定中标结果后、投标人退还相应图纸等资料时如数返还给投标人。资格预审文件、招标文件的编制成本和评审费用是招标人应承担的成本，通过收取资格预审文件、招标文件费用转嫁给潜在投标人有失公允。编制成本及评审费用的支出缺乏统一标准，难以判断招标人收取的费用是否构成营利。实践中招标人借出售资格预审文件、招标文件之机营利的现象比比皆是，有的招标文件售价高达上万元，给潜在投标人造成了沉重负担，也在一定程度上限制、排斥了部分潜在投标人，不利于维护招标投标市场秩序。

（7）资格预审申请文件提交时间

招标人应当合理确定提交资格预审申请文件的时间。依法必须进行招标的项目提交资格预审申请文件的时间，自资格预审文件停止发售之日起不得少于 5 日。

资格预审申请人编制提交资格预审申请文件需要一定的时间。招标人合理地确定这一时间，是吸引潜在投标人参与投标，保证潜在投标人充分响应资格预审文件的各项要求，确保资格预审工作的质量，顺利实现资格预审目的的重要条件。

　　招标人确定的提交资格预审申请文件的时间应当合理。合理的资格预审申请文件提交时间应当是充分考虑了各方面因素，能够保证申请人有足够的时间按照资格预审文件的要求编制完成并按时提交资格预审申请文件。影响资格预审申请文件提交时间的因素包括招标项目的具体情况、资格预审文件对资格预审申请文件的内容和格式要求、资格预审申请文件的提交方式、潜在投标人的地域分布状况，等等。

　　资格预审申请文件的提交时间应当在资格预审公告中载明。这是公开原则的要求，以便潜在投标人根据资格预审公告规定的提交时间做好编制和提交资格预审文件的工作计划，在规定时间前完成相关工作。

　　根据《招标投标法》的规定，依法必须进行招标的项目的投标文件，其编制时间为自招标文件开始发出之日起至投标人提交投标文件截止之日止，最短不得少于20日。其目的是为了保证投标人有足够的时间编制投标文件，以保证招标竞争的质量。参照《招标投标法》第24条规定，本条为依法必须进行招标的项目的资格预审申请文件编制规定了一个"不得少于5日"的期限。由于这一期限相对较短，为保证有较为充足的编制时间，本条规定"不少于5日"的期限从资格预审文件停止发售之日起算。

　　招标人应当综合考虑招标项目具体情况、申请人的地域分布状况等因素，确定一个不短于5日的资格预审文件编制时间。有观点认为，资格预审申请文件编制时间应当自资格预审文件停止发售之日起至递交资格预审申请文件截止之日止，不得少于5个工作日。大量潜在投标人跨地区经营，资格预审申请文件的编制、用章和交通等需要较长的时间，5个工作日仍然过短；现行法律规定的招标投标所需时间已经很长，再为资格预审申请文件的准备规定太长的时间不符合我国的国情。考虑到电子化招标投标系统建立后，跨地区经营的企业将不会再受到时间过短的困扰，规定一个过长的时间不利于保证效率，而规定一个过短的时间又不利于引起充分竞争，综合考虑，规定为不得少于5日。

　　(8) 资格预审主体和依据

　　资格预审应当按照资格预审文件载明的标准和方法进行。

　　国有资金占控股或者主导地位的依法必须进行招标的项目，招标人应当组建资格审查委员会审查资格预审申请文件。资格审查委员会及其成员应当遵守《招标投标法》和《条例》有关评标委员会及其成员的规定。

　　1) 资格预审应当按照资格预审文件载明的标准和方法进行

　　资格预审的标准和方法是资格预审主体进行资格预审的依据，也是指导申请人科学合理地准备资格预审申请文件的依据。公开原则要求资格预审的标准和方法必须在资格预审文件中载明，以便申请人决定是否提出资格预审申请，并在决定提出申请时能够有针对性地准备资格预审申请文件，保证资格申请和审查活动有统一的尺度，并有利于加强利害关系人和社会的监督，防止暗箱操作，保障资格预审活动公正和公平。实践中，资格预审的审查标准一般根据具体的审查因素设立，审查因素集中在申请人的投标资格条件（包括法定的和资格预审文件规定的）和履约能力两个方面，一般包括申请人的资格条件、组织机构、营业状态、财务状况、类似项目业绩、信誉和生产资源情况等，相应的审查标准则区别审查因素设立为定性或定量的评价标准。资格预审的审查方法一般分为合格制和有限数量制。所谓合格制是指按照资格预审文件载明的审查因素和审查标准对申请人的资格条件进行符合性审查，凡通过审查的申请人均允许参加投标。所谓有限数量制是指在合格性审查的基础上，按照资格预审文件载明的审查因素和审查标准进行定量评分，从通过合格性审查的申请人中择优选择一定数量参与投标。从提高投标的竞争性考虑，资格预审应当尽可能采用合格制，即凡符合资格预审文件规定资格条件的资格预审申请人，都有权参加投标。当潜在投标人过多时，也可以采用有限数量制，但招标人应当在资格预审文件中载明通过资格预审的申请人数量和择优选择申请人的方法，不得以抽签、摇珠等随机方式确定通过资格预审的申请人。

公平和公正原则要求必须按照资格预审文件中事先公开的标准和方法进行审查，同等地对待每一个资格预审申请人。如果资格预审时可以修改资格预审文件载明的标准和方法，就有可能利用不合法、不合规和不合理的标准和条件排斥潜在投标人，资格预审活动将不可避免地为虚假招标、串通投标和排斥潜在投标人等行为打开方便之门。

2）国有资金占控股或者主导地位的依法必须进行招标的项目的资格预审由资格审查委员会负责

由资格审查委员会负责审查资格预审申请文件有利于提高资格审查的科学性和公正性。资格审查通常会涉及技术、管理、经济、财务甚至法律等方面的专业问题，由技术、经济专家组成的资格审查委员会进行资格审查有利于公正、科学和客观地选择符合条件的投标人。由依法组建的资格审查委员会负责审查资格预审申请文件，仅限于国有资金占控股或者主导地位的依法必须进行招标的项目，这是《条例》对招标项目实行差别化管理的具体体现。近年来，中央和地方查处的与招标投标有关的腐败大案多数属于国有资金占控股或者主导地位的项目，由于这些项目不同程度地存在投资主体缺位的问题，招标人可能通过资格预审搞虚假招标、围标串标和排斥潜在投标人等方式牟取私利，侵蚀国家和人民的财产。实行专家评审制度则可以形成一定的权力制衡，促进资格预审活动的公正和公平。

3）资格审查委员会应当遵守有关评标委员会及其成员的规定

《招标投标法》第 37 条规定，依法必须进行招标的项目的资格审查委员会应当由招标人的代表和有关技术、经济等方面的专家组成，成员人数为五人以上单数，其中技术、经济等方面的专家不得少于成员总数的三分之二；技术和经济专家应当来自国务院有关部门或者省、自治区、直辖市人民政府有关部门提供的专家名册或者招标代理机构的专家库；专家产生的方式一般采取随机抽取方式，随机抽取无法满足特殊项目要求的可以由招标人直接确定。

资格审查委员会有权要求招标人提供评标所必需的信息；资格审查委员会有向招标人推荐通过资格预审的申请人或者根据招标人授权直接确定通过资格预审的申请人的权利；资格审查委员会及其成员有要求招标人合理延长资格审查时间的权利；资格审查委员会有权要求资格预审申请人对资格预审申请文件中含义不清的内容、明显的文字或者计算错误作出必要的澄清、说明；资格审查委员会经评审后认为所有资格预审申请文件均不符合资格预审文件要求的，有权否决所有资格预审申请文件；资格审查委员会成员认为招标投标活动不符合法律、行政法规规定的，有向招标人提出异议和向行政监督部门投诉的权利。

（9）资格预审结果

资格预审结束后，招标人应当及时向资格预审申请人发出资格预审结果通知书。未通过资格预审的申请人不具有投标资格。

通过资格预审的申请人少于3个的，应当重新招标。

招标人及时将资格预审的结果告知资格预审申请人，以便通过资格预审的申请人根据招标项目和自身的实际情况决定是否参与投标，并按照招标人的安排及时购领招标文件；以便没有通过资格预审的申请人及时调整经营计划，集中资源开拓新的市场。因此，资格预审结果的通知应当及时。所谓及时，应当根据项目具体情况，秉持诚实信用原则，在资格预审结果确定后，尽可能早地通知资格预审申请人。资格预审结果的通知应当区别通过和未通过两种情况，并采用书面形式。对于通过资格预审的申请人，招标人可以用投标邀请书代替资格预审结果通知书。依法必须进行招标的项目，招标人应当要求通过资格预审的申请人收到结果通知书后以书面方式确认是否参与投标，以避免招标失败和保证竞争效果。资格预审结果的通知不应泄露通过资格预审的申请人名称和数量。

《招标投标法》第28条规定投标人少于3个的，招标人应当依法重新招标。根据规定，通过资格预审的申请人少于3个，意味着投标人必然少于3个。为提高效率，没有必要等到投标截止时间届至再决定重新招标。需要说明的是，这里的重新招标既可以是重新进行资格预审，也可以是直接发布招标公告（即采用资格后审方式）进行重新招标。通过资格预审的申请人不足3个的，招标人应当分析导致这种结果的原因，包括资格预审公告的期限是否足够长、范围是否足够广，资格预审文件所提资格要求和审查标准是否过高或者脱离实际，是否存在限制或者排斥潜在投标人等。重新招标时，招标人应当甄别原因并予以纠正。

（10）资格后审

招标人采用资格后审办法对投标人进行资格审查的，应当在开标后由评标委员会按照招标文件规定的标准和方法对投标人的资格进行审查。

资格后审是相对于资格预审而言的。未进行资格预审的招标项目需要对投标人进行资格审查的，应当在开标后由评标委员会根据招标文件规定的标准和方法进行资格审查。正如前文所述，资格审查一般都涉及技术、管理、经济、财务甚至法律等方面的专业问题，资格后审由依法组建的评标委员会负责，有利于招标人公正、科学和客观地选择符合其在招标文件中设定的标准和要求的申请人，减少审查工作的随意性，规范资格后审活动；有利于将资格审查与评标结合考虑，避免将其人为地分割为两个部分影响工作效率。

在招标文件中载明资格后审的标准和方法是《招标投标法》规定的公开原则的要求，有利于加强社会监督和当事人之间的相互监督，有利于评标委员会统一评审规则，从而保证资格后审结果的公正和公平。资格后审作为评标工作的一部分由评标委员会负责，评标委员会应当遵守规定，并按照招标文件规定的标准和方法进行评审。

（11）文件的澄清和修改

招标人可以对已发出的资格预审文件或者招标文件进行必要的澄清或者修改。澄清或者修改的内容可能影响资格预审申请文件或者投标文件编制的，招标人应当在提交资格预审申请文件截止时间至少3日前，或者投标截止时间至少15日前，以书面形式通知所有获取资格预审文件或者招标文件的潜在投标人；不足3日或者15日的，招标人应当顺延提交资格预审申请文件或者投标文件的截止时间。

招标人对已发出的资格预审文件或者招标文件进行澄清和修改，既可能是主动的，也可能是被动的。所谓主动，就是招标人自己发现资格预审文件或者招标文件存在遗漏、错误、相互矛盾、含义不清、需要调整一些要求或者存在违法的规定时，可以通过澄清和修改方式进行补救。所谓的"被动"，是相对于招标人主动澄清和修改而言的，尽管澄清和修改的实际自主权仍在招标人，但需要澄清和修改的问题来自潜在投标人。招标人根据潜在投标人提出的疑问和异议对资格预审文件和招标文件作出澄清和修改，是招标人和潜在投标人之间的一种良性互动。事实上，招标人作为文件编制人，自身往往很难发现其编制的文件中存在的错漏，以及可能存在的一些不尽合理甚至不合法的规定和要求，潜在投标人从投标角度提出的疑问和异议，有助于招标人及时纠正错误，完善文件，提高采购质量。从这个意义上讲，招标人应当重视潜在投标人提出的疑问和异议，并认真加以对待，切忌有排斥情绪。相应地，潜在投标人应当在资格预审文件和招标文件规定的时间前，认真学习和研究资格预审文件和招标文件，并将自己的疑问和异议及时反馈给招标人，以便招标人在澄清和修改招标文件时有所参考，在一定程度上也能避免自己被动地响应资格预审文件和招标文件。

澄清和修改可能影响资格预审申请文件或者投标文件编制的，应当在提交资格预审申请文件截止时间至少 3 日前，或者投标截止时间至少 15 日前，以书面形式通知所有获取资格预审文件或者招标文件的潜在投标人。以确保潜在投标人有足够的时间根据澄清和修改内容相应调整投标文件、资格预审申请文件。主要考虑是，有些澄清、修改可能不影响投标文件或者资格预审申请文件的编制，为提高效率，本条在补充资格预审申请文件澄清、修改时间的同时，将必须在投标截止时间至少 15 日前以书面方式进行的澄清或者修改，限定在可能影响投标文件编制的情形。

（12）对文件的异议

潜在投标人或者其他利害关系人对资格预审文件有异议的，应当在提交资格预审申请文件截止时间 2 日前提出；对招标文件有异议的，应当在投标截止时间 10 日前提出。招标人应当自收到异议之日起 3 日内作出答复；作出答复前，应当暂停招标投标活动。

设立异议制度的本意在于加强当事人之间的相互监督，鼓励当事人之间加强沟通，及早友好地解决争议，避免矛盾激化，从而提高招标投标活动的效率。正因为如此，实名提出异议，有利于招标人与异议人及时进行充分沟通。

潜在投标人包括资格预审申请人。就有关招标投标活动的异议主体而言，其他利害关系人是指投标人以外的，与招标项目或者招标活动有直接或者间接利益关系的法人、其他组织和自然人。主要有：一是有意参加资格预审或者投标的潜在投标人。在资格预审公告或者招标公告存在排斥潜在投标人等情况，致使其不能参加投标时，其合法权益即受到侵害，是招标投标活动的利害关系人。二是在市场经济条件下，只要符合招标文件规定，投标人为控制投标风险，在准备投标文件时可能采用订立附条件生效协议的方式与符合招标项目要求的特定分包人和供应商绑定投标，这些分包人和供应商与投标人有共同的利益，与招标投标活动存在利害关系。三是投标人的项目负责人一般是投标工作的组织者，其个人的付出相对较大，中标与否与其个人职业发展等存在相对较大关系，是招标投标活动的利害关系人。

如果异议所反映的问题确实存在又不及时给予纠正，将可能导致不可逆转的后果，因此招标人必须尽快进行核实，采取必要措施给予纠正并回复异议人。异议人不满意的，可以根据规定向行政监督部门提出投诉以维护自己的合法权益。要求暂停招标投标活动的规定可以进一步强化招标人及时回复异议的义务，防止招标人故意拖延。

需要说明的是，根据本条规定应当暂停的招标投标活动，是指异议一旦成立即受到影响，且在异议答复期间需要采取下一个招标投标环节的活动。暂停的具体期限取决于异议的性质、对资格预审文件和招标文件的影响以及招标人处理异议的效率。

具体到异议成立时招标人采取的纠正措施，则取决于资格预审文件或者招标文件存在的问题。例如，有关资格预审文件或者招标文件存在排斥潜在投标人、对投标人实行歧视待遇的异议成立的，应当在本条规定的时间内作出回复，并不得组织对资格预审申请文件评审或组织开标活动；招标人修改资格预审文件或者招标文件，且修改内容影响资格预审申请文件或者投标文件编制的，招标人应当按照规定顺延提交资格预审申请文件或者投标文件的截止时间，修改内容不影响资格预审申请文件或者投标文件编制的，则不需要顺延提交资格预审申请文件或者投标文件的截止时间；有关资格预审文件或者招标文件的内容存在规定情形的异议成立而又未及时给予纠正以致影响了资格预审结果或者潜在投标人投标的，招标人应当按照规定修改文件内容后重新组织招标。

（13）文件的合法性

招标人编制的资格预审文件、招标文件的内容违反法律、行政法规的强制性规定，违反公开、公平、公正和诚实信用原则，影响资格预审结果或者潜在投标人投标的，依法必须进行招标的项目的招标人应当在修改资格预审文件或者招标文件后重新招标。

资格预审文件和招标文件违反法律和行政法规的强制性规定，违反公开、公平、公正和诚实信用原则，通过设定苛刻的资格条件，要求特定行政区域的业绩，提供差别化信息，隐瞒重要的信息等做法，是招标投标活动中存在的突出问题之一。其结果必然会影响资格审查结果和潜在投标人投标，并且还有可能因投标人数量过少而导致招标失败，招标人必须纠正资格预审文件或者招标文件中违背法律规定的相关内容后重新招标，否则很可能导致第二次招标仍然失败。针对实践中存在上述问题，本条规定了相应处理措施。

（14）标段划分

招标人对招标项目划分标段的，应当遵守《招标投标法》的有关规定，不得利用划分标段限制或者排斥潜在投标人。依法必须进行招标的项目的招标人不得利用划分标段规避招标。

《招标投标法》和《条例》所指的标段划分，是指招标人在充分考虑合同规模、技术标准规格分类要求、潜在投标人状况，以及合同履行期限等因素的基础上，将一项工程、服务，或者一个批次的货物拆分为若干个合同进行招标的行为。标段划分既要满足招标项目技术经济和管理的客观需要，又要遵守《招标投标法》等相关法律法规的规定。

招标项目划分标段或者标包，通常基于以下两个方面的客观需要：一是适应不同资格能力的投标人。招标项目包含不同类型、不同专业技术、不同品种和规格的标的，分成不同标段才能使有相应资格能力的单位分别投标。二是满足分阶段实施要求。同一招标项目由于受资金、设计等条件的限制必须划分标段，以满足分阶段实施要求。

招标人划分标段时，不得将应当由一个承包人完成的建筑工程肢解成若干部分分别招标发包给几个承包人投标。《招标投标法》第19条第3款规定，招标人应当合理划分标段，并在招标文件中载明。标段的划分还需考虑经济因素。招标项目应当在市场调研基础上，通过科学划分标段，使标段具有合理适度规模，保证足够竞争数量的单位满足投标资格能力条件，并满足经济合理性要求。既要避免规模过小，单位固定成本上升，增加招标项目的总投资，并可能导致大型企业失去参与投标竞争的积极性；又要避免规模过大，可能因符合资格能力条件的单位减少而不能满足充分竞争的要求，或者具有资格能力条件的单位因受资源投入限制，而无法保质保量按期完成招标项目，并由此增加合同履行的风险。三是招标人的合同管理能力。标段数量增加，必将增加实施招标、评标和合同管理的工作量，因此标段划分需要考虑招标人组织实施招标和合同履行管理的能力。四是项目技术和管理要求。招标项目划分标段时应当既要满足项目技术关联配套及其不可分割性要求，又要考虑不同承包人或供应商在不同标段同时生产作业及其协调管理的可行性和可靠性。

（15）投标有效期

招标人应当在招标文件中载明投标有效期。投标有效期从提交投标文件的截止之日起算。

投标有效期是投标文件保持有效的期限。投标文件是投标人根据招标文件向招标人发出的要约，根据《中华人民共和国合同法》（以下简称《合同法》）有关承诺期限的规定，投标有效期为招标人对投标人发出的要约作出承诺的期限，也是投标人就其提交的投标文件承担相关义务的期限。

在招标文件中规定投标有效期并要求投标人在投标文件中作出响应，是国际国内招标投标实践的常见做法，能够有效约束招标投标活动当事人，保护招标投标双方的合法权益。

投标有效期有利于保护当事人双方的合法权益。对投标人而言，仅需预测一定期限内的市场风险，确保投标报价的合理性和竞争力；有助于投标人科学地规划企业的经营活动。对招标人而言，能够合理计划和安排各项招标工作，及时有序地完成开标、评标、定标和合同签订工作。即便投标人在投标有效期内撤销投标，招标人也能依法追偿所遭受的损失。如果招标文件没有统一规定投标有效期，对投标人而言，不仅将因招标投标活动缺乏预期而影响对生产经营活动的安排甚至可能错失其他经营机会，而且会导致投标保证金长期被占用，损害其合法权益；对招标人而言，由于招标人作出承诺的期限是不确定的，投标人必须考虑在招标人迟迟不能作出承诺的情况下所面临的经营风险，投标人将不得不提高其投标价格，加之不同投标人考虑市场风险对投标价格的影响程度存在差异，会进一步导致投标价格缺乏可比性，影响招标的顺利进行乃至采购目的的实现。

招标文件规定的投标有效期反映了招标人的要求，是投标有效期的低限，投标人承诺的投标有效期必须不短于招标文件规定的投标有效期，否则将构成对招标文件的非实质性响应。

（16）投标保证金

招标人在招标文件中要求投标人提交投标保证金的，投标保证金不得超过招标项目估算价的2%。投标保证金有效期应当与投标有效期一致。

依法必须进行招标的项目的境内投标单位，以现金或者支票形式提交的投标保证金应当从其基本账户转出。

招标人不得挪用投标保证金。

投标保证金是投标人按照招标文件规定的形式和金额向招标人递交的，约束投标人履行其投标义务的担保。招标投标作为一种特殊的合同缔结过程，投标保证金所担保的主要是合同缔结过程中招标人的权利。为有效约束投标人的投标行为，有必要设立投标保证金制度。国际规则均对投标保证金给予了明确规定。

投标保证金不予退还的情形：一是投标截止后至中标人确定前，投标人不得修改或者撤销其投标文件。二是保证投标人被确定为中标人后，按照招标文件和投标文件与招标人签订合同，不得改变其投标文件的实质性内容或者放弃中标，如果招标文件要求中标人必须提交履约保证金的，中标人还应当按照招标文件的规定提交履约保证金。如果投标人未能履行上述投标义务，招标人可不予退还其递交的投标保证金，也即招标人可以因此获得至少相当于投标保证金的经济补偿。此外，投标保证金对约束投标人的投标行为，打击围标串标、挂靠、出借资质等违法行为也有一定的效果。

投标保证金一般采用银行保函形式，其他常见的投标保证金形式还有现钞、银行汇票、银行电汇、支票、信用证、专业担保公司的保证担保等，其中现钞、银行汇票、银行电汇、支票等属于广义的现金。由于工程建设项目招标标的金额普遍较大，为减轻投标人负担，简化招标人财务管理手续，鼓励更多的投标人参与投标竞争，同时为防止投标保证金被挪用和滥用，投标保证金一般应优先选用银行保函或者专业担保公司的保证担保形式。招标人应当在招标文件中载明对保函或者保证担保的要求，投标人应当严格按照招标文件的规定准备和提交。需要注意两点：一是如果招标过程中招标人修改过提交投标文件的截止时间，投标人应当注意是否需要调整已经提前开具的保函或者保证担保的有效期，否则有可能导致否决投标。二是以现金形式提交的投标保证金不属于《中华人民共和国担保法》（以下简称《担保法》）规定的定金而是质押。《最高人民法院关于适用＜中华人民共和国担保法＞若干问题的解释》第85条规定："债务人或者第三人将其金钱以特户、封金、保证金等形式特定化后，移交债权人占有作为债权的担保，债务人不履行债务时，债权人可以以该金钱优先受偿。"

（17）标底编制

招标人可以自行决定是否编制标底。一个招标项目只能有一个标底。标底必须保密。

接受委托编制标底的中介机构不得参加受托编制标底项目的投标，也不得为该项目的投标人编制投标文件或者提供咨询。

招标人设有最高投标限价的，应当在招标文件中明确最高投标限价或者最高投标限价的计算方法。招标人不得规定最低投标限价。

招标人可以自行决定是否编制标底。标底是招标人组织专业人员，按照招标文件规定的招标范围，结合有关规定、市场要素价格水平以及合理可行的技术经济方案，综合考虑市场供求状况，进行科学测算的预期价格。标底是评价分析投标报价竞争性、合理性的参考依据。工程招标项目通常具有单件性（独特性），缺少可供比较分析和控制的价格参考标准，特别是对于潜在投标人不多、竞争不充分或者容易引起串标的工程建设项目，往往需要编制标底。货物招标项目的价格与现成货物的可比性较强，一般不需要编制标底。招标人可以根据招标项目的特点和需要自主决定是否编制标底，以及如何编制标底，有关部门不应当干预。

一个招标项目只能有一个标底。标底与投标报价表示的招标项目内容范围、需求目标是相同的、一致的，体现了招标人准备选择的一个技术方案及其可以接受的一个市场预期价格，也是分析衡量投标报价的一个参考指标，所以一个招标项目只能有一个标底，否则将失去用标底与投标报价进行对比分析的意义。需要说明的是，所谓招标项目，在分标段或者标包的招标项目中是指具体的标段或者标包。

标底必须保密。标底在评标中尽管只具有参考作用，但为了使标底不影响和误导投标人的公平竞争，标底在开标前仍然应当保密。

由于受委托编制标底的中介机构获知了其他投标人不易获知的有关招标项目的信息，为了保证招标竞争的公平、公正，预防串通投标或者取得不正当的竞争优势，接受招标人委托编制标底的中介机构不得参加该项目的投标，也不得为该项目的投标人编制投标文件或者提供咨询。

（18）踏勘现场

招标人不得组织单个或者部分潜在投标人踏勘项目现场。

《招标投标法》第21条规定，招标人根据招标项目的具体情况，可以组织潜在投标人踏勘项目现场。招标项目现场的环境条件对投标人的报价及其技术管理方案有影响的，潜在投标人需要通过踏勘项目现场了解有关情况。工程施工招标项目一般需要实地踏勘招标项目现场。货物和服务招标项目如果与现场环境条件关联性不大，则不需要踏勘现场。根据招标项目情况，招标人可以组织潜在投标人踏勘，也可以不组织踏勘。

为了防止招标人向潜在投标人有差别地提供信息，造成投标人之间的不公平竞争，招标人不得组织单个或者部分潜在投标人踏勘项目现场。招标人根据招标项目需要，组织潜在投标人踏勘项目现场的，应当组织所有购买招标文件或者接收投标邀请书的潜在投标人实地踏勘项目现场。《招标投标法》第22条规定，招标人不得向他人透露已获取招标文件的潜在投标人的相关信息。确需组织踏勘项目现场的，招标人可分批次组织潜在投标人踏勘。招标人组织全部潜在投标人实地踏勘项目现场的，应当采取相应的保密措施并对投标人提出相关保密要求，不得采用集中签到甚至点名等方式，防止潜在投标人在踏勘项目现场中暴露身份，影响投标竞争，或者相互沟通信息串通投标。需要说明的是，潜在投标人收到有关踏勘现场的通知后自愿放弃踏勘现场的，不属于本条规定的招标人组织部分投标人踏勘现场。

（19）总承包招标

招标人可以依法对工程以及与工程建设有关的货物、服务全部或者部分实行总承包招标。以暂估价形式包括在总承包范围内的工程、货物、服务属于依法必须进行招标的项目范围且达到国家规定规模标准的，应当依法进行招标。

前款所称暂估价，是指总承包招标时不能确定价格而由招标人在招标文件中暂时估定的工程、货物、服务的金额。

总承包是国家鼓励和扶持的工程承包方式。《中华人民共和国建筑法》（以下简称《建筑法》）第24条规定："提倡对建筑工程实行总承包，禁止将建筑工程肢解发包。建筑工程的发包单位可以将建筑工程的勘察、设计、施工、设备采购一并发包给一个工程总承包单位，也可以将建筑工程勘察、设计、施工、设备采购的一项或者多项发包给一个工程总承包单位；但是，不得将应当由一个承包单位完成的建筑工程肢解成若干部分发包给几个承包单位。"我国加入世界贸易组织后，工程建设领域面临与国际工程承包和管理方式接轨的巨大压力。为了贯彻"走出去"发展战略，国务院有关行业主管部门陆续出台了一系列政策措施，鼓励工程建设项目实行总承包，培育和发展工程总承包企业，不断提高国际竞争力。总结国际工程承包实践，工程总承包的主要方式有施工总承包、设计-施工总承包、设计采购施工总承包。国际咨询工程师联合会（FIDIC）于1999年推出了新版的系列合同条件，核心合同文本是施工总承包、生产设备设计-施工总承包和设计采购施工/交钥匙合同条件。世界银行也于2006年推出了适用于世界银行贷款项目的设计施工总承包合同文本。近年来，工程总承包在国际工程承包界迅速普及。据统计，2005年美国有30％以上的工程建设项目采用设计施工总承包方式，英国43％的房屋建筑工程采用设计施工总承包方式，近年来所占比例还有所提高。我国企业承揽的海外工程大部分采用的是设计施工或者设计采购施工一体化的总承包方式。2011年12月，国家发改委等九部委发布了《标准设计施工总承包招标文件》，为规范和推动我国工程总承包提供了具体可行的操作准则。

（20）两阶段招标

对技术复杂或者无法精确拟定技术规格的项目，招标人可以分两阶段进行招标。

第一阶段，投标人按照招标公告或者投标邀请书的要求提交不带报价的技术建议，招标人根据投标人提交的技术建议确定技术标准和要求，编制招标文件。

第二阶段，招标人向在第一阶段提交技术建议的投标人提供招标文件，投标人按照招标文件的要求提交包括最终技术方案和投标报价的投标文件。

招标人要求投标人提交投标保证金的，应当在第二阶段提交。

两阶段招标主要适用于技术复杂或者无法精确拟定技术规格的项目。对于这类项目，由于需要运用先进的生产工艺技术、新型材料设备或者采用复杂的技术实施方案等，招标人难以准确拟定和描述招标项目的性能特点、质量、规格等技术标准和实施要求。在此情况下，需要将招标分为两个阶段进行。在第一个阶段，招标人需要向至少三家供应商或承包人征求技术方案建议，经过充分沟通商讨，研究确定招标项目技术标准和要求，编制招标文件。在第二个阶段，投标人按照招标文件的要求编制投标文件，提出投标报价。两阶段招标既能够弥补现行制度下不能进行谈判的不足，满足技术复杂或者不能精确拟定技术规格项目的招标需要，又能够确保一定程度的公开、公平和公正。招标文件一旦确定下来，投标人就应当按照招标文件的要求编制投标文件，不得就技术和商务内容进行谈判。

两阶段招标是国际通行的一种实施方式。联合国国际贸易法委员会《货物、工程和服务采购示范法》第19条和第46条，以及世界银行《货物、工程和非咨询服务采购指南》第2.6款均对两阶段招标作了规定。本条没有具体界定两阶段招标的适用范围，由招标人根据项目的具体特点和实际需要自主确定。世界银行规定的两阶段招标适用范围可供参考：一是需要以总承包方式采购的大型复杂设施设备；二是复杂特殊的工程；三是由于技术发展迅速难以事先确定技术规格的信息通信技术。

第一阶段征求技术建议可以分为以下四个步骤：

1）征询技术建议。招标人依法发布招标公告或者投标邀请书，或者根据需要另行编制和发放《征求技术建议文件》，对招标项目基本需求目标和投标人（或称技术方案建议人）资格基本条件以及对技术建议书的编制、递交提出要求。

为了鼓励投标人积极提出优化、合理的技术建议，招标人在招标公告、投标邀请书或者《征求技术建议文件》中可以选择以下约定：经过第一阶段评审，对第二阶段编制招标文件中采用的全部或者部分投标技术建议或者其他优秀的技术建议将给予投标人奖励补偿，以及奖励补偿的具体标准。同时要求递交技术建议的投标人声明：同意招标人采用其技术建议。

2）提交技术建议书。投标人按照招标公告、投标邀请书或者《征求技术建议文件》，研究编制和提交技术建议书。

投标人提交的技术建议书不带报价，因为第一阶段的任务是征求技术建议并据此研究编制招标文件，不以选择中标人为目标，且最终技术方案尚未确定，因此在第一阶段提交的投标报价缺乏针对性。为了不影响第二阶段投标的竞争性和公平性，投标人提交的技术建议书原则上不要带报价。但是，招标人基于市场调研目的，或者为了评价技术方案的经济性，可以要求技术建议书附带参考价格，并可要求投标人将技术建议书和参考价格书采用双信封分别装订密封。其中，投标人的参考价格书应当严格保密，仅供评审人员研究确定招标项目技术标准和要求时参考。

3）评价和选择技术建议。招标人通过评审、商讨和论证，可以采用某一个或几个已经提交的技术建议，或据此研究形成新的技术方案，作为编制招标文件技术标准和要求的基础。在这一步骤，招标人与技术建议人可以充分沟通、反复商讨以及随时要求对方增加补充有关资料。技术建议人可以随时撤回投标技术建议，也不需要提交投标保证金。

4）编制招标文件。招标人根据研究确定的技术方案编制招标文件。招标人研究确定的项目技术方案既要充分满足招标项目的技术特点和需求，又应当禁止通过采用不合理的技术标准和投标资格歧视、排斥或偏袒潜在投标人，尽可能使第一阶段提交技术建议书的投标人参加投标，或者至少要保证有足够数量的投标人参与公平竞争。

招标人编制完成招标文件后，应该向第一阶段提交技术建议书的投标人提供招标文件。技术建议人可以不参加第二阶段的投标而无需承担责任。招标人根据最终确定的技术方案，以及潜在投标人的数量状况，可以决定是否接受未提交技术建议书的潜在投标人投标，并在招标文件中载明。招标人允许未提交技术建议书的潜在投标人投标的，应当深入分析利弊，特别是要充分考虑未提交技术建议书的潜在投标人应当具备的资格条件、对未中标的技术建议人的补偿等。

在此阶段，投标人应当严格按照招标文件编制、提交包括具有竞争性、约束力的投标报价以及技术管理实施方案的投标文件，并按照招标文件要求提交投标保证金。

（21）招标终止

招标人终止招标的，应当及时发布公告，或者以书面形式通知被邀请的或者已经获取资格预审文件、招标文件的潜在投标人。已经发售资格预审文件、招标文件或者已经收取投标保证金的，招标人应当及时退还所收取的资格预审文件、招标文件的费用，以及所收取的投标保证金及银行同期存款利息。

除非有正当理由，否则招标人启动招标程序后不得擅自终止招标。主要原因在于：一是招标人擅自终止招标不符合《招标投标法》规定的诚实信用原则。招标投标的过程是形成和订立合同的过程，招标人启动招标程序意味着向潜在投标人发出了要约邀请，没有正当、合理的理由，招标人就应当依法完成招标工作。二是允许招标人擅自终止招标难以保障招标投标活动的公正和公平。如果允许招标人在没有正当理由的情况下擅自终止招标，那么招标人随时可以根据参与投标竞争的情况，通过决定是否终止招标来实现非法目的，为先定后招、虚假招标、排斥潜在投标人提供了便利。三是允许招标人擅自终止招标将挫伤潜在投标人参与投标的积极性，最终削弱招标竞争的充分性。招标程序一旦启动，潜在投标人为响应招标即着手投标准备工作，产生相应的人力和物力的投入，终止招标将给潜在投标人造成损失。长此以往，必将打击潜在投标人参与投标的信心和积极性。四是不允许招标人擅自终止招标有利于促使招标人做好招标前的计划和准备工作，提高工作效率。实践中比较常见的是招标人因重新调整标段划分、改变投标人资格条件或者招标范围、已发布的招标项目基本信息不准确等原因而终止招标，这些情形反映了招标准备工作的不充分。不允许招标人擅自终止招标，有利于督促招标人充分重视招标准备工作。

尽管如此，招标过程中出现了非招标人原因无法继续招标的特殊情况时，招标人可以终止招标。这些特殊情况主要有：一是招标项目所必需的条件发生了变化。《招标投标法》第9条规定："招标项目按照国家有关规定需要履行项目审批手续的，应当先履行项目审批手续，取得批准。招标人应当有进行招标项目的相应资金或者资金来源已经落实，并应当在招标文件中如实载明。"据此规定，招标人启动招标程序必须具备一定的先决条件。需要审批或者核准的项目，必须履行了审批或者核准手续；招标项目所需的资金是招标人开展招标并最终完成招标项目的物质保证，招标人必须在招标前落实招标项目所需的资金；在法定规划区内的工程建设项目，还应当取得规划管理部门核发的规划许可证。具备上述条件后，招标人才能够启动招标工作。在招标过程中，上述条件可能因国家产业政策调整、规划改变、用地性质变更等非招标人原因而发生变化，导致招标工作不得不终止。二是因不可抗力取消招标项目，否则继续招标将使当事人遭受更大损失。这类原因包括自然因素和社会因素，其中自然因素包括地震、洪水、海啸、火灾；社会因素包括颁布新的法律、政策、行政措施以及罢工、骚乱等。

（22）限制或者排斥投标人行为

招标人不得以不合理的条件限制、排斥潜在投标人或者投标人。

招标人有下列行为之一的，属于以不合理的条件限制、排斥潜在投标人或者投标人：就同一招标项目向潜在投标人或者投标人提供有差别的项目信息；设定的资格、技术、商务条件与招标项目的具体特点和实际需要不相适应或者与合同履行无关；依法必须进行招标的项目以特定行政区域或者特定行业的业绩、奖项作为加分条件或者中标条件；对潜在投标人或者投标人采取不同的资格审查或者评标标准；限定或者指定特定的专利、商标、品牌、原产地或者供应商；依法必须进行招标的项目非法限定潜在投标人或者投标人的所有制形式或者组织形式；以其他不合理的条件限制、排斥潜在投标人或者投标人。

允许潜在投标人公平地参与投标竞争，是招标制度发挥资源配置基础性作用的前提和保障。受地方、部门利益影响，甚至招标人为谋取不正当利益，实践中存在着以各种方式排斥、限制潜在投标人的现象，阻碍了统一开放、竞争有序的招标投标大市场的形成。

3. 投标

（1）投标活动不受地区或者部门限制

投标人参加依法必须进行招标的项目的投标，不受地区或者部门的限制，任何单位和个人不得非法干涉。

任何单位和个人不得非法限制或者排斥本地区、本系统以外的法人或者其他组织参加投标，不得以任何方式非法干涉招标投标活动。实行招标采购的目的之一，就是通过公开、公平、公正的竞争，促进各类要素的自由流动和高效配置，更好地发挥市场配置资源的基础性作用。地区封锁和行业保护既违背了招标制度的立法初衷，也不符合市场经济的基本要求。

鼓励投标人参与竞争，也是国际采购规则所秉持的一项立法原则。世界银行《货物、工程和非咨询服务采购指南》规定，为促进竞争，允许来自所有国家的厂商和个人为世行贷款项目提供货物、工程和非咨询服务；对参与采购竞争的厂商或者个人的任何条件应当严格限定于保证履约能力所必需的范围内，不允许借款人以与履约能力和利益冲突无关的原因而拒绝某个厂商或者个人参与采购。联合国贸易法委员会《货物、工程和服务采购示范法》也规定，不得因国籍不同而歧视供应商或者承包人，也不得因非客观合理的标准、要求或者程序而歧视供应商或者承包人。

（2）对投标人的限制

与招标人存在利害关系可能影响招标公正性的法人、其他组织或者个人，不得参加投标。

单位负责人为同一人或者存在控股、管理关系的不同单位，不得参加同一标段投标或者未划分标段的同一招标项目投标。

违反前两款规定的，相关投标均无效。

为鼓励竞争，提高竞争的充分性，禁止限制或者排斥本地区、本系统以外的投标人参与竞争，禁止对投标活动进行非法干涉。但鼓励竞争不是绝对的，不意味着不加区分地允许所有人参加投标。为了维护竞争的公正性，世界银行《货物、工程和非咨询服务采购指南》规定，参与世行贷款项目采购的厂商不得存在利益冲突，否则将失去被授予合同的资格。《货物、工程和非咨询服务采购指南》列明了存在利益冲突的四种情形：该厂商所提供的货物、工程或者非咨询服务来源于其自身或者关联单位为该项目提供的咨询服务或者与该咨询服务直接相关；除允许提交备选投标外，该厂商提交了多个投标报价；该厂商及其员工与借款人的专业职员有密切的商业或者家庭关系；世行标准招标文件中列举的其他情形。世界贸易组织《政府采购协定》（2006年12月修订本）规定，采购过程要避免利益冲突。我国台湾地区《政府采购法》第38条规定，政党及与其具关系企业关系之厂商，不得参与投标；前项具关系企业关系之厂商，准用公司法有关关系企业之规定。

（3）投标文件的撤回与撤销

投标人撤回已提交的投标文件，应当在投标截止时间前书面通知招标人。招标人已收取投标保证金的，应当自收到投标人书面撤回通知之日起5日内退还。

投标截止后投标人撤销投标文件的，招标人可以不退还投标保证金。

《招标投标法》第29条赋予了投标人在投标截止时间前撤回投标文件的权利。从合同订立的角度，投标属于要约。投标截止时间就是投标（要约）生效的时间，也是投标有效期开始起算的时间。潜在投标人是否作出要约，完全取决于自己的意愿。因此，在投标截止时间前，允许投标人撤回其投标，但投标人应当书面通知招标人。这与《合同法》第17条有关撤回要约的规定是一致的。投标保证金约束的是投标人的投标义务，在投标截止时间后生效。投标人撤回投标文件后，招标人应当退还其投标保证金。针对招标实践中存在的迟迟不退还投标保证金，损害投标人利益的问题，本条对退还投标保证金的时限提出了明确要求，即招标人应当自收到投标人书面撤回通知之日起5日内退还。

投标截止后，投标有效期开始计算。投标有效期内投标人的投标文件对投标人具有法律约束力。根据《合同法》第19条有关承诺期限内要约不得撤销的规定，投标人不得在投标有效期内撤销其投标，否则将削弱投标的竞争性。投标人撤销其投标给招标人造成损失的，应当根据《合同法》第42条的规定，承担缔约过失责任。如果招标文件要求投标人递交投标保证金的，投标人在投标有效期内撤销投标可能付出投标保证金不予退还的代价，投标保证金不足以弥补招标人损失的，投标人依法还应对超出部分的损失承担赔偿责任。由于投标人撤销投标文件并不必然影响竞争，也不必然造成招标人损失，投标人撤销投标文件的，招标人可以不退还投标保证金。是否退还由招标人根据潜在投标人数量在招标文件中明确。

投标截止前，投标文件尚未产生约束力，投标人有权撤回其已经提交的投标文件，且不需要承担任何法律责任。投标截止后，投标文件对招标人和投标人产生约束力，投标人在投标有效期内撤销其投标文件应当承担相应的法律责任。招标投标活动属于平等主体之间进行的民事活动。没收是《中华人民共和国行政处罚法》（以下简称《行政处罚法》）和《中华人民共和国刑法》（以下简称《刑法》），规定的一种行政处罚或者刑事处罚，属于公权力行为，并不适用于平等主体之间的民事行为。因此，"没收"投标保证金的说法不妥，应当是不予退还或者不予返还。

（4）拒收投标文件

未通过资格预审的申请人提交的投标文件，以及逾期送达或者不按照招标文件要求密封的投标文件，招标人应当拒收。

招标人应当如实记载投标文件的送达时间和密封情况，并存档备查。

根据《条例》第19条规定，申请人未通过资格预审的，不具备投标资格，既没有必要也不应该再让其编制和提交投标文件。因此，未通过资格预审的申请人即使提交了投标文件，招标人也应当拒收，否则不仅会使资格预审制度失去意义，对于通过资格预审的申请人来说也不公平。

逾期送达是指投标人将投标文件送达招标文件规定地点的时间超过了招标文件规定的投标截止时间。投标文件的逾期送达，无论是投标人自身原因导致的，还是不可抗力等客观原因导致的，招标人都应当拒绝接收。这既是为了保证所有投标人有相同的投标文件准备时间，也是为了防止逾期送达投标文件的投标人借机获取其他投标人的相关信息而导致不公平竞争。

未按招标文件要求密封的投标文件应当拒收。密封投标文件的主要目的是为了防止泄露投标文件信息而导致串标，保护招标投标双方合法权益不受侵害。需要注意的是，招标文件应详细载明有关投标文件的密封要求，并尽量简化，不宜过多、过繁、过严。即使投标文件的密封情况与招标文件规定存在偏离，应当允许投标人在投标截止时间前修补完善后再提交，而不应将其扣留作为无效投标。如果投标文件密封存在细微偏离，可以详细记录实际情况并让投标人代表签字确认后予以接收。总之，应尽可能减少投标文件因密封不符合要求而被拒收的情形。

投标文件的送达时间和密封情况是证明招标投标程序公正和规范的重要材料，是投标人以及相关各方在开标时检验确认投标文件密封状况与送达时是否一致，投标文件是否存在泄密情况以及是否按时送达指定地点，并据此确定投标文件开标次序的依据，也是评标委员会以及有关行政监督部门验证和判断投标文件有关情况的依据之一。因此，招标人应当委派专职人员如实记载投标文件的送达时间和密封情况并存档备查。

（5）联合体投标

招标人应当在资格预审公告、招标公告或者投标邀请书中载明是否接受联合体投标。

招标人接受联合体投标并进行资格预审的，联合体应当在提交资格预审申请文件前组成。资格预审后联合体增减、更换成员的，其投标无效。

联合体各方在同一招标项目中以自己名义单独投标或者参加其他联合体投标的，相关投标均无效。

《招标投标法》第31条规定，两个以上的法人或者其他组织可以组成一个联合体，以一个投标人的身份共同投标。允许联合体投标对招标投标双方各有利弊。总体而言，对技术特别复杂的大型项目，允许联合体投标利大于弊。对投标人而言，组成联合体能够增强投标竞争力和中标后的履约能力，弥补联合体有关成员技术力量的相对不足，达到强强联合和优势互补的效果。对招标人而言，允许联合体投标能够吸引更多有实力的投标人参与投标，提高招标投标活动的竞争性，顺利实现招标目的。但是，尽管联合体相对于招标人是利益共同体，联合体各方依法向招标人承担连带责任，其内部仍存在权利和义务的分配问题，如果没有一个有效的协调机制，很容易形成"两层皮"现象，有时招标人不得不付出大量的精力协调联合体内部的工作，影响招标项目的顺利实施，这在一些大型工程中已有教训。

是否允许联合体投标由招标人根据招标项目的实际情况和潜在投标人的数量自主决定。一些大型复杂项目对投标人的资格能力要求较高，能够满足要求的单个潜在投标人较少，具备一定资格能力的潜在投标人只有组成联合体，才具备参与竞争的条件。为保证充分竞争，招标人有必要对潜在投标人进行摸底调查。如果市场上单个潜在投标人的数量能引起竞争，且单个潜在投标人具备独立承担招标项目的能力，可以不接受联合体投标，以防止潜在投标人利用组成联合体降低竞争效果。如果单个潜在投标人不具备独立承担招标项目的能力，或者不容易引起竞争，则应允许联合体投标。无论何种情形，招标人都不得通过限制或者强制组成联合体达到排斥潜在投标人、造成招标失败以规避招标等目的。

招标公告或者投标邀请书应当载明是否允许联合体投标。这一要求反映了招标投标活动应当遵循的公开原则。公开招标的项目，是否接受联合体投标应当在资格预审公告或者招标公告中载明，以便有意参加投标的潜在投标人能够综合招标项目的具体要求和自身能力，有足够的时间决定是否参与投标以及是否与其他潜在投标人组成联合体参与投标。邀请招标的项目，为了防止被邀请的潜在投标人组成联合体造成不公平或者不充分竞争，甚至可能导致招标失败，投标邀请书中也应当明确是否接受联合体投标。如接受，被邀请的潜在投标人应当在收到投标邀请书后，按照投标邀请书的要求以书面形式确认是否组成联合体，以及联合体的组成情况，以便招标人事先掌握有关信息，决定是否需要补充邀请其他潜在投标人，以保证竞争的充分性，避免因提交投标文件的投标人少于3个而导致招标失败。

只有通过资格审查的潜在投标人才具备参与投标竞争的资格。因此实行资格预审的，联合体应当在提交资格预审申请文件前组成。

（6）投标人的变化

投标人发生合并、分立、破产等重大变化的，应当及时书面告知招标人。投标人不再具备资格预审文件、招标文件规定的资格条件或者其投标影响招标公正性的，其投标无效。

招标投标活动需要经历一定的时间阶段，在此过程中投标人可能会发生合并、分立、破产等影响其资格条件或者招标公正性的变化，危害招标人的利益。为保证招标投标活动的顺利进行及其公正性，有必要对投标人课以告知义务。

通过资格预审的申请人或者投标人发生本条规定的重大变化，是否影响其资格条件，应当由招标人组织资格审查委员会（限于国有资金占控股或者主导地位的依法必须进行招标的项目）或者评标委员会进行评审并作出认定。资格审查委员会或者评标委员会应当依据资格预审文件（已进行资格预审的）或者招标文件（未进行资格预审的）规定的标准进行复核，既不能降低也不能提高审查标准，否则不公平。资格复核不合格的投标无效包括两层意思：一是采用资格预审方式的，投标人在提交投标文件前发生本条规定的重大变化，资格复核不合格的，该投标人失去投标资格。二是已经提交了投标文件的投标人，在确定中标前发生可能影响资格条件的重大变化，经复核确认后其投标无效。

（7）投标人串通投标

禁止投标人相互串通投标。

有下列情形之一的，属于投标人相互串通投标：投标人之间协商投标报价等投标文件的实质性内容；投标人之间约定中标人；投标人之间约定部分投标人放弃投标或者中标；属于同一集团、协会、商会等组织成员的投标人按照该组织要求协同投标；投标人之间为谋取中标或者排斥特定投标人而采取的其他联合行动。

投标人相互串通投标是当前招标投标实践中的突出问题之一，严重损害了招标投标制度的严肃性和招标投标活动当事人的合法权益。导致串通投标行为屡禁不止的原因之一，是立法上缺乏对串通投标行为的具体认定标准。本条在总结实践经验的基础上，列举了投标人串通投标的几种表现形式，为认定查处串通投标行为提供依据。

（8）串通投标的认定

有下列情形之一的，视为投标人相互串通投标：不同投标人的投标文件由同一单位或者个人编制；不同投标人委托同一单位或者个人办理投标事宜；不同投标人的投标文件载明的项目管理成员为同一人；不同投标人的投标文件异常一致或者投标报价呈规律性差异；不同投标人的投标文件相互混装；不同投标人的投标保证金从同一单位或者个人的账户转出。

串通投标隐蔽性强，认定难，查处难。这是串通投标屡禁不止的原因之一。为有效打击串通投标行为，本条采用了"视为"这一立法技术。对于有某种客观外在表现形式的行为，评标委员会、行政监督部门、司法机关和仲裁机构可以直接认定投标人之间存在串通。

（9）招标人与投标人串通投标

禁止招标人与投标人串通投标。

有下列情形之一的，属于招标人与投标人串通投标：招标人在开标前开启投标文件并将有关信息泄露给其他投标人；招标人直接或者间接向投标人泄露标底、评标委员会成员等信息；招标人明示或者暗示投标人压低或者抬高投标报价；招标人授意投标人撤换、修改投标文件；招标人明示或者暗示投标人为特定投标人中标提供方便；招标人与投标人为谋求特定投标人中标而采取的其他串通行为。

《招标投标法》第36条规定，投标文件应当在开标时经过投标人、其推选的代表或者招标人委托的公证机构检查密封情况后当众拆封，以确保文件内容不被提前泄露，保证招标投标活动的公正和公平。招标人在开标前开启投标文件不仅违反了《招标投标法》的规定，将由此获得的应予保密的有关信息泄露给其他投标人，使其根据所获得的有关信息调整投标策略，从而赢得更多的中标机会，也违背了公平原则，损害了投标文件被提前开启的投标人的合法权益。

《招标投标法》第22条和第37条规定，标底、评标委员会成员的名单、已获取招标文件的潜在投标人的名称和数量等均属于应当保密的信息，以防止串通投标，维护招标投标活动的公正和公平。招标人在开标前直接或者间接向投标人泄露标底的行为不仅违反了《招标投标法》第22条的规定，由于获得标底信息的投标人可以据此调整自己的投标报价，还会影响招标投标活动的竞争效果。招标人在中标结果确定前直接或者间接向投标人泄露评标委员会成员信息的行为不仅违反了《招标投标法》第37条规定，投标人还有可能根据掌握的信息干预和影响评标结果，损害其他投标人的合法权益。本项规定所称的"间接"，是指招标人将有关信息泄露给第三人，经由第三人泄露给投标人，或者以投标人主动求证和招标人默认等方式泄露有关的信息，或者故意将有关信息放置在投标人能够看到的地方。

（10）弄虚作假投标

使用通过受让或者租借等方式获取的资格、资质证书投标的，属于《招标投标法》第33条规定的以他人名义投标。

投标人有下列情形之一的，属于《招标投标法》第33条规定的以其他方式弄虚作假的行为：使用伪造、变造的许可证件；提供虚假的财务状况或者业绩；提供虚假的项目负责人或者主要技术人员简历、劳动关系证明；提供虚假的信用状况；其他弄虚作假的行为。

弄虚作假是当前招标投标活动中存在的突出问题之一，分析其主要原因：一是法律和制度不健全，缺少有效的查处手段。现行法律法规缺少对弄虚作假行为的具体规定，面临着认定难的问题。不仅如此，在现行分散的行政管理体系下，由于条块分割，缺乏信息共享机制，有时甚至受到地方或者行业保护思想的束缚，行政监督部门无法方便快捷地获得必要信息，使弄虚作假有机可乘。二是过度竞争。招标投标制度能够有效运行的基础条件之一是存在足够数量的潜在投标人，但僧多粥少、过度竞争又会导致甚至加剧投标人弄虚作假。在工程建设领域，尽管国家对施工、监理企业实行严格的资质管理制度，对重要设备、材料实行生产制造等许可制度，但由于缺少有效的退出机制，市场供求关系严重失衡。面对激烈的市场竞争，投标人为了生存，漠视国家法律，往往不择手段，弄虚作假，以谋取中标。三是部分招标人法制意识淡薄，操纵招标投标活动，为保证特定投标人中标，授意或者暗示投标人弄虚作假。四是招标人脱离招标项目的实际需要和市场供求状况，提出苛刻、过高甚至与招标项目不相关的投标资格条件和评标标准，投标人为获得投标或者中标机会，被迫在资格、业绩等方面弄虚作假。五是缺少有效约束投标行为的信用机制，在一定程度上导致了投标人不讲信用的现象，甚至为帮助特定投标人中标不惜弄虚作假。

4. 开标、评标和中标

（1）开标

招标人应当按照招标文件规定的时间、地点开标。

投标人少于3个的，不得开标；招标人应当重新招标。

投标人对开标有异议的，应当在开标现场提出，招标人应当当场作出答复，并做好记录。

开标是招标投标活动应当遵循的公开原则的体现，以确保投标人提交的投标文件与提交评标委员会评审的投标文件是同一份文件。要如实公布和记录开标过程以及投标文件的唱标内容，以加强招标人与投标人之间，以及投标人与投标人之间的相互监督。

开标现场可能出现对投标文件提交、截标时间、开标程序、投标文件密封检查和开封、唱标内容、标底价格的合理性、开标记录、唱标次序等的争议，以及投标人与招标人之间或者投标人相互之间是否存在《条例》第34条规定的利益冲突的情形，这些争议和问题如不及时加以解决，将影响招标投标的有效性以及后续评标工作，事后纠正存在困难或者无法纠正。因此，本条规定，对于开标中的问题，投标人认为不符合有关规定的，应当在开标现场提出异议。异议成立的，招标人应当及时采取纠正措施，或者提交评标委员会评审确认；投标人异议不成立的，招标人应当当场给予解释说明。异议和答复应记入开标会议记录或者制作专门记录以备查看。

（2）评标专家库

国家实行统一的评标专家专业分类标准和管理办法。具体标准和办法由国务院发展改革部门会同国务院有关部门制定。

省级人民政府和国务院有关部门应当组建综合评标专家库。

《招标投标法》第37条建立了以评标专家为主体的评标委员会制度，明确评标专家应当从评标专家库中随机抽取。《招标投标法》颁布实施以后，省级以上人民政府有关部门、招标代理机构分别建立了评标专家库，满足了不同项目的评标需要。但与此同时，一些分散建立的评标专家库也存在着专业门类不齐全、专业类别设置不科学、专家水平参差不齐等问题。

（3）确定评标委员会

除《招标投标法》第37条第3款规定的特殊招标项目外，依法必须进行招标的项目，其评标委员会的专家成员应当从评标专家库内相关专业的专家名单中以随机抽取方式确定。任何单位和个人不得以明示、暗示等方式指定或者变相指定参加评标委员会的专家成员。

依法必须进行招标的项目的招标人非因《招标投标法》和《条例》规定的事由，不得更换依法确定的评标委员会成员。更换评标委员会的专家成员应当依照前款规定进行。

评标委员会成员与投标人有利害关系的，应当主动回避。

有关行政监督部门应当按照规定的职责分工，对评标委员会成员的确定方式、评标专家的抽取和评标活动进行监督。行政监督部门的工作人员不得担任本部门负责监督项目的评标委员会成员。

为了防止招标人在确定评标专家时的主观随意性和倾向性，避免人为因素的干扰，确保评标专家独立产生和公正评标，评标专家原则上应当采取随机抽取的方式确定。为了保证专家能够胜任评标工作，确保评标的质量，招标人应当从评标专家库内相关专业的专家名单中抽取，以提高评标专家与所评审项目的匹配性。因此，招标人在确定评标专家时，应根据招标内容、项目特点和评审深度确定所需评标专家的专业、数量、经验等条件，从评标专家库中随机抽取。需要说明的是，从评标专家库中挑选符合条件的专家是招标人的权利，其他任何单位和个人都不得以明示或者暗示的方式指定评标委员会成员，不得非法干涉评标专家的抽取活动。

（4）直接确定评标专家

《招标投标法》第37条第3款所称特殊招标项目，是指技术复杂、专业性强或者国家有特殊要求，采取随机抽取方式确定的专家难以保证胜任评标工作的项目。

特殊招标项目应具备两个条件：一是特殊项目的自身特点，主要是技术复杂、专业要求高或者国家有特殊要求。二是随机抽取方式确定的专家不能满足项目评标的需要。具体情形主要有：专家库中没有相应专业的专家；专家库中有相应专业的专家，但不能满足招标项目的实际需要；专家库中有相应专业的专家，但满足招标项目要求的专家数量不足；专家库的专业分类不能满足招标项目的专业要求。当招标项目满足上述两个条件时，招标人可以直接确定评标专家。实践中，评标专家库有必要设置查询系统，以方便招标人查询有关专业的设置情况及其专家的数量等相关信息，为招标人提供方便。

（5）对招标人在评标中的要求

招标人应当向评标委员会提供评标所必需的信息，但不得明示或者暗示其倾向或者排斥特定投标人。

招标人应当根据项目规模和技术复杂程度等因素合理确定评标时间。超过三分之一的评标委员会成员认为评标时间不够的，招标人应当适当延长。

评标过程中，评标委员会成员有回避事由、擅离职守或者因健康等原因不能继续评标的，应当及时更换。被更换的评标委员会成员作出的评审结论无效，由更换后的评标委员会成员重新进行评审。

为增强评标的针对性、科学性，保证评标委员会顺利完成评标，招标人应基于招标项目的实际情况，向评标委员会提供招标文件没有载明或者已经载明但短时间内评标委员会成员不容易准确把握理解的，且为准确评标所必需的客观真实信息，主要包括：一是招标项目的范围、性质和特殊性。二是招标项目的质量、价格、进度等需求目标和实施要点。三是招标文件中规定的主要技术标准和要求、商务条款。四是招标文件规定的评标方法、评标因素及标准，以及设置评审因素及标准的主要考虑。五是开标记录。六是投标文件。七是采用资格预审的，还应包括资格预审文件和资格预审申请文件。但是，招标人在提供上述有关信息和数据时，不得以明示或者暗示的方式倾向或者排斥特定投标人。

（6）对评标委员会成员评标要求

评标委员会成员应当依照《招标投标法》和《条例》的规定，按照招标文件规定的评标标准和方法，客观、公正地对投标文件提出评审意见。招标文件没有规定的评标标准和方法不得作为评标的依据。

评标委员会成员不得私下接触投标人，不得收受投标人给予的财物或者其他好处，不得向招标人征询确定中标人的意向，不得接受任何单位或者个人明示或者暗示提出的倾向或者排斥特定投标人的要求，不得有其他不客观、公正履行职务的行为。

为了保证评标的客观公正，评标委员会应当依法进行评标。《招标投标法》和《招标投标法实施条例》有关评标的规定主要有：一是评标委员会可以要求投标人对投标文件中含义不明确的内容作必要的澄清或者说明，并书面通知投标人。二是评标委员会应当按照招标文件确定的评标标准和方法，对投标文件进行评审和比较，并向招标人提出书面评标报告和推荐合格的中标候选人，招标文件没有规定的评标标准和方法不得作为评标的依据。

（7）标底在评标中的定位

招标项目设有标底的，招标人应当在开标时公布。标底只能作为评标的参考，不得以投标报价是否接近标底作为中标条件，也不得以投标报价超过标底上下浮动范围作为否决投标的条件。

根据本条规定，虽然招标人不得以投标报价是否接近标底作为中标条件，也不得以投标报价超过标底上下浮动范围作为否决投标的条件，但标底对于衡量投标报价仍然具有一定的参考作用。

标底只能作为评标的参考。标底的参考作用，主要表现在三个方面：一是用于分析投标报价。通过编制和使用标底，可以为评标时分析判断投标报价的竞争性、可靠性、平衡性、合理性，以及投标报价是否低于成本价或是否存在差错、疏漏、串标等提供参考性评价依据。二是用于纠正招标文件的差错。通过编制和使用标底，能够及时发现和纠正招标文件、设计图纸及其工程量清单存在的差错、疏漏，以减少招标和评标的失误。三是用于减少串标和招标失误。将标底定位于评标的参考作用，不仅可以减少通过泄露标底进行串通投标等暗箱操作行为，而且可以避免发生因为标底测算编制工作失误而导致难以挽回的招标失败或争议。

（8）否决投标的情形

有下列情形之一的，评标委员会应当否决其投标：投标文件未经投标单位盖章和单位负责人签字；投标联合体没有提交共同投标协议；投标人不符合国家或者招标文件规定的资格条件；同一投标人提交两个以上不同的投标文件或者投标报价，但招标文件要求提交备选投标的除外；投标报价低于成本或者高于招标文件设定的最高投标限价；投标文件没有对招标文件的实质性要求和条件作出响应；投标人有串通投标、弄虚作假、行贿等违法行为。

否决投标，是指在评标过程中，投标文件具有本条规定的情形，评标委员会作出对其投标文件不再予以进一步评审，投标人失去中标资格的决定。

要求投标文件经单位盖章或者签字的目的，是为了证明投标文件是该投标人编制提交的，对该投标人具有法律约束力。未经投标单位盖章和单位负责人签字的投标文件，评标委员会应当否决其投标。理解和适用该规定，需要注意以下四点：一是否决投标的前提是既未经单位盖章，也没有单位负责人签字，换句话说，二者具备其一就不应当否决其投标，以减少否决投标情况的发生。实践中，招标人对投标文件提出既要盖章又要签字的要求，不符合鼓励交易的原则。二是单位负责人是指单位法定代表人或者法律、行政法规规定代表单位行使职权的主要负责人。因此，单位负责人需要根据投标单位的性质来确定。投标单位是法人的，单位负责人是指投标单位的法定代表人。投标单位是其他组织的，单位负责人是指投标单位的主要负责人。个人参加科研项目投标的，"单位负责人"是指其本人。三是单位负责人授权代理人签字的，投标文件应附授权委托书。投标文件只有代理人签字，没有授权委托书，也没有盖投标人单位章的，评标委员会也应当否决其投标。四是投标文件的签字盖章要求主要是针对投标函的。投标函是投标文件最重要的组成部分，一般均作为合同文件的内容。如果将签字盖章要求泛化到投标文件的各个部分，会导致无谓的和过多的否决投标，不符合鼓励交易的原则。

（9）投标文件澄清说明

投标文件中有含义不明确的内容、明显文字或者计算错误，评标委员会认为需要投标人作出必要澄清、说明的，应当书面通知该投标人。投标人的澄清、说明应当采用书面形式，并不得超出投标文件的范围或者改变投标文件的实质性内容。

评标委员会不得暗示或者诱导投标人作出澄清、说明，不得接受投标人主动提出的澄清、说明。

评标委员会是澄清、说明工作的启动者。《招标投标法》第39条规定，评标委员会可以要求投标人对投标文件含义不明确的内容进行澄清、说明。本条进一步规定，投标文件中有含义不明确的内容、明显文字或者计算错误，评标委员会认为需要投标人作出必要澄清、说明的，可以启动澄清、说明程序。

评标委员会启动澄清、说明程序具有一定的前提条件。当投标文件中出现含义不明、明显文字或者计算错误等内容且评标委员会不能准确了解投标人真实意思表示时，评标委员会应当启动澄清、说明工作。评标委员会不能滥用澄清、说明机制。对于投标文件中意思表示明确或者根据投标文件的上下文能够准确判断其含义的内容，评标委员会不得要求投标人进行澄清或者说明。

（10）评标报告

评标完成后，评标委员会应当向招标人提交书面评标报告和中标候选人名单。中标候选人应当不超过3个，并标明排序。

评标报告应当由评标委员会全体成员签字。对评标结果有不同意见的评标委员会成员应当以书面形式说明其不同意见和理由，评标报告应当注明该不同意见。评标委员会成员拒绝在评标报告上签字又不书面说明其不同意见和理由的，视为同意评标结果。

评标报告是评标委员会根据全体评标委员会成员签字的原始评标记录和评标结果编写的，全面反映评标情况的书面报告。

《招标投标法》第40条第2款规定，招标人根据评标委员会提出的书面评标报告和推荐的中标候选人确定中标人。据此，书面评标报告是招标人确定中标人的依据。评标委员会完成评标后，应当向招标人提交书面报告，为招标人确定中标人提供所必需的评标信息。

评标报告作为招标人定标的重要依据，通常包括下列内容：基本情况和数据表；评标委员会成员名单；开标记录；符合要求的投标一览表；否决投标情况说明；评标标准、评标方法或者评标因素一览表；经评审的价格或者评分比较一览表；经评审的投标人排序；推荐的中标候选人名单与签订合同前要处理的事宜；澄清、说明纪要等。

《招标投标法》第37条第1款规定，评标由评标委员会负责。评标报告是评标委员会的集体意见，评标委员会成员签字既是参与评标的证明，也是明确评标责任的证明。为了避免因评标委员会成员拒绝签字而得不出评标结论，规定评标委员会成员拒绝在评标报告上签字又不书面说明其不同意见和理由的，视为同意评标结果。

（11）评标结果公示

依法必须进行招标的项目，招标人应当自收到评标报告之日起 3 日内公示中标候选人，公示期不得少于 3 日。

投标人或者其他利害关系人对依法必须进行招标的项目的评标结果有异议的，应当在中标候选人公示期间提出。招标人应当自收到异议之日起 3 日内作出答复；作出答复前，应当暂停招标投标活动。

公示中标候选人的项目范围限于依法必须进行招标的项目。公示中标候选人符合公开原则，有利于进一步加强社会监督，保证评标结果的公正和公平。本条将需要公示中标候选人的项目范围限定在依法必须进行招标的项目，其他招标项目是否公示中标候选人由招标人自主决定，体现出对招标项目实行差别化管理，以突出监管重点的精神。

全部中标候选人均应当进行公示。除非因异议、投诉等改变了中标候选人名单或者排名次序，全部中标候选人同时公示而不是公示排名第一的中标候选人，对于国有资金投资占控股或者主导地位的项目尤其重要。相应地，投标人和其他利害关系人对评标结果有异议的，其异议应当针对全部中标候选人，而不能仅针对排名第一的中标候选人，否则将可能丧失针对排名第二和第三的中标候选人提出异议和投诉的权利。

公示期限不得少于 3 日。这一公示期限是折中规定，既确保一定程度的公开，充分发挥社会监督作用，又兼顾效率，确保招标周期不会过长。公示期限同样是一个低限规定，具体公示期限应当综合考虑公示媒介、节假日、交通通信条件和潜在投标人的地域范围等情况合理确定，以保证公示效果。

对依法必须进行招标的项目的评标结果有异议的应当在中标候选人公示期间提出。中标候选人公示后，投标人或者其他利害关系人能够根据招标文件规定的评标标准和方法、开标情况等，作出评标结果是否符合有关规定的判断，如评标结论是否符合招标文件规定的标准和方法等。因此，投标人或者其他利害关系人对评标结果的异议应当在公示期间提出，以便招标人及时采取措施予以纠正。招标人拒绝自行纠正或者无法自行纠正的，投标人、招标人或者其他利害关系人均可根据规定向行政监督部门提出投诉，以维护自己的合法权益。

招标人应当自收到异议之日起 3 日内作出答复。招标人对异议作出答复前应当暂停招标投标活动。

（12）中标人的确定

国有资金占控股或者主导地位的依法必须进行招标的项目，招标人应当确定排名第一的中标候选人为中标人。排名第一的中标候选人放弃中标、因不可抗力不能履行合同、不按照招标文件要求提交履约保证金，或者被查实存在影响中标结果的违法行为等情形，不符合中标条件的，招标人可以按照评标委员会提出的中标候选人名单排序依次确定其他中标候选人为中标人，也可以重新招标。

《招标投标法》第 40 条第 2 款规定，招标人应该根据评标委员会提出的书面评标报告和推荐的中标候选人确定中标人，也可以授权评标委员会直接确定中标人。由于《招标投标法》没有规定招标人如何确定中标人，实践中存在着一些不规范的做法。

要求招标人选择排名第一的中标候选人为中标人，是对国有资金占控股或者主导地位的依法必须进行招标的项目提出的要求，体现了分类管理原则。鉴于国有资金占控股或者主导地位的依法必须进行招标的项目招标人仍缺乏有效的自律约束和监督机制，该规定可以防止受决策者个人主观倾向和非法不当交易的影响，避免招标投标活动因随意确定中标人而失去规范性、严肃性和公信力。

（13）履约能力审查

中标候选人的经营、财务状况发生较大变化或者存在违法行为，招标人认为可能影响其履约能力的，应当在发出中标通知书前由原评标委员会按照招标文件规定的标准和方法审查确认。

在招标投标过程中，不仅投标人的经营、财务状况可能会发生较大变化，投标人也可能因违法而受到停产停业整顿、吊销营业执照等处罚，或者被采取查封冻结财产和账户等强制措施。以上情况，均可能影响投标人的履约能力。虽然规定了投标人对其重大变化的告知义务，但在评标结束到中标通知书发出前这一段时间里，投标人履行告知义务后又发生上述情况的该如何处理，或者投标人虽未告知但招标人发现投标人存在上述情况的该如何处理，在程序设计上有必要加以考虑，避免出现不能履行合同的结果。

（14）签订合同

招标人和中标人应当依照《招标投标法》和《条例》的规定签订书面合同，合同的标的、价款、质量、履行期限等主要条款应当与招标文件和中标人的投标文件的内容一致。招标人和中标人不得再行订立背离合同实质性内容的其他协议。

招标人最迟应当在书面合同签订后 5 日内向中标人和未中标的投标人退还投标保证金及银行同期存款利息。

中标通知书发出后，招标人与中标人不签订合同，或者不按照规定签订合同，都将使招标失去意义。为此，本条赋予招标人和中标人依法签订书面合同的义务。不履行该义务的，按照规定承担法律责任。除本条外，《招标投标法》第 46 条对合同签订提出了要求。这些要求有：在时间上，招标人和中标人应当自中标通知书发出之日起 30 日内签订合同。在内容上，应当按照招标文件和中标人的投标文件订立合同。在形式上，招标人与中标人应当签订书面合同。在担保上，招标文件要求中标人提交履约保证金的，中标人应当提交，履约保证金不得超过中标合同金额的 10%。

（15）履约保证金

招标文件要求中标人提交履约保证金的，中标人应当按照招标文件的要求提交。履约保证金不得超过中标合同金额的 10%。

《招标投标法》第 46 条第 2 款规定："招标文件要求中标人提交履约保证金的，中标人应当提交。"履约保证金属于中标人向招标人提供的用以保障其履行合同义务的担保。中标人不履行合同义务的，招标人将按照合同约定扣除其全部或者部分履约保证金，或者由担保人承担担保责任。如果中标人违约给招标人造成的损失超过履约保证金的，中标人还应该依法赔偿超过部分的损失。

履约保证金的设立使得招标投标与合同履行紧密结合，相互支撑。既可以保证中标合同的履行，又有助于择优选择中标人，对于预防和遏制招标投标活动中弄虚作假行为和低于成本报价的恶性竞争，防范合同履行风险具有积极作用。

履约保证金的形式通常为中标人出具的银行汇票、支票、现钞等，以及由银行或者第三方担保机构出具的履约担保函。招标人应当给中标人留有选择履约保证金形式的余地，不能借此排斥投标人。

招标文件可以根据合同履行的需要，要求中标人在签订合同前提交或者不提交履约保证金。招标文件要求提交的，应载明履约保证金的形式、金额以及提交时间。履约保证金金额最高不得超过中标合同金额的10%，以减轻中标人的负担，防止垫资或者借此排斥投标人等。除工程质量保证金外，招标人不得违规设置其他各种名目的保证金。其中，工程质量保证金是合同履行过程中招标人按照合同约定从工程款中扣留并为工程竣工后（即约定的履约保证金担保期结束后）缺陷责任期内的质量缺陷修复提供保证。

（16）禁止转包和违法分包

中标人应当按照合同约定履行义务，完成中标项目。中标人不得向他人转让中标项目，也不得将中标项目肢解后分别向他人转让。

中标人按照合同约定或者经招标人同意，可以将中标项目的部分非主体、非关键性工作分包给他人完成。接受分包的单位应当具备相应的资格条件，并不得再次分包。

中标人应当就分包项目向招标人负责，接受分包的单位就分包项目承担连带责任。

招标项目层层转包、违法分包，是造成最后实际用于招标项目的费用大为减少，导致偷工减料，留下严重质量隐患甚至造成重大质量事故的主要原因之一。

5. 投诉与处理

（1）投诉时间

投标人或者其他利害关系人认为招标投标活动不符合法律、行政法规规定的，可以自知道或者应当知道之日起10日内向有关行政监督部门投诉。投诉应当有明确的请求和必要的证明材料。

就《条例》第22条、第44条、第54条规定事项投诉的，应当先向招标人提出异议，异议答复期间不计算在前款规定的期限内。

投诉主体与异议主体的区别在于，投诉主体应当包括招标人。招标人是招标投标活动的主要当事人，是招标项目和招标活动毫无疑义的利害关系人，但是招标人不得滥用投诉。招标人能够投诉的应当限于那些不能自行处理，必须通过行政救济途径才能解决的问题。典型的是投标人串通投标、弄虚作假，资格审查委员会未严格按照资格预审文件规定的标准和方法评审，评标委员会未严格按照招标文件规定的标准和方法评标，投标人或者其他利害关系人的异议成立但招标人无法自行采取措施予以纠正等情形。例如投标人或者其他利害关系人有关某中标候选人存在业绩弄虚作假的异议，经招标人核实后情况属实，而评标委员会又无法根据投标文件的内容给予认定，评标时又缺少进行查证的必要手段，如果由招标人自行决定或者自行否决又容易被滥用，此时就必须向行政监督部门提出投诉，由行政监督部门依法作出认定。

投诉不能仅因为投诉人认为招标投标活动不符合有关规定，还必须有明确的要求并附必要的证明材料。在这一方面，投诉有别于异议。主要考虑在于：一是投诉属于行政救济手段，行政监督部门作出投诉处理决定必须经由法定的调查处理程序，明确的请求和相关证据有利于保证行政效率。二是行政监督部门在调查处理投诉的过程中有权责令暂停招标投标活动，因此投诉不能空穴来风，更不能捏造事实恶意投诉，必须基于投诉人有相应材料证明的事实。正因为如此，还规定，捏造事实、伪造证据的投诉应当予以驳回。

10天内提出投诉是基于效率考虑和维护法律关系的稳定性。一般认为：资格预审公告或者招标公告发布后，投诉人应当知道资格预审公告或者招标公告在排斥潜在投标人等违法违规情形；投诉人获取资格预审文件、招标文件一定时间后应当知道其中是否存在违反现行法律法规规定的内容；开标后投诉人即应当知道投标人的数量、名称、投标文件提交、标底等情况，特别是在中标候选人公示后应当知道评标结果是否存在违反法律法规和招标文件规定的情形；招标人委派代表参加资格审查或者评标的，资格预审评审或者评标结束后，即应知道资格审查委员会或者评标委员会是否存在未按照规定的标准和方法评审或者评标的情况；招标人未委派代表参加资格审查或者评标的，招标人收到资格预审评审报告或者评标报告后，即应当知道资格审查委员会或者评标委员会是否存在未按照规定的标准和方法评审或者评标的情况，等等。

（2）投诉处理

投诉人就同一事项向两个以上有权受理的行政监督部门投诉的，由最先收到投诉的行政监督部门负责处理。

行政监督部门应当自收到投诉之日起3个工作日内决定是否受理投诉，受理投诉之日起30个工作日内作出书面处理决定；需要检验、检测、鉴定、专家评审的，所需时间不计算在内。

投诉人捏造事实、伪造材料或者以非法手段取得证明材料进行投诉的，行政监督部门应当予以驳回。

我国目前的行政体系决定了对招标投标的投诉存在两个以上有权受理的行政监督部门。例如，在横向层级上，根据《国务院办公厅关于印发国务院有关部门实施招标投标活动行政监督的职责分工的意见的通知》（国办发〔2004〕34号），国家重大建设项目的招标投标活动既接受行业管理部门的监督，也接受国家发展和改革委员会的监督。因此，对国家重大建设项目，存在同一事项有两个以上有权受理投诉的行政监督部门。各省级人民政府确定的地方重大建设项目也存在类似的情况。在纵向层级上，投诉人就同一事项同时向不同层级的行政监督部门投诉的现象也比较普遍，而不同层级的行政监督部门均有权受理有关投诉。

（3）行政监督措施

行政监督部门处理投诉，有权查阅、复制有关文件、资料，调查有关情况，相关单位和人员应当予以配合。必要时，行政监督部门可以责令暂停招标投标活动。

行政监督部门的工作人员对监督检查过程中知悉的国家秘密、商业秘密，应当依法予以保密。

行政监督部门有权查阅、复制有关文件、资料，相关单位和人员应当予以配合。为了全面、客观、公正地处理投诉，参照《中华人民共和国行政处罚法》（以下简称《行政处罚法》）的相关规定，行政监督部门在调查处理投诉案件过程中必须查阅和复制有关文件、资料以收集相关证据。在行政监督部门查阅、复制有关文件、资料时，相关单位和人员应当给予配合，不得以任何借口设置障碍，进行阻挠。

行政监督部门调查有关情况，相关单位和人员应当予以配合。调查是通过一定的手段和方式了解投诉事项的客观情况。参照《行政处罚法》的相关规定，行政监督部门处理投诉必须全面、公正、客观地调查，在查明事实的基础上依法作出处理决定。相关单位和人员应当给予配合，不得掩盖事实真相。

6. 法律责任

（1）违法发布公告的责任

招标人有下列限制或者排斥潜在投标人行为之一的，由有关行政监督部门依照《招标投标法》第51条的规定处罚：依法应当公开招标的项目不按照规定在指定媒介发布资格预审公告或者招标公告；在不同媒介发布的同一招标项目的资格预审公告或者招标公告的内容不一致，影响潜在投标人申请资格预审或者投标。

依法必须进行招标的项目的招标人不按照规定发布资格预审公告或者招标公告，构成规避招标的，依照《招标投标法》的规定处罚。

《招标投标法》建立招标公告集中发布制度的主要目的，是为了方便潜在投标人及时便捷地获取招标信息，有效引导投标人积极参与竞争，提高采购质量。公告发布范围的广泛性、所传递信息的真实性和准确性、有关获取资格预审文件或者招标文件规定的合理性，直接影响到招标制度的执行效果。由于《招标投标法》没有规定违法发布招标公告的法律责任，实践中出现了通过不规范发布招标公告，以排斥或者限制潜在投标人，甚至规避招标等情况。

实践中的情形主要有：一是应发布资格预审公告或者招标公告而没有发布；二是发布了资格预审公告或者招标公告，但没有在指定媒介发布；三是在指定媒介发布了资格预审公告或者招标公告，但公告的内容不符合《招标投标法》的规定；四是公告内容符合的《招标投标法》的规定，但有关获取资格预审文件或者招标文件的规定不合理或者不合法，如获取资格预审文件或者招标文件的时间不满足法律规定。招标人的上述违法行为造成潜在投标人不能获取有关招标信息，或者获取了信息也缺乏必要的内容，或者内容明显不合理，从而造成潜在投标人无法投标或者不能充分准备投标，实质上限制甚至剥夺了潜在投标人的投标资格。

在不同媒介发布的同一招标项目的资格预审公告或者招标公告的内容不一致，影响潜在投标人申请资格预审或者投标。对同一招标项目的资格预审公告或者招标公告，招标人或者其委托的招标代理机构为吸引更多的潜在投标人投标，可以在两个以上媒介发布，其中至少有一个媒介应当是国家指定的。在此情况下，不同媒介发布的公告内容应当相同，以保证潜在投标人获取相同的信息。实践中，影响潜在投标人是否申请资格预审或者参加投标的公告内容主要有：资金来源、招标内容、计划工期、投标人的资格要求、投标截止时间等。公告的内容不一致造成不同的潜在投标人获取的信息不同，影响潜在投标人申请资格预审或者投标的，实质上构成了偏袒或者排斥潜在投标人，影响公平竞争。

限制或者排斥潜在投标人的法律责任属于行政法律责任。行政法律责任分为行政处分和行政处罚。行政处罚是指有行政处罚权的国家行政机关或者法律法规授权的组织，对违反行政法律规范，但尚不构成犯罪的公民、法人及其他组织实施的一种制裁形式。根据《行政处罚法》第8条规定，行政处罚的种类主要有：警告、罚款、没收非法所得、责令停产停业、暂扣或者吊销许可证、暂扣或者吊销营业执照、行政拘留、法律法规规定的其他行政处罚。对招标人或者招标代理机构违法发布公告的上述行为，依照《招标投标法》第51条规定处罚。

行政法律责任有：一是责令改正。有关行政监督部门对招标人或者招标代理机构违反《招标投标法》的行为，要求其在一定期限内予以纠正，使潜在投标人有机会申请资格预审或者参加投标，能够与其他投标人进行平等竞争。严格地说，责令改正不是一种制裁，而是对违法行为及违法后果的纠正，以强制行为人履行法定义务。因此，责令改正适用于能够改正的情况。在实际操作过程中，通过受理投诉、举报或者日常监督检查发现问题的，有关行政监督部门应当采取责令改正，包括立即停止违法行为、限期改正、主动协助有关行政监督部门调查处理等。二是罚款。罚款是行政处罚中的一种经济处罚，是对违法行为人的一种经济制裁措施。对于有木条规定违法行为的单位或者个人，根据《招标投标法》第51条规定，行政监督机关可以对其处以1万元以上5万元以下的罚款。这里的"可以罚款"是指行政监督机关对招标人可以罚款，也可以不罚款，是否处以罚款由行政监督机关根据招标人违法情节的轻重、影响大小等因素决定，但处罚结果应当与违法行为相适应。

（2）招标违法的责任

招标人有下列情形之一的，由有关行政监督部门责令改正，可以处10万元以下的罚款：依法应当公开招标而采用邀请招标；招标文件、资格预审文件的发售、澄清、修改的时限，或者确定的提交资格预审申请文件、投标文件的时限不符合《招标投标法》和《条例》规定；接受未通过资格预审的单位或者个人参加投标；接受应当拒收的投标文件。招标人有前款第一项、第三项、第四项所列行为之一的，对单位直接负责的主管人员和其他直接责任人员依法给予处分。

资格预审或者招标是招标投标的第一个环节，其程序规范与否，直接关系到潜在投标人能否公平参与竞争，也直接关系到以后各环节能否顺利进行，对于整个招标投标活动有着非常重要的意义。

依法必须进行招标的项目中应当公开招标的有：一是国家重点建设项目，二是省（自治区、直辖市）重点项目，三是国有资金占控股或者主导地位的项目，四是法律、行政法规规定应当公开招标的其他项目。依法应当公开招标而采用邀请招标的，实际上剥夺了其他潜在投标人参加投标的机会，降低了招标投标的公开性和竞争性。

根据《招标投标法》的规定，不符合法定时限要求的行为主要有：一是资格预审文件或者招标文件的发售期限少于5日。二是发出可能影响资格预审申请文件或者投标文件编制的澄清或者修改，距提交资格预审申请文件截止时间不足3日，或者距投标截止时间不足15日。三是编制依法必须进行招标的项目的资格预审申请文件少于5日。四是编制依法必须进行招标的项目的投标文件的时间少于20日。上述行为可能会造成潜在投标人买不到资格预审文件或者招标文件，也可能影响招标投标的竞争性。

未通过资格预审的申请人不具备投标资格，如果招标人接受其参加投标，资格预审制度将形同虚设，失去了资格审查的意义，对通过资格预审的申请人也不公平。

应当拒收的投标文件包括未通过资格预审的申请人提交的投标文件，以及逾期送达或者不按照招标文件要求密封的投标文件。其中，接受未通过资格预审的申请人提交的投标文件，也会造成对其他投标人的不公平竞争。

（3）利益冲突违法责任

招标代理机构在所代理的招标项目中投标、代理投标或者向该项目投标人提供咨询的，以及受委托编制标底的中介机构参加受托编制标底项目的投标或者为该项目的投标人编制投标文件、提供咨询的，依照《招标投标法》规定追究法律责任。

招标代理机构从事的违法行为主要有：一是在所代理的招标项目中投标或者代理投标。二是向该项目投标人提供咨询，如根据知悉的其他潜在投标人的情况，为该投标人提供投标策略。招标代理机构从事上述行为，可能导致串通投标或者为串通投标提供便利，既损害国家利益和社会公共利益，也损害招标人和其他投标人的合法权益。

受委托编制标底的中介机构从事的违法行为主要有：一是参加受托编制标底项目的投标。二是为该项目的投标人编制投标文件或者提供咨询。受托编制标底的中介机构从事上述行为，可以利用其知道的标底进行串通投标或者为串通投标提供便利，造成不正当竞争，既损害了国家利益和社会公共利益，也损害了招标人和其他投标人的合法权益。

招标代理机构或者受委托编制标底的中介机构有以上违法行为的，依据《招标投标法》第50条规定追究法律责任，具体包括：有关行政监督部门应当对其处5万元以上25万元以下的罚款，对单位直接负责的主管人员和其他直接责任人员处单位罚款数额5%以上10%以下的罚款，并处没收违法所得。没收违法所得是指行政主体实施的将违法行为人的部分或者全部违法收入、物品或者其他非法占有的财物收归国家所有的处罚方式。没收可以视情节轻重决定部分或者全部没收。没收的物品，除应当予以销毁及存档备查外，均应上交国库或者交由法定专管机关处理。没收违法所得不同于刑法中的没收财产。没收财产是将犯罪分子所有的一部分或者全部财产强制无偿地收归国家所有的刑罚。两者的区别主要表现在：一是性质不同。没收财产是刑罚，没收违法所得是一种行政处罚。二是对象不同。没收财产仅限于犯罪分子的财产，而没收违法所得的对象则是非法收入。三是适用范围不同。没收财产主要适用于犯罪行为，而没收违法所得适用于行政违法行为。根据本条规定，招标代理机构或者其他中介机构因实施前述违法行为而有违法所得的，有关行政监督部门应并处没收违法所得。并处是与单处相对的一个概念，是指行政主体对某一违法行为依法同时适用两种或者两种以上的行政处罚方式。具体而言，是指行政监督部门对有非法所得的行为人处以罚款的同时，将其违法所得收归国家所有。

暂停或者取消招标代理资格属于行为罚，即限制或者剥夺违法行为人某种行为能力或者资格的处罚措施，有时也称能力罚。根据《招标投标法》的规定，从事招标代理业务的中介机构应当具有相应的资质，否则不能从事招标代理业务。招标代理机构或者编制标底的中介机构有上述违法行为且情节严重的，有关行政监督部门应当暂停直至取消其招标代理资格。这里所说的"情节严重"，指行为人的行为造成的危害后果严重、违法行为的性质恶劣等情况。暂停招标代理资格是指有关行政监督部门在一定期限内停止招标代理机构的招标代理资格。在此期间，被暂停招标代理资格的机构丧失了代理招标的资格，不能办理招标代理业务，待改正其违法行为后再行恢复。招标代理机构违法行为严重，暂停招标资格尚不足以达到制裁目的的，有关行政监督部门应当取消其招标代理资格。

（4）违规收取和退还保证金责任

招标人超过《条例》规定的比例收取投标保证金、履约保证金或者不按照规定退还投标保证金及银行同期存款利息的，由有关行政监督部门责令改正，可以处5万元以下的罚款；给他人造成损失的，依法承担赔偿责任。

超过《条例》规定的比例收取投标保证金或者履约保证金。招标人在招标文件中要求投标人提交的投标保证金不得超过招标项目估算价的 2%，超过该比例的构成限制或者排斥潜在投标人的行为，会导致竞争的不充分。根据规定，招标人在招标文件中要求中标人提交的履约保证金不得超过中标合同金额的 10%，招标人要求超过该比例的，不仅可能形成事实上的垫资行为，也可能损害中标人的合法权益。

（5）串通投标的责任

投标人相互串通投标或者与招标人串通投标的，投标人向招标人或者评标委员会成员行贿谋取中标的，中标无效；构成犯罪的，依法追究刑事责任；尚不构成犯罪的，依照《招标投标法》第 53 条的规定处罚。投标人未中标的，对单位的罚款金额按照招标项目合同金额依照《招标投标法》规定的比例计算。

投标人有下列行为之一的，属于《招标投标法》第 53 条规定的情节严重行为，由有关行政监督部门取消其 1 年至 2 年内参加依法必须进行招标的项目的投标资格：以行贿谋取中标；3 年内 2 次以上串通投标；串通投标行为损害招标人、其他投标人或者国家、集体、公民的合法利益，造成直接经济损失 30 万元以上；其他串通投标情节严重的行为。

投标人自《招标投标法》第 53 条第 2 款规定的处罚执行期限届满之日起 3 年内又有该款所列违法行为之一的，或者串通投标、以行贿谋取中标情节特别严重的，由工商行政管理机关吊销营业执照。法律、行政法规对串通投标报价行为的处罚另有规定的，从其规定。

考虑到实践中串通投标、以行贿方式谋取中标行为的严重性，从三个方面对《招标投标法》第 53 条作了进一步规定：一是明确存在本条规定违法行为的，即使没有中标，也应当按照《招标投标法》第 53 条的规定进行处罚。二是明确了情节严重与特别严重的判断标准，为适用不同法律责任提供了依据。三是明确了相关法律行政法规对串通投标报价行为处罚另有规定的，从其规定。

投标人有前述违法行为、情节严重的，有关行政监督部门应当取消其 1 年至 2 年内参加依法必须进行招标的项目的投标资格并予以公告。行为人的违法行为是否属于情节严重，应当从违法行为造成的危害后果、违法行为的性质、实施违法行为所使用的手段等方面进行判断。《招标投标法》第 53 条第 2 款对情节严重的行为以列举的方式进行了规定：一是以行贿谋取中标；二是 3 年内 2 次以上串通投标；三是串通投标行为损害招标人、其他投标人或者国家、集体、公民的合法利益，造成直接经济损失 30 万元以上；四是其他串通投标情节严重的行为。被取消投标资格的投标人在规定的期限内不能参与依法必须进行招标的项目的投标。

情节特别严重的情况下，工商行政管理机关应当吊销串通投标行为人的营业执照。何谓情节特别严重，《条例》列举了三种情形：一是投标人自本条第 2 款规定的处罚执行期限届满之日起 3 年内又有该款所列违法行为之一。二是串通投标情节特别严重。三是以行贿谋取中标情节特别严重。与取消投标人一定期限的投标资格相比，吊销营业执照的处罚更为严厉。

串通投标行为情节严重构成犯罪的，按《刑法》第 223 条规定的串通投标罪处罚；行贿谋取中标的行为情节严重构成犯罪的，按《刑法》第 389 条、第 390 条和第 393 条规定的行贿罪，依法追究违法行为人的刑事责任。单位构成犯罪的，对单位判处罚金，对直接负责的主管人员和其他直接责任人员处以相应刑罚。

（6）弄虚作假的责任

投标人以他人名义投标或者以其他方式弄虚作假骗取中标的，中标无效；构成犯罪的，依法追究刑事责任；尚不构成犯罪的，依照《招标投标法》第 54 条的规定处罚。依法必须进行招标的项目的投标人未中标的，对单位的罚款金额按照招标项目合同金额依照《招标投标法》规定的比例计算。

投标人有下列行为之一的，属于《招标投标法》第 54 条规定的情节严重行为，由有关行政监督部门取消其 1 年至 3 年内参加依法必须进行招标的项目的投标资格：伪造、变造资格、资质证书或者其他许可证件骗取中标；3 年内 2 次以上使用他人名义投标；弄虚作假骗取中标给招标人造成直接经济损失 30 万元以上；其他弄虚作假骗取中标情节严重的行为。

投标人自处罚执行期限届满之日起 3 年内又有该款所列违法行为之一的，或者弄虚作假骗取中标情节特别严重的，由工商行政管理机关吊销营业执照。

考虑到实践中以弄虚作假方式骗取中标行为的严重性，从两个方面对《招标投标法》第 54 条作了进一步细化：一是明确有本条规定违法行为的，不论是否中标，都应按照《招标投标法》第 54 条的规定处罚。二是明确情节特别严重的判断标准，为适用不同法律责任提供了依据。

实践中投标人以他人名义投标，可能出于以下几种原因：投标人没有承担招标项目的能力；投标人不具备国家要求的或者招标文件要求的从事该招标项目的资质；投标人曾因违法行为被工商机关吊销营业执照，或者因违法行为被有关行政监督部门在一定期限内取消其从事相关业务的资格等。投标人以他人名义投标违反了诚实信用的原则，严重扰乱了招标投标的正常秩序。

除以他人名义投标以骗取中标外，投标人还可能以其他方式弄虚作假骗取中标。实践中以其他方式弄虚作假骗取中标的行为有：一是提交虚假的资质证书等许可证件。二是提供虚假的财务状况或者业绩。三是提供虚假的信用状况。四是提供虚假的项目主要人员及证明材料等。任何形式的弄虚作假行为都将严重破坏招标投标活动的正常秩序。

依法必须进行招标的项目的投标人弄虚作假骗取中标的行为情节严重的，由有关行政监督部门取消其 1 年至 3 年内参加依法必须进行招标的项目的投标资格并予以公告。由于该处罚较为严重，在作出处罚决定时应慎重从事。根据《招标投标法》第 54 条规定，投标人骗取中标的行为"情节严重"的才取消投标资格。所谓情节严重，是指骗取中标的行为所导致的后果严重、投标人多次实施了骗取中标的行为、骗取中标的手段较为恶劣等。具体包括：一是伪造、变造资格、资质证书或者其他许可证件骗取中标。二是 3 年内 2 次以上使用他人名义投标。三是弄虚作假骗取中标给招标人造成直接经济损失 30 万元以上。被取消投标资格的投标人在指定的期限内不得参与依法必须进行招标的项目的投标。

吊销营业执照。投标人弄虚作假骗取中标的行为情节严重，取消其一定期限内参与依法必须进行招标的项目的投标资格尚不足以达到制裁目的的，工商行政管理机关应当吊销其营业执照。情节特别严重主要是指投标人自《招标投标法》第 54 条第 2 款规定的处罚执行期限届满之日起 3 年内又有该款所列违法行为之一，或者弄虚作假骗取中标情节特别严重，由工商行政管理机关吊销营业执照。被吊销营业执照的投标人不得从事任何经营业务。

（7）出让资质证书的责任

出让或者出租资格、资质证书供他人投标的，依照法律、行政法规的规定给予行政处罚；构成犯罪的，依法追究刑事责任。

为保证招标竞争的真实性和充分性，不仅要对投标人借用、伪造、变造资质、资格证书的行为给予处罚，对于取得资格、资质证书的单位和个人出让、出租相关证书的行为也要予以处罚。

（8）不依法组织招标的责任

依法必须进行招标的项目的招标人不按照规定组建评标委员会，或者确定、更换评标委员会成员违反《招标投标法》和《条例》规定的，由有关行政监督部门责令改正，可以处10万元以下的罚款，对单位直接负责的主管人员和其他直接责任人员依法给予处分；违法确定或者更换的评标委员会成员作出的评审结论无效，依法重新进行评审。

国家工作人员以任何方式非法干涉选取评标委员会成员的，依照《条例》第81条的规定追究法律责任。

依法组建评标委员会是保证评标活动公平、公正的前提。实践中，招标人不按照规定组建评标委员会的具体情形主要有：一是不组建评标委员会。二是组建的评标委员会人数不符合法定要求，如不足5人或者是偶数。三是评标委员会成员构成不符合法定要求，评标专家不足三分之二。四是评标委员会成员资格不符合法定要求，专家成员从事相关领域工作不满八年，不具备高级职称或者同等专业水平。招标人不依法组建评标委员会，会影响评标的针对性、科学性和客观性，评标质量也得不到保证。

（9）评委违规的责任

评标委员会成员有下列行为之一的，由有关行政监督部门责令改正；情节严重的，禁止其在一定期限内参加依法必须进行招标的项目的评标；情节特别严重的，取消其担任评标委员会成员的资格：应当回避而不回避；擅离职守；不按照招标文件规定的评标标准和方法评标；私下接触投标人；向招标人征询确定中标人的意向或者接受任何单位或者个人明示或者暗示提出的倾向或者排斥特定投标人的要求；对依法应当否决的投标不提出否决意见；暗示或者诱导投标人作出澄清、说明或者接受投标人主动提出的澄清、说明；其他不客观、不公正履行职务的行为。

为了保证评标工作的独立、客观、公正进行，评标委员会成员应处于超脱地位，与投标人有利害关系的人应当主动回避，不得进入相关项目的评标委员会。

评标委员会成员一旦确定，不得擅离职守，否则将影响评标活动的正常进行。

在招标文件中规定评标标准和方法并据此评标，是保证评标公正的前提。实践中有关违法行为的表现形式主要有：一是增加招标文件中没有规定的评审因素。二是擅自减少招标文件中已经规定的评审因素。三是不按照招标文件规定的评审标准进行评审，擅自调整评审权重。四是不按照招标文件规定的方法推荐中标候选人。上述行为违反了《招标投标法》的公正原则，势必影响评标结果的公正性。

（10）评委受贿的责任

评标委员会成员收受投标人的财物或者其他好处的，没收收受的财物，处3000元以上5万元以下的罚款，取消其担任评标委员会成员的资格，不得再参加依法必须进行招标的项目的评标；构成犯罪的，依法追究刑事责任。

评标委员会成员收受投标人的财物或者其他好处，通常与不客观公正履行职责，偏袒或者排斥特定投标人，向他人透露评标过程中的有关信息等违法行为密切相关，甚至是这些违法行为的原因和目的。

评标委员会成员收受投标人的财物或者其他好处构成《刑法》第163条规定的非国家工作人员受贿罪的，依法承担刑事责任。

（11）不依法确定中标人的责任

依法必须进行招标的项目的招标人有下列情形之一的，由有关行政监督部门责令改正，可以处中标项目金额10‰以下的罚款；给他人造成损失的，依法承担赔偿责任；对单位直接负责的主管人员和其他直接责任人员依法给予处分：无正当理由不发出中标通知书；不按照规定确定中标人；中标通知书发出后无正当理由改变中标结果；无正当理由不与中标人订立合同；在订立合同时向中标人提出附加条件。

《招标投标法》规定招标人应当依法发出中标通知书并与中标人签订合同，但《招标投标法》仅在第57条规定了招标人在评标委员会依法推荐的中标候选人以外确定中标人，以及依法必须进行招标的项目在所有投标被评标委员会否决后自行确定中标人两种违法行为的责任。

（12）中标人不签订合同的责任

中标人无正当理由不与招标人订立合同，在签订合同时向招标人提出附加条件，或者不按照招标文件要求提交履约保证金的，取消其中标资格，投标保证金不予退还。对依法必须进行招标的项目的中标人，由有关行政监督部门责令改正，可以处中标项目金额10‰以下的罚款。

（13）违法签订合同的责任

招标人与中标人不按照招标文件和中标人的投标文件订立合同，合同的主要条款与招标文件、中标人的投标文件的内容不一致，或者招标人、中标人订立背离合同实质性内容的协议的，由有关行政监督部门责令改正，可以处中标项目金额5‰以上10‰以下的罚款。

招标人与中标人不按照招标文件和中标人的投标文件订立合同。招标人与中标人不按照招标文件和投标文件订立合同，将使招标投标活动失去意义。

合同的主要条款与招标文件、中标人的投标文件的内容不一致。虽然招标人与中标人按照招标文件和中标人的投标文件签订了合同，但合同的标的、价款、质量、履行期限、双方的权利义务等主要条款与招标文件、中标人的投标文件内容不一致的，将使整个招标活动流于形式。

招标人、中标人订立背离合同实质性内容的协议。尽管招标人与中标人严格按照招标文件和中标人的投标文件签订了合同，但在合同之外再签订背离合同实质性内容的其他协议，即签订"阴阳合同"，其结果也会使招标投标活动徒具形式。

（14）转包分包的责任

中标人将中标项目转让给他人的，将中标项目肢解后分别转让给他人的，违反《招标投标法》和《条例》规定将中标项目的部分主体、关键性工作分包给他人的，或者分包人再次分包的，转让、分包无效，处转让、分包项目金额5‰以上10‰以下的罚款；有违法所得的，并处没收违法所得；可以责令停业整顿；情节严重的，由工商行政管理机关吊销营业执照。

招标人和中标人之间签订的合同，是通过招标程序竞争择优确定的。如果中标人将中标项目转让给他人，招标投标程序将失去意义，破坏了招标投标制度的严肃性。

中标人将项目肢解后分别转让给他人，会造成与将中标项目整体转让给他人相同的法律后果，应承担相应的法律责任。

在某种程度上，项目的质量通常取决于主体、关键性工作的完成情况。招标人选定中标人，就是因为中标人完成招标项目的能力得到评标委员会的认可，将主体、关键性工作分包给他人，将实质性地改变招标结果。

对于一些非主体、非关键性工作在得到招标人同意的情况下，可以将该部分工作分包给第三人，这样做有利于发挥各方的优势。但分包项目再次分包，会造成项目资金的层层截留，影响项目质量。

中标人转让中标项目、中标人违法分包中标项目、分包人再次分包的合同无效。该无效为自始无效，行为人因此取得的财产应当返还给对方当事人，有过错的一方当事人还应赔偿对方因此所受的损失，即中标人和分包人应赔偿招标人因此所受的损失。赔偿的范围包括直接损失和间接损失。

行政机关应根据违法行为的具体情节作出决定。通过罚款和没收违法所得能够实现制裁目的的，无需责令停业整顿。责令停业整顿后，行为人在规定期限内纠正了违法行为或者完善了相关措施的，可以恢复经营。

被吊销营业执照的人不得再从事相关的经营活动。根据本条规定，只有中标人非法转让、分包和分包人再次分包情节严重的，行政机关才能采取这种处罚方式。情节严重通常是指行为人的行为造成了严重后果、屡次实施违法行为、拒不改正、适用其他法律责任不足以实现制裁目的等情况。

（15）违法投诉的责任

投标人或者其他利害关系人捏造事实、伪造材料或者以非法手段取得证明材料进行投诉，给他人造成损失的，依法承担赔偿责任。

招标人不按照规定对异议作出答复，继续进行招标投标活动的，由有关行政监督部门责令改正，拒不改正或者不能改正并影响中标结果的，依照《条例》第82条的规定处理。

《招标投标法》第65条赋予投标人或者其他利害关系人向有关行政监督部门投诉的权利。同时，为了保护有关招标投标当事人的合法权益，维持行政监督部门的正常活动，对投诉行为也进行了规范。实践中，违法投诉的具体情形有：一是捏造事实。投诉人捏造他人违反有关招标投标法律法规的情形，即捏造根本不存在的、可能引起有关行政监督部门作出不利于被投诉人处理决定的行为。二是伪造材料。通过虚构、编造事实上不存在的文件的行为。三是以非法手段取得证明材料进行投诉的行为。《最高人民法院关于民事诉讼证据的若干规定》第68条规定，以侵害他人合法权益或者违反法律禁止性规定的方法取得的证据，不能作为认定案件事实的依据。

（16）招标从业人员的法律责任

取得招标职业资格的专业人员违反国家有关规定办理招标业务的，责令改正，给予警告；情节严重的，暂停一定期限内从事招标业务；情节特别严重的，取消职业资格。

取得招标职业资格的具体办法由国务院人力资源和社会保障部门会同国务院发展改革

部门制定。取得招标职业资格的专业人员应当按照该办法办理招标业务。除此之外，取得招标职业资格的专业人员还应当遵守《招标投标法》、《中华人民共和国行政许可法》的有关规定。违反这些规定，应当依法承担相应的法律责任。

招标师在招标采购工作中应依据职业范围和委派工作职责要求，依法履行招标采购职业义务，并承担相关职业责任。严格遵守国家法律法规、政策、标准和规范，恪守职业道德规范，诚信自律，自觉维护社会公共利益、行业整体利益以及服务主体的合法权益，坚决抵制违法违规的招标采购行为，维护统一、开放、公平的市场竞争秩序，依法保守招标采购中的保密事项；接受注册登记机构的从业考核管理，参加职业继续教育，更新专业知识，不断提高职业道德素质和招标采购专业技术能力。

（二）建设工程项目合同的效力

合同的效力，是指合同所具有的法律约束力。《合同法》对合同的效力，不仅规定了合同生效、无效合同，而且还对可撤销或者可变更合同进行了规定。

1. 合同生效条件

合同生效，即合同发生法律约束力。合同生效后，当事人必须按约定履行合同，《合同法》对合同生效规定了以下三种情形：

（1）成立生效

对一般合同而言，只要当事人在合同主体资格、合同形式及合同内容等方面均符合法律、行政法规的要求，经协商达成一致意见，合同成立即可生效。正如《合同法》规定的那样：依法成立的合同，自成立时生效。

（2）批准登记生效

批准登记的合同，是指法律、行政法规规定应当办理批准登记手续的合同。按照我国现有的法律和行政法规的规定，有的将批准登记作为合同成立的条件，有的将批准登记作为合同生效的条件。比如，中外合资经营企业合同必须经过批准后才能成立。《合同法》对此规定："法律、行政法规规定应当办理批准、登记等手续生效的，依照其规定。"

（3）约定生效

约定生效是指合同当事人在订立合同时，约定以将来某种事实的发生作为合同生效或者合同失效的条件，合同成立后，当约定的某种事实发生后，合同才能生效或者合同即告失效。

当事人约定以不确定的将来事实的成就，限制合同生效或者失效的，称为附条件的合同。《合同法》规定："附生效条件的合同，自条件成就时生效。附解除条件的合同，自条件成就时失效"。同时规定："当事人为自己的利益不正当地阻止条件成就的，视为条件已成就；不正当地促成条件成就的，视为条件不成就"。

当事人约定以确定的将来事实的成就，限制合同生效或者失效的，即是附期限的合同。《合同法》规定："附生效期限的合同，自期限届满时生效。附终止期限的合同，自期限届满时失效。"

2. 效力待定合同

效力待定合同是指行为人未经权利人同意而订立的合同，因其不完全符合合同生效的要件，合同有效与否，需要由权利人确定。根据《合同法》的规定，效力待定合同有以下几种：

（1）限制民事行为能力人订立的合同

限制民事行为能力人订立的合同，经法定代理人追认后，该合同有效。

（2）无效代理合同

代理合同是指行为人以他人名义，在代理权限范围内与第三人订立的合同。而无权代理合同则是行为人不具有代理权而以他人名义订立的合同。这种合同具体又有三种情况：

1）行为人没有代理权，即行为人事先并没有取得代理权却以代理人自居代理他人订立的合同。

2）代理人超越代理权，即代理人虽然获得了被代理人的代理权，但他在代订合同时，超越了代理权限的范围。

3）代理权终止后以被代理人的名义订立合同，即行为人曾经是被代理人的代理人，但在以被代理人的名义订立合同时，代理权已终止。对于无权代理合同，《合同法》规定：未经被代理人追认，对被代理人不发生效力，由行为人承担责任。但是，相对人有理由相信行为人有代理权的，该代理行为有效。

（3）无处分权的人处分他人财产的合同

这类合同是指无处分权的人以自己的名义对他人的财产进行处分而订立的合同。根据法律规定，财产处分权只能由享有处分权的人行使，但《合同法》对无财产处分权人订立的合同生效情况作出了规定："无处分权的人处分他人财产，经权利人追认或者无处分权的人订立合同后取得处分权的，该合同有效"。

3. 无效合同

无效合同是指虽经当事人协商订立，但因其不具备合同生效条件，不能产生法律约束力的合同。无效合同从订立时起就不具有法律约束力。《合同法》规定了五种无效合同：

（1）一方以欺诈、胁迫的手段订立合同，损害国家利益；

（2）恶意串通，损害国家、集体或者第三人利益；

（3）以合法形式掩盖非法目的；

（4）损害社会公共利益；

（5）违反法律、行政法规的强制性规定。

此外，《合同法》还对合同中的免责条款及争议解决条款的效力作出了规定。合同的免责条款是指当事人在合同中约定的免除或者限制其未来责任的条款。免责条款是由当事人协商一致的合同的组成部分，具有约定性。如果需要，当事人应当以明示的方式依法对免责事项及免责范围进行约定。但对那些具有社会危害性的侵权责任，当事人不能通过合同免除其法律责任，即使约定了，也不承认其有法律约束力。因此，《合同法》明确规定了两种无效免责条款：

（1）造成对方人身伤害的；

（2）因故意或者重大过失造成对方财产损失的。

合同中的争议解决条款具有相对独立性，当合同无效、被撤销或者终止时，争议解决条款的效力不受影响。

4. 可变更或者可撤销合同

可变更合同是指合同部分内容违背当事人的真实意思表示，当事人可以要求对该部分内容的效力予以撤销的合同。可撤销合同是指虽经当事人协商一致，但因非对方的过错而导致一方当事人意思表示不真实，允许当事人依照自己的意思，使合同效力归于消灭的合同。《合同法》规定了下列合同当事人一方有权请求人民法院或者仲裁机构变更或者撤销：

（1）因重大误解订立的合同。行为人对行为的性质、对方当事人、标的物的品种、质量、规格和数量等的错误认识，使行为的后果与自己的意思相悖，并造成较大损失的，可以认定为重大误解。

（2）在订立合同时显失公平的合同。一方当事人利用优势或者利用对方没有经验，致使双方的权利义务明显违反公平、等价有偿原则的，可以认定为显失公平。

此外，《合同法》对于一方采用欺诈、胁迫手段或者乘人之危订立的合同，也作出了规定：一方以欺诈、胁迫的手段或者乘人之危，使对方在违背真实意思的情况下订立的合同，受损害方有权请求人民法院或者仲裁机构变更或者撤销。

合同经法院或者仲裁机构变更，被变更的部分即属无效，而变更后的合同则为有效合同，对当事人有法律约束力。合同经人民法院或者仲裁机构撤销，被撤销的合同即属无效合同，自始不具有法律约束力。因此，对于上述合同，如果当事人请求变更的，人民法院或者仲裁机构不得撤销。同时，为了维护社会经济秩序的稳定，保护当事人的合法权益，《合同法》对当事人的撤销权也作出了限制。《合同法》规定有下列情形之一的，撤销权消灭：

（1）具有撤销权的当事人自知道或者应当知道撤销事由之日起一年内没有行使撤销权；

（2）具有撤销权的当事人知道撤销事由后明确表示或者以自己的行为放弃撤销权。

5. 无效合同的法律责任

无效合同是一种自始没有法律约束力的合同，而可撤销的合同，其效力并不稳定，只有在有撤销权的当事人提出请求，并被人民法院或者仲裁机构予以撤销后，才成为被撤销的合同。被撤销的合同也是自始没有法律约束力的合同。但是，如果当事人没有请求撤销，则可撤销的合同对当事人就具有法律约束力。因此，可撤销合同的效力取决于当事人是否依法行使了撤销权。既然无效合同和被撤销合同自始没有法律约束力，如果当事人一方或者双方已对合同进行了履行，就应对因无效合同和被撤销合同的履行而引起的财产后果进行处理，以追究当事人的法律责任。《合同法》对此作出了如下规定：

（1）返还财产。返还财产是指合同当事人应将因履行无效合同或者被撤销合同而取得的对方财产归还给对方。如果只有一方当事人取得对方的财产，则单方返还给对方；如果双方当事人均取得了对方的财产，则应双方返还给对方。通过返还财产，使合同当事人的财产状况恢复到订立合同时的状态，从而消除了无效合同或者被撤销合同的财产后果。但返还财产不一定返还原物，如果不能返还财产或者没有必要返还财产的，也可通过折价补偿的方式，达到恢复当事人财产状况的目的。

（2）赔偿损失。当事人对因合同无效或者合同被撤销而给对方造成的损失，并不能因返还财产而被补偿，因此，还应承担赔偿责任。但当事人承担赔偿损失责任时，应以过错为原则。如果一方有过错给对方造成损失，则有过错的一方应赔偿对方因此而受到的损失；如果双方都有过错，则双方均应承担各自相应的责任。

（3）追缴财产。对于当事人恶意串通，损害国家、集体或者第三人利益的合同，由于其有着明显的违法性，应追缴当事人因合同而取得的财产，以示对其违法行为的制裁，对损害国家利益的合同，应将当事人因此而取得的财产收归国家所有；对损害集体利益的合同，应将当事人因此而取得的财产返还给集体；对损害第三人利益的合同，应将当事人因此而取得的财产返还给第三人。

（三）合同的履行

1. 合同履行的概念

合同履行，是指合同各方当事人按照合同的规定，全面履行各自的义务，实现各自的权利，使各方的目的得以实现的行为。合同的履行是合同当事人订立合同的根本目的。

2. 合同履行的原则

依据《合同法》的规定，合同当事人履行合同时，应当遵循以下原则：

（1）全面履行的原则

全面履行是指当事人应当按照合同约定的标的、价款、数量、质量、地点、期限、方式等全面履行各自的义务。合同生效后，当事人就质量、价款或者报酬、履行地点等内容没有约定或者约定不明的，可以协议补充，不能达成补充协议的，按照合同有关条款或者交易习惯确定。如果按照上述办法仍不能确定合同如何履行的，适用《合同法》有关规定进行履行，如：质量要求不明的，按国家标准、行业标准履行，没有国家标准、行业标准的，按通常标准或者符合合同目的的特定标准履行；再如：价款或者报酬不明的，按订立合同时履行地的市场价格履行；依法应当执行政府定价或者政府指导价的，按规定履行等。

（2）诚实信用原则

诚实信用原则，是我国《民法通则》的基本原则，也是《合同法》的一项十分重要的原则，它贯穿于合同的订立、履行、变更、解除、终止等全过程。因此，当事人在订立合同时要讲诚实、守信用、要善意，当事人双方要互相协作，应根据合同的性质、目的和交易习惯履行通知、协助和保密的义务，只有这样，合同才能圆满地履行。

3. 合同条款空缺的法律适用

在订立合同时，由于某些当事人缺乏相应的法律知识及疏忽大意等原因，往往造成合同条款约定不明确，致使合同无法履行的情形。为了保障合同当事人的合法权益，法律规定允许当事人之间另行约定，采取必要的措施，补救合同条款空缺的问题。

《合同法》规定，合同生效后，当事人就质量、价款或者报酬、履行地点等内容没有约定或者约定不明的，可以协议补充，不能达成补充协议的，按照合同有关条款或者交易习惯确定。按照合同有关条款或者交易习惯确定，一般只能适用于部分常见条款欠缺或者不明确的情况，因为只有这些内容才能形成一定的交易习惯。如果按照上述办法仍不能确定合同如何履行的，适用下列规定进行履行：

（1）质量要求不明的，按国家标准、行业标准履行，没有国家标准、行业标准的，按通常标准或者符合合同目的的特定标准履行。

（2）价款或者报酬不明的，按订立合同时履行地的市场价格履行；依法应当执行政府定价或者政府指导价的，按规定履行。

合同在履行中既可能按照市场行情约定价格执行，也可能执行政府定价或者政府指导价。如果是按照市场行情约定价格履行，则市场行情的波动不应影响合同价，合同仍执行原价格。如果执行政府定价或者政府指导价，在合同约定的交付期限内政府价格调整时，按照交付时的价格计价。逾期交付标的物的，遇价格上涨时，按照原价格执行；遇价格下降时，按新价格执行。逾期提取标的物或者逾期付款的，遇价格上涨时，按新价格执行；遇价格下降时，按原价格执行。

（3）履行地点不明确的，给付货币的，在接收货币方所在地履行；交付不动产的，在不动产所在地履行；其他标的在履行义务方所在地履行。

（4）履行期限不明确的，债务人可以随时履行，债权人也可以随时要求履行，但应当给对方必要的准备时间。

（5）履行方式不明确的，按照有利于实现合同目的的方式履行。

（6）履行费用的负担不明确的，由履行义务方承担。

4. 合同履行中的债务履行变更

在合同履行过程中，由于客观情况的变化，有可能会导致合同债务履行的变更。法律规定债权人或者债务人可以变更债务履行，不会影响当事人的合法权益。一般来说，这种债务履行的变更包括债务人向第三人履行债务和第三人向债权人履行债务两种情况。

（1）债务人向第三人履行债务

债务人向第三人履行债务，是指债务人本应向债权人履行义务，但债权人与债务人约定由债务人向第三人履行债务，原债权人的地位不变。这类合同往往被称之为第三人利益订立的合同。债务人虽向第三人履行债务，但第三人仍不是合同的当事人。合同当事人需协商同意由第三人接受履行，向第三人的履行原则上不能增加履行难度和履行费用。当事人约定由债务人向第三人履行债务，债务人未向第三人履行债务或者履行债务不符合约定的，债务人应当向债权人承担违约责任。

（2）第三人向债权人履行债务

第三人向债权人履行债务，是指经当事人约定由第三人代债务人履行债务。当事人约定由第三人向债权人履行债务的，第三人不履行债务或者履行合同不符合约定的，债务人应当向债权人承担违约责任。第三人向债权人履行债务，第三人也不是合同的当事人。但这种代替履行的行为必须征求债权人的同意，并且对债权人没有不利的影响。

5. 合同履行中当事人的抗辩权

抗辩权是指在双务合同中，当事人一方有依法对抗对方权利主张的权利。

（1）同时履行抗辩权

当事人互负债务，没有先后履行顺序的，应当同时履行。同时履行抗辩权包括：一方在对方履行之前有权拒绝其履行要求；一方在对方履行债务不符合约定时有权拒绝其相应的履行要求。

同时履行抗辩权的适用条件为：1）必须是双务合同；2）合同中未约定履行的先后顺序；3）对方当事人没有履行债务或者没有正确履行债务；4）对方的义务是可能履行的义务。

（2）先履行抗辩权

先履行抗辩权也包括两种情况：当事人互负债务，有先后履行顺序的，先履行的一方未履行的，后履行的一方有权拒绝其履行要求；先履行的一方履行债务不符合规定的，后履行的一方有权拒绝其相应的履行要求。

先履行抗辩权的适用条件为：1）必须是双务合同；2）合同中约定了履行的先后顺序；3）应当先履行的合同当事人没有履行债务或者没有正确履行债务；4）对方的义务是可能履行的义务。

（3）不安抗辩权

不安抗辩权，是指在双务合同中，当事人互负债务，合同中约定了履行的顺序，先履行债务的一方应当先履行其债务。但是，合同成立后发生了应当后履行合同的一方财务状况恶化的情况，应当先履行合同的一方在掌握确切证据的前提下可以中止合同的履行。设立不安抗辩权的目的在于，预防合同成立后因情况发生变化而损害合同另一方的利益。

应当先履行合同的一方有确切证据证明对方有下列情形之一的，可以中止履行：

1）经营状况严重恶化；

2）转移财产、抽逃资金，以逃避债务的；

3）丧失商业信誉；

4）有丧失或者可能丧失履行债务能力的其他情形。

当事人中止履行合同的，应当及时通知对方。对方提供适当的担保时应当恢复履行。中止履行后，对方在合理的期限内未恢复履行能力并且未提供适当的担保，中止履行的一方可以解除合同。当事人没有确切证据就中止履行合同的应承担违约责任。

根据《合同法》的规定，合同当事人行使不安抗辩权时应当承担以下两项义务：首先是通知义务，即行使不安抗辩权的当事人应及时将中止履行的事实、理由以及恢复履行的条件及时通知对方；其次是当对方当事人提供担保时，行使不安抗辩权的当事人应当恢复履行合同。

6. 合同的保全

在合同履行过程中，为了防止债务人的财产不适当减少而给债权人带来危害，《合同法》规定允许债权人为保全其债权的实现而采取保全措施。保全措施包括代位权和撤销权。

（1）代位权

代位权是指因债务人怠于行使其到期债权，对债权人造成损害，债权人可以向人民法院请求以自己的名义代位行使债务人的债权。从原则上讲，债权人只能向债务人请求履行，不涉及第三人，但当债务人与第三人的行为危害到债权人的利益时，法律规定债权人可以对债务人与第三人的行为行使一定权利，以排除对债权的危害。例如，甲乙之间订有买卖合同，按合同约定，当甲交付货物之后，乙就应支付货款给甲。同时，乙与丙的借款合同已到还款期，即丙应向乙返还借款和利息。此时如果丙不履行其债务，或乙怠于行使其到期债权，都将会影响到甲乙之间买卖合同的履行，对甲造成损害。在这种情况下，甲可以向人民法院请求以自己的名义代位行使乙的债权。

法律规定代位权的成立应具备以下条件：其一，债权人与债务人之间须有合法的债权债务关系存在；其二，债务人须有权利存在；其三，债务人怠于行使其到期债权；其四，债务人怠于行使其到期债权的行为对债权人造成损害；其五，债权人有保全债权的必要。

代位权的行使主体是债权人。由于代位权是一种法定的权利，即无论当事人是否约定，债权人都享有此项权利，故而，债务人的各个债权人在符合法律规定的条件下均可以行使代位权。债权人在行使代位权时应以自己的名义而不能以债务人的名义。同时，代位权的行使以债权人的债权为限。债权人行使代位权的必要费用由债务人负担。

（2）撤销权

撤销权是指当债务人放弃其到期债权或者无偿转让财产，或者以明显不合理的低价处分其财产，对债权人造成损害的，债权人可以依法请求法院撤销债务人所实施的行为。例如，债务人对债权人的债务已到期，债务人为避免还债，就与第三人协商，以低价将自己的财产转让给第三人，致使债务人的财产不当减少并且危及债权人的利益时，债权人可以请求法院撤销债务人与第三人订立的合同，从而恢复债务人的财产。

债权人行使撤销权必须向法院起诉，由法院依照法定程序作出撤销债务人行为的判决，才能发生撤销的效果。而债务人的行为一旦被撤销，则该行为自始无效。

撤销权的行使范围以债权人的债权为限，债权人行使撤销权的必要费用如诉讼费用等，由债务人负担。

此外《合同法》规定，撤销权行使的时效为从债权人知道或者应当知道撤销事由之日起1年。自债务人的行为发生之日起5年内没有行使撤销权的，该撤销权消灭。

7. 合同的变更

合同的变更是指当事人对已经发生法律效力，但尚未履行或者尚未完全履行的合同，进行修改或者补充所达成的协议。《合同法》规定，当事人协商一致可以变更合同。合同的变更有广义和狭义之分。广义的合同的变更是指合同内容和合同主体发生变化；而狭义的合同的变更仅指合同内容的变更，不包括合同主体的变更。我们通常所说的合同的变更是从狭义角度来讲的。

合同的变更一般不涉及已履行的内容。合同的变更必须由双方当事人协商一致，并在原来合同的基础上达成新的协议。如果当事人对合同的变更约定不明确，视为没有变更。合同的变更一般是指合同关系的局部变更，即对原合同内容作局部修改或者补充，而不是对合同内容的全部变更。合同变更后，当事人不得再按原合同履行，而须按变更后的合同内容来履行。

8. 合同的转让

合同的转让是指合同当事人一方依法将其合同的权利和义务全部或者部分转让给第三人。依照转让的权利和义务的不同，合同的转让可分为合同权利转让和合同义务转让及可将权利和义务一并转让三种情形。

（1）合同权利转让

合同权利转让是指合同债权人通过协议将其债权全部或者部分转让给第三人的行为。合同权利转让从本质上讲是一种交易行为，为了鼓励交易，增加社会财富，无论是单务合同中的权利，还是双务合同中的权利，只要不违反法律和社会公共利益，均应允许转让。但各国法律都从保护社会公共利益，维护正常的交易秩序的角度出发，对合同权利的转让范围作了相应的限制。我国也不例外，《合同法》规定下列情形债权不得转让：

1）根据合同性质不得转让的权利。所谓根据合同性质不得转让的权利是指根据合同权利的性质，只能在特定当事人之间生效，如果转让给第三人，将会使合同的内容发生变更，从而违反当事人订立合同的目的。如根据个人信任关系而发生的委托人对受托人的债权，雇佣人对受雇人的债权等。

2）根据当事人的特别约定而不得转让的合同权利。合同当事人可以在合同中约定禁止任何一方当事人转让合同权利，只要此项约定不违反法律的禁止性规定和社会公共利益，就应具有法律效力。在合同履行过程中任何一方违反此约定都将构成违约。

3）法律规定禁止转让的合同权利。例如《担保法》第 61 条规定，最高额抵押担保的主合同债权不得转让。

债权人转让权利的，应当通知债务人。未经通知的，该转让对债务人不发生效力。且转让权利的通知不得撤销，除经受让人同意。

合同权利依法转让后，就在让与人、受让人和债务人之间发生一定的法律效力。此种效力包括对内效力和对外效力。

合同权利转让的对内效力。合同权利转让的对内效力是指权利转让在让与人（原债权人）和受让人（第三人）之间发生的法律效力。具体体现在以下四个方面：

1）债权人法律地位的改变。债权人将其债权全部转让时，债权即由原债权人（让与人）转移给受让人，让与人从原合同关系中脱离出来，受让人取代原债权人而成为合同关系的新债权人。如果是部分债权转让，则受让人将加入合同关系，与让与人共同享有债权。

2）从权利随主债权的转让而转让。《合同法》规定，债权人转让权利的，受让人取得与债权有关的从权利，但该从权利专属于债权人自身的除外。这里所讲的从权利包括：担保物权、保证债权、定金债权、利息债权、形成权、违约金债权等。

3）让与人应使受让人能够完全行使债权。即让与人应将债权证明文件，如债权证书、票据、来往电报书信等全部交付受让人，并告知受让人行使合同权利所必要的一切情况，如债务人的住所、债务的履行方式、债权的担保方式，等等。

4）债权人不得重复转让债权。债权人将权利转让给受让人后，不得就该项权利再作出转让。

合同权利转让的对外效力。合同权利转让的对外效力是指权利转让对债务人及第三人之间发生的法律效力。具体体现在以下三个方面：

1）债务人不得再向原债权人履行债务。如果债务人仍然向原债权人履行合同，给受让人造成损害，债务人应负损害赔偿的责任，同时因原债权人接受此种履行，已构成不当得利，则受让人和债务人均可请求其返还。

2）债务人应负有向受让人履行的义务。如果债务人向受让人履行以后，即使债权转让合同因各种原因被宣告无效或者被撤销，债务人向受让人作出的履行也仍然有效。

3）债务人在合同权利转让时就已经享有的抗辩权，如同时履行抗辩、时效完成的抗辩、债权已经消灭的抗辩、债权从未发生的抗辩、债权无效的抗辩等，在合同权利转让之后，仍然可以对抗新债权人。

（2）合同义务转让

合同义务转让是指在不改变合同内容的前提下，债权人、债务人通过与第三人订立转让债务的协议，将合同的义务全部或者部分转移给第三人的情况。债务人将合同的义务全部或者部分转移给第三人的必须经债权人的同意，否则，这种转移不发生法律效力。

（3）权利和义务同时转让

权利和义务同时转让包括两种情形：一是基于合同的转让，二是基于企业的合并。

1）基于合同的转让

基于合同的转让是指当事人一方将其在合同中的权利和义务全部转移给第三人，第三人代替其在合同中的地位，享受权利和承担义务。《合同法》规定，当事人一方经对方同意，可以将自己在合同中的权利和义务一并转让给第三人。

2）基于企业的合并

《合同法》规定，当事人订立合同后合并的，由合并后的法人或者其他组织行使合同权利，履行合同义务。当事人订立合同后分立的，除债权人和债务人另有约定外，由分立的法人或者其他组织对合同的权利和义务享有连带债权，承担连带债务。依此项规定，债的当事人一方合并的，该当事人的债权和债务也就一并由合并后的法人或者其他组织承受。

（四）合同权利义务的终止

1. 合同终止的概念

合同终止，是指当事人之间根据合同确定的权利义务在客观上不复存在。合同终止与合同中止不同之处在于，合同中止只是在法定的特殊情况下，当事人暂时停止履行合同，当这种特殊情况消失以后，当事人仍然承担继续履行的义务；而合同终止是合同关系的消灭，不可能恢复。权利义务的终止不影响合同中结算和清理条款的效力。

2. 合同终止的原因

合同终止的原因主要有：

（1）债务已按照约定履行

因履行而终止，即当事人已经按照合同约定全面履行了各自的义务，表明当事人的缔约目的已经得到了实现，因此，这是导致合同权利义务终止的最为正常的原因。

（2）合同解除

合同解除是指对已经发生法律效力，但尚未履行或者尚未完全履行的合同，因当事人一方的意思表示或者双方的协议而使债权债务关系提前归于消灭的行为。合同解除可分为约定解除和法定解除两类。

约定解除是指当事人通过行使约定的解除权或者双方协商决定而进行的合同解除。当事人协商一致可以解除合同，即合同的协商解除。

法定解除是指解除条件直接由法律规定的合同解除。当法律规定的解除条件具备时，当事人可以解除合同。它与合同约定解除权的相同之处在于都是具备一定解除条件时，由一方行使解除权；区别则在于解除条件的来源不同。有下列情形之一的，当事人可以解除合同：

1）因不可抗力致使不能实现合同目的的。

2）在履行期限届满之前，当事人一方明确表示或者以自己的行为表明不履行主要债务。

3）当事人一方延迟履行主要债务，经催告后在合理的期限内仍未履行。

4）当事人一方延迟履行债务或者有其他违法行为，致使不能实现合同目的的。

5）法律规定的其他情形。

（3）债务相互抵销

抵销是指当事人互负债务时，各以其债权充当债务之清偿，而使其债务与对方的债务在对等额内相互消灭。依据抵销产生根据不同，可分为法定抵销和约定抵销两种。

1）法定抵销。

法定抵销是指当事人互负到期债务，并且该债务的标的物种类、品质相同，任何一方当事人作出的使相互间数额相当的债务归于消灭的意思表示。《合同法》第99条规定："当事人互负到期债务，该债务的标的物种类、品质相同的，任何一方可以将自己的债务与对方的债务相抵销，但依照法律规定或者按照合同性质不得抵销的除外。当事人主张抵销的，应当通知对方。通知自到达对方时生效。抵销不得附条件或者附期限。"

2）约定抵销

约定抵销是指当事人互负到期债务，在债的标的物种类、品质不相同的情形下，经双方自愿协商一致而发生的债务抵销。约定抵销的效力与法定抵销基本相同，即两种抵销均可使当事人之间的同等数额内的债务归于消灭。对此，《合同法》第100条规定："当事人互负债务，标的物种类、品质不相同的，经双方协商一致，也可以抵销"。

（4）债务人依法将标的物提存

1）提存的概念

标的物提存是指由于债权人的原因致使债务人无法向其交付标的物，债务人可以将标的物交给有关机关保存，以此消灭合同关系的制度。

2）提存的原因

按《合同法》规定有下列情况，难以履行债务的，债务人可以将标的物提存：债权人无正当理由拒绝领受；债权人下落不明；债权人死亡未确定继承人或者丧失民事行为能力未确定监护人；法律规定的其他情形。

3）提存的主体

提存的主体又称提存的当事人，包括提存人、债权人、提存部门。其中提存人是指为履行清偿债务而向提存部门申请提存的人。提存部门是指国家制定专门进行提存工作的部门。我国目前法定的提存机构为公证机构，提存地无提存部门的，当事人可以向当地基层人民法院提存。

4）提存标的物

提存的标的物，以适于提存者为限。标的物不适于提存，或者提存费用过高的，债务人依法可以拍卖或者变卖标的物，提存所得的价款。一般来说，适于提存的标的物有：货币、有价证券、票据、提单、权利证书及贵重物品等。不适于提存的标的物有：低值、易耗、易损物品；鲜活、易腐物品；需要专门技术养护的物品；超大型机械设备等。不适于提存的标的物，债务人可以委托中介机构拍卖或者变卖，将所得价款提存。

5）提存的效力

自提存之日起，债务人的债务归于消灭。标的物提存后，除债权人下落不明外，债务人应当及时通知债权人或者其继承人、监护人。标的物提存后，毁损、灭失的风险由债权人承担。提存期间标的物的利息归债权人所有，提存费用由债权人承担。对提存部门来讲，应当采取适当的方法妥善保管提存标的物，因提存部门过错造成标的物毁损、灭失的，提存部门负有赔偿责任。债权人可以随时领取提存物，但债权人对债务人负有到期债务的，在债权人未履行债务或者提供担保之前，提存部门根据债务人的要求应当拒绝其领取提存物。债权人领取提存物的权利，自提存之日起5年内不行使即消灭，提存物扣除提存费用后，归国家所有。

（5）债权债务同归一方

债权债务同归一方也称混同，是指债权债务同归一人而导致合同权利义务归于消灭的情况。发生混同的主要原因为企业合并，合并前的两个企业之间有债权债务时，企业合并后，债权债务因同归一个企业而消灭。但是，在合同标的物上设有第三人利益的，如债权上设有抵押权，则不能混同。《合同法》第106条规定："债权和债务同归于一人的，合同的权利义务终止，但涉及第三人利益的除外"。

（6）债权人免除债务

免除是指债权人放弃债权，从而全部或者部分终止合同关系的单方行为。债权人免除债务，应由债权人向债务人作出明确的意思表示。向第三人作出的意思表示不发生免除的法律效力。因为免除会使债务消灭，所以债权的从属权利，如利息债权、担保权等，也同时归于消灭。仅免除部分债务的，债的关系仅部分终止。

（7）合同权利义务终止的其他情形。

如时效（取得时效）期满、合同撤销、作为合同主体的自然人死亡而其债务又无人承担等均会导致合同当事人权利义务终止。

（五）违约责任

1. 违约责任的概念

违约责任，是指当事人任何一方不能履行合同或者履行合同不符合约定而应当承担的法律责任。违约行为的表现形式包括不履行和不适当履行。对于预期违约的，当事人也应当承担违约责任。当事人一方明确表示或者以自己的行为表明不履行合同的义务，对方可以在履行期限届满之前要求其承担违约责任。

2. 承担违约责任的条件和原则

（1）承担违约责任的条件

当事人承担违约责任的条件，是指当事人承担违约责任应当具备的要件。我国《合同法》采用了严格责任条件，只要当事人有违约行为，即当事人不履行合同或者履行合同不符合约定的条件，就应当承担违约责任，不要求以违约人有过错为承担违约责任的前提。但对缔约过失、无效合同和可撤销合同依然适用过错条件。

（2）承担违约责任的原则

我国《合同法》规定的承担违约责任是以补偿性为原则的。补偿性是指违约责任旨在弥补或者补偿因违约行为造成的损失。对于财产损失的赔偿范围，我国《合同法》规定，赔偿损失额应当相当于因违约行为所造成的损失，包括合同履行后可获得的利益。

3. 承担违约责任的方式

（1）继续履行

继续履行是指违反合同的当事人不论是否承担了赔偿金或者违约金责任，都必须根据对方的要求，在自己能够履行的条件下，对合同未履行的部分继续履行。但有下列情形之一的除外：

1）法律上或者事实上不能履行；

2）债务的标的不适于强制履行或者履行费用过高；

3）债权人在合理期限内未要求履行。

（2）采取补救措施

所谓的补救措施主要是指我国《民法通则》和《合同法》中所确定的，在当事人违反合同的事实发生后，为防止损失发生或者扩大，而由违反合同一方依照法律规定或者约定采取的修理、更换、重新制作、退货、减少价格或者报酬等措施，以弥补或者挽回权利人的损失的责任形式。采取补救措施的责任形式，主要发生在质量不符合约定的情况下。

（3）赔偿损失

当事人一方不履行合同义务或者履行合同义务不符合约定，给对方造成损失的，应当赔偿对方的损失。损失赔偿额应当相当于因违约所造成的损失，包括合同履行后可以获得的利益，但不得超过违反合同一方订立合同时预见或者应当预见的因违反合同可能造成的损失。

当事人一方违约后，另一方当事人应当及时采取措施，防止损失的扩大，否则无权就扩大的损失要求赔偿。《合同法》对此明确规定："当事人一方违约后，对方应当采取适当措施防止损失的扩大；没有采取适当措施致使损失扩大的，不得就扩大的损失要求赔偿。""当事人因防止损失扩大而支出的合理费用，由违约方承担。"

（4）支付违约金

当事人可以约定一方违约时应当根据违约情况向对方支付一定数额的违约金，也可以约定因违约产生的损失额的赔偿办法。约定违约金低于造成损失的，当事人可以请求人民法院或者仲裁机构予以增加；约定违约金过分高于造成损失的，当事人可以请求人民法院或者仲裁机构予以适当减少。

（5）定金罚则

当事人可以约定一方向对方给付定金作为债权的担保。债务人履行债务后定金应当抵作价款或收回。给付定金的一方不履行约定债务的，无权要求返还定金；收受定金的一方不履行约定债务的，应当双倍返还定金。

当事人既约定违约金，又约定定金的，一方违约时，对方可以选择适用违约金或者定金条款。但是，这两种违约责任不能合并使用。

4. 违约责任的免除

合同生效后，当事人不履行合同或者履行合同不符合约定的，都应承担违约责任。但是，根据《合同法》的规定，当发生不可抗力时，可以部分或者全部免除当事人的违约责任。

（1）不可抗力的概念

《合同法》规定："不可抗力，是指不能预见、不能避免并不能克服的客观情况。"根据这一规定，不可抗力的构成条件是：

1）不可预见性，即法律要求不可抗力必须是有关当事人在订立合同时，对该事件是否发生不能预见到；

2）不可避免性，即合同生效后，尽管当事人对可能出现的意外情况采取了合理措施，但是客观上并不能阻止这一意外情况的发生；

3）不可克服性，即合同的当事人对于意外情况发生导致合同不能履行这一后果不能克服，如果通过当事人的努力能够将不利影响克服，则这一意外情况就不能构成不可抗力；

4）履行期间性。不可抗力作为免责理由时，其发生必须是在合同订立后，履行期限届满前。当事人迟延履行后发生不可抗力的，不能免除责任。

（2）不可抗力的法律后果

1）合同全部不能履行，当事人可以解除合同，并免除全部责任；

2）合同部分不能履行，当事人可部分履行合同，并免除其不履行部分的责任；

3）合同不能按期履行，当事人可延期履行合同，并免除其迟延履行的责任。

（3）遭遇不可抗力一方当事人的义务

根据《合同法》的规定，一方当事人因不可抗力不能履行合同义务时，应承担如下义务：

1）应当及时采取一切可能采取的有效措施避免或者减少损失；

2）应当及时通知对方；

3）当事人应当在合理期限内提供证明。

（六）工程担保制度

1. 工程担保概述

（1）工程建设担保的概念

工程建设领域是一个风险很大的行业，工程建设合同当事人一方为避免因对方违约或者其他违背诚实信用原则的行为而遭受损失，往往要求另一方当事人提供可靠的担保，以维护工程建设合同双方当事人的利益。这种担保即为工程建设担保（以下简称为工程担保），因此而签订的担保合同，即为工程担保合同。

（2）工程担保的种类

工程担保的种类有很多，承包商在投标和履行合同的过程中一般要提交三种工程担保：投标保证担保、履约担保、预付款担保。

1）投标保证担保。它主要用于筛选投标人。投标保证担保要确保合格者投标以及中标者将签约和提供业主所要求的履约担保、预付款担保。

2）履约担保。该项担保的目的在于保护业主的合法权益，促使承包商履行合同的约定，完成工程项目建设。一旦承包商违约，履约担保人要代为履约或者赔偿。

3）预付款担保。该种担保的目的在于保证承包商能够按合同规定进行施工，偿还业主已支付的全部预付金额。

除上述三种担保外，还有一种质量责任担保，该项担保是为了保证承包商在工程竣工后的一定时期内（缺陷责任期），负责工程质量的保修和维护。这种担保一般可包括在履约担保中。

除上述几种由承包商提供的担保以外，我国还规定了业主工程款支付担保。《房屋建筑和市政基础设施工程施工招标投标管理办法》（建设部令第89号）第48条规定："招标文件要求中标人提交履约担保的，中标人应当提交。招标人应当同时向中标人提供工程款支付担保。"工程款支付担保的作用在于，通过对业主资信状况进行严格审查并落实各项反担保措施，确保工程费用及时支付到位；一旦业主违约，付款担保人将代为履约。上述对工程款支付担保的规定，对解决我国建筑市场上工程款拖欠现象具有重要的意义。

此外，在国际工程承包中，还有诸如临时进口设备税收担保、免税工程进口物资税收担保等工程担保形式，这里不再一一介绍。

（3）工程担保与工程保险的区别和联系

工程担保人，可以为银行、保险公司或者专业的工程担保公司。这与《中华人民共和国保险法》（以下简称《保险法》）规定的工程保险人只能为保险公司有着根本的不同。除此之外，两者的区别还表现在以下几方面：

1）风险对象不同

工程担保面对的是"人祸"，即人为的违约责任；工程保险面对的多是"天灾"，即意外事件、自然灾害等。

2）风险方式不同

工程保险合同是在投保人和保险人之间签订的，风险转移给了保险人。工程担保当事人有三方：委托人、权利人和担保人。权利人是享受合同保障的人，是受益方。当委托人违约使权利人遭受经济损失时，权利人有权从工程担保人处获得补偿。这就与工程保险区别开来，保险是谁投保谁受益，而保证担保的投保人并不受益，受益的是第三方。最重要的在于，委托人并未将风险最终转移给工程担保人；而是以代理加反担保的方式将风险抵押给工程担保人。这也就是说，最终风险承担者仍是委托人自己。

3）风险责任不同

依据《担保法》的规定，委托人对担保人为其向权利人支付的任何赔偿，有返还给担保人的义务；而依据《保险法》的规定，保险人赔付后是不能向投保人追偿的。

4）风险选择不同

同样作为投保人，工程保险选择相对较小，只要投保人愿意，一般都可以被保险。工程担保则不同，它必须通过资信审查评估等手段选择有资格的委托人。因此，在发达国家，能够轻松地拿到保函，是有信誉、有实力的象征。也正因为这样，通过保证担保可以建立一种严格的建设市场准入制度。

必须指出的是，尽管工程担保和工程保险有着根本区别，但在工程实践中，却是常常在一起为工程建设发挥着保驾护航的重要作用。工程担保和工程保险是国际市场惯用的制度，我国工程担保和工程保险制度还处于探索时期。1998年住房和城乡建设部将建立这个制度作为体制改革的重要内容，同年7月，我国首家专业化工程保证担保公司——长安保证担保公司挂牌成立。目前，该公司已与中国人民保险公司、国家开发银行、中国民生银行、华夏银行等多家单位展开合作，并已为国家大剧院、广州白云国际机场、中关村科技园区开发建设以及港口、国家粮库等一批重点工程提供了投标、履约、预付款和业主支付等保证担保产品。

（4）工程担保的作用

工程担保的作用，集中体现在规范建设市场行为、提高从业者素质上。目前，在我国建设市场中，市场主体履约意识薄弱，信誉观念淡薄，行为不规范，工程转包、挂靠、垫资施工、拖欠工程款、偷工减料、掺杂使假、以次充好的现象屡见不鲜，工程质量、安全事故时有发生，严重制约了建筑业的健康发展，单纯依靠行政手段已不能解决问题。而工程担保这种全新的经济手段，能让实力强、信誉好的担保人愿意为其担保或者承保的建筑企业扩大市场份额，而令那些实力弱、信誉差、工程担保人不愿意替其担保的建筑企业缩减市场份额，进而将其逐出建设市场。显然，工程担保较一般的行政手段优势明显，这种经济调整手段的作用在于通过一定的途径建立一种"守信者得到酬偿，失信者受到惩罚"的机制。

工程建设管理的最终目标是保证工程质量和施工安全，保证工程建设的顺利完成。由于工程担保引入了第三方保证，因此可为上述目标的实现提供更加有力的保障，进而提高整个建筑业的水平。

2. 保证

（1）保证的概念

保证是指保证人和债权人约定，当债务人不履行债务时，保证人按照约定履行债务或者承担责任的行为。保证具有以下法律特征：

1）保证属于人的担保范畴，它不是用特定的财产提供担保，而是以保证人的信用和不特定的财产为他人债务提供担保；

2）保证人必须是主合同以外的第三人，保证必须是债权人和债务人以外的第三人为他人债务所作的担保，债务人不得为自己的债务作保证；

3）保证人应当具有代为清偿债务的能力，保证是保证人以其信用和不特定的财产来担保债务履行的，因此，设定保证关系时，保证人必须具有足以承担保证责任的财产；

4）保证人和债权人可以在保证合同中约定保证方式，享有法律规定的权利，承担法律规定的义务。

（2）保证人

保证人必须是具有代为清偿债务能力的人，既可以是法人，也可以是其他组织或者公民。下列人员不可以作保证人：

1）国家机关不得作保证人，但经国务院批准为使用外国政府或者国际经济组织贷款而进行的转贷除外；

2）学校、幼儿园、医院等以公益为目的的事业单位、社会团体不得作保证人；

3）企业法人的分支机构、职能部门不得作保证人，但有法人书面授权的，可在授权范围内提供保证。

（3）保证合同

保证人与债权人应当以书面形式订立保证合同。保证合同应包括以下内容：

1）被保证的主债权种类、数量；

2）债务人履行债务的期限；

3）保证的方式；

4）保证担保的范围；

5）保证的期间；

6）双方认为需要约定的其他事项。

（4）保证方式

保证的方式有两种：一是一般保证，二是连带保证。保证方式没有约定或者约定不明确的，按连带保证承担保证责任。

1）一般保证。一般保证是指当事人在保证合同中约定，当债务人不履行债务时，由保证人承担保证责任的保证方式。一般保证的保证人在主合同纠纷未经审判或者仲裁，并就债务人财产依法强制执行仍不能履行债务前，对债务人可以拒绝承担保证责任。

2）连带保证。连带保证是指当事人在保证合同中约定保证人与债务人对债务承担连带责任的保证方式。连带保证的债务人在主合同规定的债务履行期届满没有履行债务的，债权人可以要求债务人履行债务，也可以要求保证人在其保证范围内承担保证责任。

（5）保证范围及保证期间

1）保证范围。保证范围包括主债权及利息、违约金、损害赔偿金和实现债权的费用。保证合同另有约定的，按照约定。当事人对保证范围无约定或者约定不明确的，保证人应对全部债务承担责任。

2）保证期间。一般保证的担保人与债权人未约定保证期间的，保证期间为主债务履行期间届满之日起六个月。债权人未在合同约定和法律规定的保证期间内主张权利（仲裁或者诉讼）的，保证人免除保证责任；如债权人已主张权利的，保证期间适用于诉讼时效中断的规定。连带保证的担保人与债权人未约定保证期间的，债权人有权自主债务履行期间届满之日起六个月内要求保证人承担保证责任。在合同约定或者法律规定的保证期间内，债权人未要求保证人承担保证责任的，保证人免除保证责任。

3. 抵押

（1）抵押的概念

抵押是指债务人或者第三人不转移对抵押财产的占有，将该财产作为债权的担保。当债务人不履行债务时，债权人有权依法以该财产折价或者以拍卖、变卖该财产的价款优先受偿。

抵押具有以下法律特征：

1）抵押权是一种他物权，抵押权是对他人所有物具有取得利益的权利，当债务人不履行债务时，债权人（抵押权人）有权依照法律以抵押物折价或者从变卖抵押物的价款中得到清偿；

2）抵押权是一种从物权，抵押权将随着债权的发生而发生，随着债权的消灭而消灭；

3）抵押权是一种对抵押物的优先受偿权，在以抵押物的折价受偿债务时，抵押权人的受偿权优先于其他债权人；

4）抵押权具有追及力，当抵押人将抵押物擅自转让给他人时，抵押权人可追及抵押物而行使权利。

（2）可以抵押的财产

根据《担保法》第34条的规定，下列财产可以抵押：

1）抵押人所有的房屋和其他地上定着物；

2）抵押人所有的机器、交通运输工具和其他财产；

3）抵押人依法有权处分的国有土地使用权、房屋和其他地上定着物；

4）抵押人依法有权处分的机器、交通运输工具和其他财产；

5）抵押人依法承包并经发包方同意抵押的荒山、荒沟、荒丘、荒滩等荒地土地所有权；

6）依法可以抵押的其他财产。

（3）禁止抵押的财产

《担保法》第 37 条规定，下列财产不得抵押：

1）土地所有权；

2）耕地、宅基地、自留地、自留山等集体所有的土地使用权；但第 34 条第 5 款的乡村企业厂房等建筑物抵押的除外；

3）学校、幼儿园、医院等以公益为目的的事业单位、社会团体的教育设施、医疗设施和其他社会公益设施；

4）所有权、使用权不明确或者有争议的财产；

5）依法被查封、扣押、监管的财产；

6）依法不得抵押的其他财产。

以抵押作为履行合同的担保，还应依据有关法律法规签订抵押合同并办理抵押登记。

（4）抵押合同

采用抵押方式担保时，抵押人和抵押权人应以书面形式订立抵押合同，法律规定应当办理抵押物登记的，抵押合同自登记之日起生效。抵押合同应包括如下内容：

1）被担保的主债权种类、数额；

2）债务人履行债务的期限；

3）抵押物的名称、数量、质量、状况、所在地、所有权权属或者使用权权属；

4）抵押担保的范围；

5）当事人认为需要约定的其他事项。

4. 质押

（1）质押的概念

质押是指债务人或者第三人将其动产或者权利移交给债权人占有，用以担保债权的履行，当债务人不能履行债务时，债权人依法有权就该动产或者权利优先得到清偿的担保。质押包括动产质押和权利质押两种。

（2）动产质押

动产质押是指债务人或者第三人将其动产移交给债权人占有，将该动产作为债权的担保。债务人不履行债务时，债权人有权依照法律规定以该动产折价或者以拍卖、变卖该动产的价款优先受偿。出质人和质权人应以书面形式订立质押合同。质押合同自质押物移交给质权人占有时生效。质押合同应当包括以下内容：

1）被担保的主债权种类、数额；

2）债务人履行债务的期限；

3）质押的名称、数量、质量、状况；

4）质押担保的范围；

5）质押物移交的时间；

6）当事人认为需要约定的其他事项。

（3）权利质押

权利质押是指出质人将其法定的可以质押的权利凭证交付质权人，以担保质权人的债权得以实现的法律行为。

1）以汇票、支票、本票、债券、存款单、仓单、提单出质的，应当在合同约定的期限内将权利凭证交付质权人。质押合同自权利凭证交付之日起生效。

2）以依法可以转让的股票出质的，出质人与质权人应订立书面合同，并向证券登记机构办理出质登记。质押合同自登记之日起生效。

3）以依法可以转让的商标专用权、专利权、著作权中的财产权出质的，出质人与质权人应当订立书面合同，并向其管理部门办理出质登记。质押合同自登记之日起生效。

5. 留置

（1）留置的概念

留置是指债权人按照合同约定占有债务人的动产，债务人不按照合同约定的期限履行债务的，债权人有权依法留置该财产，以该财产折价或者以拍卖、变卖该财产的价格优先受偿。留置具有如下法律特征：

1）留置权是一种从权利；

2）留置权属于他物权；

3）留置权是一种法定担保方式，它依据法律规定而发生，而非以当事人之间的协议而成立。《担保法》第84条规定："因保管合同、运输合同、加工承揽合同发生的债权，债务人不履行债务的，债权人有留置权。"

（2）留置担保范围

留置担保范围包括主债权及利息、违约金、损害赔偿金、留置物保管费用和实现留置权的费用。

（3）留置的期限

留置的期限是指债权人与债务人应在合同中约定债权人留置财产后，债务人应在不少于两个月的期限内履行债务。债权人与债务人在合同中未约定的，债权人留置债务人财产后，应确定两个月以上的期限，通知债务人在该期限内履行债务。债务人逾期仍不履行的，债权人可与债务人协议以留置物折价，也可以依法拍卖、变卖留置物。留置物折价或者拍卖、变卖后，其价款超过债权数额的部分归债务人所有，不足部分由债务人清偿。

6. 定金

（1）定金的概念

定金是指合同当事人一方为了证明合同成立及担保合同的履行，在合同中约定应给付对方一定数额的货币。合同履行后，定金或收回或抵作价款。给付定金的一方不履行合同的，无权要求返还定金；收受定金的一方不履行合同的，应双倍返还定金。

（2）定金合同

定金应以书面形式约定。当事人在定金合同中应该约定交付定金的期限及数额。定金合同从实际交付定金之日起生效；定金数额最高不得超过主合同标的的20%。

六、建设工程安全生产管理法律制度

（一）建设工程安全生产管理概述

1. 建设工程安全生产管理的概念

（1）安全管理的概念

安全管理是指管理者运用行政、经济、法律、法规、技术等各种手段，发挥决策、教育、组织、监察、指挥等各种职能，对人、物、环境等各种被管理对象施加影响和控制，排除不安全因素，以达到安全目的的活动。安全管理的中心问题是保护生产活动中劳动者的安全与健康，保证生产顺利进行。

（2）建设工程安全生产管理的概念

建设工程安全生产管理是指建设行政主管部门、建筑安全监督管理机构、建筑施工企业及有关单位对建筑生产过程中的安全工作，进行计划、组织、指挥、控制、监督等一系列的管理活动。其目的在于保证建筑工程安全和建筑职工的人身安全。

建设工程安全生产管理包括纵向、横向和施工现场三个方面的管理。纵向方面的管理主要是指建设行政主管部门及其授权的建筑安全监督管理机构对建筑安全生产的行业进行监督管理。横向方面的管理主要是指建筑生产有关各方如建设单位、设计单位、监理单位和建筑施工企业等的安全责任和义务。施工现场管理主要是指控制人的不安全行为和物的不安全状态，是建筑安全生产管理的关键和集中体现。

建筑生产的特点是产品固定、人员流动，而且多为露天高空作业，不安全因素较多，有些工作危险性较大，是事故多发性行业。近年来每年的施工死亡率为万分之三左右，死亡人数仅次于矿山，居全国各行业的第二位。特别是一次死亡三人以上的重大事故经常发生，给人民的生命财产造成了巨大损失，也影响了社会的安定。因此，加强建设工程安全生产管理，预防和减少建筑业事故的发生，保障建筑职工及他人的人身安全和财产安全非常重要。无论是在经济方面还是在政治方面，加强建设工程安全生产管理都具有重大意义。

从事建设活动的主体所进行的安全生产管理包括建设单位对安全生产的管理，设计单位对安全生产的管理，施工单位对安全生产的管理等。

2. 建设工程安全生产管理的方针

《中华人民共和国安全生产法》（以下简称《安全生产法》）、《建筑法》、《建设工程安全生产管理条例》均规定了安全生产管理坚持"安全第一、预防为主综合治理"的方针。

所谓坚持"安全第一、预防为主综合治理"的方针，是指将建设工程安全生产管理放到第一位，采取有效措施控制不安全因素的发展与扩大，把可能发生的事故，消灭在萌芽状态。安全第一是从保护和发展生产力的角度，表明在生产范围内安全与生产的关系，肯定安全在建筑生产活动中的首要位置和重要性。预防为主是指在建筑生产活动中，针对建筑生产的特点，对生产要素采取管理措施，有效地控制不安全因素的发展与扩大，把可能发生的事故消灭在萌芽状态，以保证生产活动中人的安全与健康。"安全第一、预防为主"的方针，体现了国家对在建筑工程安全生产过程中"以人为本"，保护劳动者权利、保护社会生产力、保护建筑生产的高度重视。

3. 建设工程安全生产管理的基本制度

（1）安全生产责任制度

《建筑法》第 36 条规定，要"建立健全安全生产的责任制度和群防群治制度"。

安全生产责任制度是建筑生产中最基本的安全管理制度，是所有安全规章制度的核心。安全生产责任制度既包括行业主管部门建立健全建筑安全生产的监督管理体系、制定建筑安全生产监督管理工作制度、组织落实各级领导分工负责的生产责任制；又包括参与建筑活动的建设单位、设计单位特别是建筑施工企业的安全生产责任制，还包括施工现场的安全责任制。

这一制度是"安全第一、预防为主"方针的具体体现，是建设工程安全生产的基本制度。在建筑活动中，只有明确安全责任，分工负责，才能形成完整有效的安全管理体系，激发每个人的安全责任感，严格执行建筑工程安全的法律法规和安全规程、技术规范，防患于未然，减少和杜绝建设工程事故，为建设工程的生产创造一个良好的环境。安全责任制的主要内容包括：一是从事建筑活动主体的负责人的责任制。例如，建筑施工企业的法定代表人要对本企业的安全负主要的安全责任。二是从事建筑活动主体的职能机构或者职能处室负责人及其工作人员的安全生产责任制。三是岗位人员的安全生产责任制。岗位人员必须对安全负责。从事特种作业的安全人员必须进行培训，经过考试合格后方能上岗作业。

（2）群防群治制度

群防群治制度是在建筑安全生产中，充分发挥广大职工的积极性，加强群众性监督检查工作，以预防和治理建筑生产中的伤亡事故。群防群治制度是职工群众进行预防和治理安全的一种制度。这一制度也是"安全第一、预防为主"方针的具体体现，同时也是群众路线在安全工作中的具体体现，是企业进行民主管理的重要内容。这一制度要求做到以下几点：

1）企业制定的有关安全生产的重要制度和有关重要技术的组织措施计划，应提交职工代表大会讨论，在充分听取职工代表大会意见的基础上作出决策，发挥职工群众在安全生产管理方面的民主管理作用。

2）要把专业管理和群众管理结合起来，充分发挥职工安全员网络的作用。

3）发挥工会在安全生产管理中的作用，利用工会发动群众、教育群众、动员群众的力量预防安全事故的发生。

4）发动群众，开展技术革新、技术改造活动，采用有利于保证生产安全的新技术、新工艺，积极改善劳动条件，努力使不安全的、有害健康的作业变为无害作业。

5）建筑企业职工在施工中应当遵守有关生产的法律法规和建筑行业安全规章、规程，不得违章作业；对于危及生命安全和身体健康的行为有权提出批评、检举和控告。

（3）安全生产教育培训制度

《建筑法》第 46 条规定："建筑施工企业应当建立健全安全生产教育培训制度，加强对职工安全生产的教育培训；未经安全生产教育培训的人员，不得上岗作业。"

安全生产教育培训制度是对广大建筑干部职工进行安全教育培训，提高安全意识，增加安全知识和技能的制度，是安全生产管理的一项重要内容，是保证安全生产的重要手段。安全生产，人人有责。只有通过对广大职工进行安全教育培训，才能使广大职工真正认识到安全生产的重要性、必要性，才能使广大职工掌握更多更有效的有关安全生产的科学技术知识，牢固树立安全第一的思想，自觉遵守各项安全生产规章制度。

通过安全生产教育培训，不仅能提高各级领导和广大职工对"安全第一、预防为主"方针的认识，提高安全责任感，提高自觉遵守各项安全生产和规章制度的自觉性，而且能使建筑企业的各级管理人员和工人掌握安全生产的科学知识、操作技能，从而为确保安全生产创造条件。安全生产教育培训的主要内容包括安全生产法律、法规知识和安全科学技术知识。

1）安全生产法律、法规知识的教育培训

建筑企业要通过对职工进行有关安全生产方面的法律、法规和政策的教育，使职工能够正确理解和掌握有关安全生产方面的法律、法规和政策，并在建筑生产活动中严格遵守执行。在这方面，尤其要加强对企业的各级领导和安全管理人员的教育，使他们增强安全生产的法律意识，熟悉有关安全生产方面的法律、法规和本行业的安全规章、规程，以便自觉依法做好安全生产管理工作。

2）安全科学技术知识的教育培训

近几年来，我国建筑业发展较快，从事建筑施工的人员增加较多，其中不少来自农村。他们文化素质偏低，缺乏有关保证建设工程施工安全的专门知识。建筑施工企业中有相当一批职工没有经过建筑安全科学技术知识的教育培训，不熟悉安全操作规程，不知道防止建设工程安全事故，这也是造成建设工程安全事故时常发生的原因之一。因此，必须加强对建筑企业职工的安全科学技术知识的教育培训。重点应做好以下几点：新职工上岗前的教育培训。培训内容主要包括安全技术知识、设备性能、操作规程、安全制度和严禁事项。经教育培训并考试合格后，方可进入操作岗位。对特殊工种，应针对其工作特点进行专门的安全教育培训。如对电工、焊工、架子工、司炉工、爆破工、起重工、打桩工和各种机动车辆的司机等，除进行一般的安全教育外，还要经过本工种的安全技术教育，经考试合格后，方准许独立操作。当采用新技术、新工艺、新设备或者调换工作岗位时，要对操作人员进行新技术操作和新岗位的安全教育培训，未经教育培训者不得上岗操作。

（4）安全生产检查制度

安全生产检查制度是上级管理部门或者企业自身对安全生产状况进行定期或者不定期检查的制度。通过检查可以发现问题，查出隐患，从而采取有效措施，堵塞漏洞，把事故消灭在发生之前，做到防患于未然，是"预防为主"的具体体现。通过检查，还可总结出好的经验加以推广，为进一步搞好安全工作打下基础。安全检查制度是安全生产的保障。

（5）伤亡事故处理报告制度

施工中发生伤亡事故时，建筑施工企业应当采取紧急措施减少人员伤亡和事故损失，并按照国家有关规定及时向有关部门报告。事故处理必须遵循一定的程序，做到四不放过（事故原因不清不放过、事故责任者和群众没有受到教育不放过、没有防范措施不放过、没有追究责任不放过）。通过对事故的严格处理，可以总结出教训，为制定规程、规章提供第一手素材，做到亡羊补牢。《建筑法》规定：建设单位、设计单位、施工单位、监理单位，由于没有履行职责造成人员伤亡和事故损失的，视情节给予相应处理；情节严重的，责令停业整顿，降低资质等级或者吊销资质证书；构成犯罪的，依法追究刑事责任。

（6）安全生产行政监督制度

建设工程安全生产的行政监督管理，是指各级人民政府建设行政主管部门及其授权的建设工程安全生产监督机构，对建设工程安全生产所实施的行政监督管理。

我国现行对建设工程（含土木工程、建筑工程、线路管道和设备安装工程）安全生产的行政监督管理是分级进行的，建设行政主管部门因级别不同具有的管理职责也不完全相同。国务院建设行政主管部门负责建设工程安全生产的统一监督管理，并依法接受国家安全生产综合管理部门的指导和监督。国务院铁道、交通、水利等有关部门按照国务院规定职责分工，负责有关专业建设工程安全生产的监督管理。

县级以上地方人民政府建设行政主管部门负责本行政区域内的建设工程安全生产管理。县级以上地方人民政府交通、水利等有关部门在各自的职责范围内，负责本行政区域内的专业建设工程安全生产的监督管理。县级以上地方人民政府建设行政主管部门和地方人民政府交通、水利等有关部门应当设立建设工程安全监督机构负责建设工程安全生产的日常监督管理工作。

（二）建设工程安全的责任体系

建筑生产涉及方方面面，参与建筑生产活动的有建设单位、工程设计单位、建筑施工企业等。为了保障建筑生产的安全，参与建筑生产活动的各方均应承担相应的安全生产责任和义务。

1. 建设行政主管部门的建筑安全生产职责

（1）国务院建设行政主管部门的职责

1）贯彻执行国家有关安全生产的法规和方针、政策，起草和制定建筑安全生产的法规、标准；

2）统一监督管理全国工程建设方面的安全生产工作，完善建筑安全生产的组织保障体系；

3）制定建筑安全生产管理的中、长期规划和近期目标，组织建筑安全生产技术的开发和推广应用；

4）指导和监督检查省、自治区、直辖市人民政府建设行政主管部门开展建筑安全生产的行业监督管理工作；

5）统计全国建筑职工因工伤亡人数，掌握并发布全国建筑安全生产动态；

6）负责对申报资质等级一级企业和国家一、二级企业以及国家和部级先进建筑企业进行安全资格审查或者审批，行使安全生产否决权；

7）组织全国建筑安全生产检查，总结交流建筑安全生产管理经验，表彰先进；检查和督促工程建设重大事故的调查处理，组织参与工程建设特别重大事故的调查。

（2）县级以上地方人民政府建设行政主管部门的职责

1）贯彻执行国家和地方有关安全生产的法规和方针、政策，起草和制定本行政区域建筑安全生产管理的实施细则或者实施办法；

2）制定本行政区域建筑安全生产管理的中、长期规划和近期目标，组织建筑安全生产技术的开发和推广应用；

3）建立建筑安全生产的监督管理体系，制定本行政区域建筑安全生产监督管理工作制度；

4）组织落实各级领导分工负责的建筑安全生产责任制；

5）负责本行政区域建筑职工因工伤亡人数的统计和上报安全生产动态；

6）负责对申报晋升企业资质等级、企业升级和报评先进企业的安全资格进行审查或者审批，行使安全生产否决权；

7）组织或者参与本行政区域工程建设中人身伤亡事故的调查处理工作，并依据规定上报重大伤亡事故；

8）组织开展本行政区域建筑安全生产检查，总结交流建筑安全生产管理经验，表彰先进；

9）监督检查施工现场、构配件生产车间等安全管理和防护措施，纠正违章指挥和违章作业；

10）组织开展对本行政区域建筑企业的生产管理人员、作业人员的安全生产教育、培训、考核及发证工作，监督检查建筑企业对安全技术措施费的提取和使用，领导和管理建筑安全生产监督机构的工作。

（3）建筑安全生产监督机构的职责

建筑安全生产监督机构根据同级人民政府建设行政主管部门的授权，依据有关的法规、标准，对本行政区域内建筑安全生产实施监督管理。其职责如下：

1）贯彻执行党和国家的安全生产方针、政策和决议；

2）监察各工地对国家、建设部、省、市政府公布的安全法规、标准、规章制度、办法和安全技术措施的执行情况；

3）总结、推广建筑施工安全科学管理、先进安全装置、措施等经验，并及时给予奖励；

4）制止违章指挥和违章作业行为，对情节严重者按处罚条例给以经济处罚，对隐患严重的现场或者机械、电气设备等，及时签发停工指令，并提出改进措施；

5）参加建筑行业重大伤亡事故的调查处理，对造成死亡1人，重伤3人，直接经济损失5万元以上的重大事故主要负责者，有权向检察院、法院提出控诉，追究刑事责任；

6）对建筑施工队伍负责人、安全检查员、特种作业人员，进行安全教育培训、考核发证工作；

7）参加建筑施工企业新建、扩建、改建和挖潜、革新、改造工程项目设计和竣工验收工作，负责安全卫生设施"三同时"（安全卫生设施同时设计、同时验收、同时使用）的审查工作；

8）及时召开安全施工或者重大伤亡事故现场会议。

2. 施工单位的安全责任

建筑施工企业是建筑活动的主体，是企业生产经营的主体，根据"管生产必须管安全"的原则，建筑施工企业对建筑安全生产负有重大的责任和义务。《建设工程安全生产管理条例》第20条规定，施工单位从事建设工程的新建、扩建和拆除等活动，应当具备国家规定的注册资本、专业技术人员、技术装备和安全生产等条件，依法取得相应等级的资质证书，并在其资质等级许可的范围内承揽工程。

建筑施工企业的安全责任与义务主要有：

（1）加强对建筑安全生产的管理，严格执行安全生产责任制度

建筑施工企业必须依法加强对建筑安全生产的管理。建筑施工企业应该做到下述几个方面：

1）必须建立健全安全生产责任制

《建设工程安全生产管理条例》规定，施工单位主要负责人依法对本单位的安全生产工作全面负责。施工单位应当建立健全安全生产责任制度和安全生产教育培训制度，制定安全生产规章制度和操作规程，保证本单位安全生产条件所需资金的投入，对所承担建设工程进行定期和专项安全检查，并做好安全检查记录。

施工单位的项目负责人应当由取得相应执业资格的人员担任，对建设工程项目的安全施工负责，落实安全生产责任制度、安全生产规章制度和操作规程，确保安全生产费用的有效使用，并根据工程的特点组织制定安全施工措施，消除安全事故隐患，及时、如实报告生产安全事故。

2）施工单位应当设立安全生产管理机构，配备专职安全生产管理人员。专职安全生产管理人员负责对安全生产进行现场监督检查。发现安全事故隐患，应当及时向项目负责人和安全生产管理机构报告；对违章指挥、违章操作的，应当立即制止。

3）对列入建设工程概算的安全作业环境及安全施工措施所需费用，应当用于施工安全防护用具及设施的采购和更新、安全施工措施的落实、安全生产条件的改善，不得挪作他用。

4）在编制生产、技术、财务计划时，必须编制安全技术措施计划。安全技术措施所需要的设备、材料，应列入物资供应计划，对于每项具体措施，都应确定实现的期限和负责人。

5）必须对企业职工进行安全教育，保证安全教育工作的真正落实。

6）必须对企业的安全生产工作进行定期检查，做到普遍检查与专业检查相结合，危及安全生产的问题必须及时解决。

7）岗位人员必须遵守相应的岗位安全生产责任制度，不得进行违章作业，对违章作业人员予以制止，积极参加保证安全生产的各种活动，主动提出改进安全工作的意见，爱护和正确使用机械设备、工具及其个人防护用品。

8）对发生的建设工程伤亡事故和其他安全生产事故及时调查、及时处理并找出事故原因，查明责任，确定改进措施。

9）企业负责人在管理生产的同时必须管理安全工作，认真贯彻执行有关劳动安全的法律法规，在计划、布置、检查、总结和评比生产工作的同时，也要对安全工作进行计划、布置、检查、总结和评比。

10）施工单位应当为施工现场从事危险作业的人员办理意外伤害保险。意外伤害保险费由施工单位支付。实行施工总承包的，由总承包单位支付意外伤害保险费。意外伤害保险期限自建设工程开工之日起至竣工验收合格止。

（2）建筑施工企业必须采取有效措施，防止伤亡或者其他安全生产事故的发生

建筑施工事故防范措施是指建筑施工企业根据本企业和建筑施工的实际情况对可能发生的事故的类别、性质特点和范围制定的防范措施。这些措施主要包括：

1）改进生产工艺；

2）设置安全装置，包括防护装置、保险装置；

3）预防性的机械强度试验和电气绝缘检验；

4）机械设备的维修保养和有计划的检修；

5）文明施工，合理使用劳动保护用品；

6）强化民主管理，认真执行操作规程，普及安全技术知识教育。

（3）建立健全劳动安全生产教育培训制度

安全生产教育培训工作是实现安全生产的一项重要基础工作。只有通过对广大建筑职工进行安全教育培训才能提高职工搞好安全生产的自觉性、积极性和创造性，增强安全意识，掌握安全知识，使安全规章制度得到贯彻执行。近年来，建筑队伍急剧扩大，同时，大量的农村建筑队涌入城镇。由于新职工和农民工素质不高、安全意识淡薄、自我防护能力差，加强安全生产的教育和培训更加必要。

《建设工程安全生产管理条例》第25条规定："垂直运输机械作业人员、安装拆卸工、爆破作业人员、起重信号工、登高架设作业人员等特种作业人员，必须按照国家有关规定经过专门的安全作业培训，并取得特种作业操作资格证书后，方可上岗作业。"《建设工程安全生产管理条例》第36条规定："施工单位的主要负责人、项目负责人、专职安全生产管理人员应当经建设行政主管部门或者其他有关部门考核合格后方可任职。施工单位应当对管理人员和作业人员每年至少进行一次安全生产教育培训，其教育培训情况记入个人工作档案。安全生产教育培训考核不合格的人员，不得上岗。"《建设工程安全生产管理条例》第37条规定："作业人员进入新的岗位或者新的施工现场前，应当接受安全生产教育培训。未经教育培训或者教育培训考核不合格的人员，不得上岗作业。施工单位在采用新技术、新工艺、新设备、新材料时，应当对作业人员进行相应的安全生产教育培训。"

安全生产教育培训的主要内容是：

1）新工人（包括合同工、临时工、学徒工、实习和代培人员）必须进行入厂安全教育，其内容包括安全技术知识、设备性能、操作规程、安全制度和严禁事项等。

2）电工、焊工、架子工、司炉工、爆破工、机操工、起重工及打桩机和各种机动车辆司机等特殊工种工人，除进行一般安全教育外，还要经过相应工种的安全技术教育。

3）采用新技术、新工艺、新设备施工及调换工作岗位时，对操作人员进行新技术、新岗位的安全教育。

（4）严格履行安全生产义务，保证作业人员权利的行使

职工是企业的主体，是企业物质财富的创造者，在企业中处于主人翁地位。充分发挥职工在企业中的主人翁作用，是办好社会主义企业的根本保证。搞好企业的安全生产也必须充分依靠广大职工，保证职工在建筑安全生产中充分行使他们的权利，并教育他们自觉履行安全方面的义务。

1）施工单位的作业人员在安全生产方面的义务

《建设工程安全生产管理条例》第33条规定："作业人员应当遵守安全施工的强制性

标准、规章制度和操作规程，正确使用安全防护用具、机械设备等。"作业人员在安全生产方面的义务主要有：应当遵守有关安全生产的法律、法规和建筑行业安全规章、规程。安全生产的法律、法规主要有：《中华人民共和国劳动法》、《女职工劳动保护规定》等。建筑行业安全规章、规程是指国务院建设行政主管部门颁布的建筑行业安全规章和建筑安装工程安全技术标准、规范、规程等。这些法律、法规、规章、规程是总结安全生产的经验教训，根据科学规律制定的，建筑施工企业和作业人员应当严格遵守。不得违章指挥或者违章作业。违章指挥、强令违章作业是指企业法定代表人、项目经理、生产管理人员和工程技术人员违反规章制度、不顾安全、强令作业人员违章作业，这是建筑施工事故发生的重要原因，是对建筑职工安全的极大威胁。因此，法律再次强调不得违章指挥或者违章作业。

2）施工单位作业人员在安全生产方面的权利

《建设工程安全生产管理条例》第32条规定："施工单位应当向作业人员提供安全防护用具和安全防护服装，并书面告知危险岗位的操作规程和违章操作的危害。作业人员有权对施工现场的作业条件、作业程序和作业方式中存在的安全问题提出批评、检举和控告，有权拒绝违章指挥和强令冒险作业。在施工中发生危及人身安全的紧急情况时，作业人员有权立即停止作业或者在采取必要的应急措施后撤离危险区域。"作业人员在安全生产方面的权利主要有：

①有权对影响人身健康的作业程序和作业条件提出改进意见。作业程序是否合理、作业条件的好坏，对作业人员的人身安全与健康影响很大。作业人员有权向企业法定代表人或者项目经理等对影响人身健康的作业程序和作业条件提出改进意见。改进意见包括采取预防措施的意见和合理化建议等。

②有权获得安全生产所需的防护用品。防护用品是保护劳动者在生产过程中安全和健康所必需的一种防御性装备。它虽然是安全生产措施中的一种辅助性措施，但它对预防工伤事故、减少伤亡具有重要作用。作业人员有权按规定获得安全生产所需的防护用品，建筑施工企业必须按规定发放。防护用品一般包括安全帽、安全带、防护鞋、防护靴、防护服装、防尘口罩等。

③对危及生命安全和身体健康的行为有权提出批评、检举和控告。批评权是指作业人员对建筑施工企业主管人员忽视安全工作的行为提出批评的权利。规定这一权利有利于职工对企业安全生产工作的监督。检举、控告权是指作业人员对建筑施工企业主管人员违反建筑安全纪律、法规行为有权向主管部门和司法机关进行检举和控告。规定这一权利有利于及时对主管人员的违法行为作出处理，保证建筑安全生产，防止建筑施工事故，维护作业人员的人身安全。

3. 建设工程安全生产相关单位的安全责任

（1）机械设备和配件供应单位的安全责任

《建设工程安全生产管理条例》第15条规定："为建设工程提供机械设备和配件的单位，应当按照安全施工的要求配备齐全有效的保险、限位等安全设施和装置。"

（2）机械设备、施工机具和配件出租单位的安全责任

《建设工程安全生产管理条例》第16条规定："出租的机械设备和施工工具及配件，应当具有生产（制造）许可证，产品合格证。"

出租单位应当对出租的机械设备和施工工具及配件的安全性能进行检测，在签订租赁协议时，应当出具检测合格证明。

禁止出租检测不合格的机械设备和施工工具及配件。

（3）起重机械和自升式架设设施的安全管理

1）在施工现场安装、拆卸施工起重机械和整体提升脚手架、模板等自升式架设设施，必须由具有相应资质的单位承担。

2）安装、拆卸施工起重机械和整体提升脚手架、模板等自升式架设设施，应当编制拆装方案、指定安全施工措施，并由专业技术人员现场监督。

3）施工起重机械和整体提升脚手架、模板等自升式架设设施安装完毕后，安装单位应当自检，出具自检合格证明，并向施工单位交代安全使用说明，办理验收手续并签字。

4）施工起重机械和整体提升脚手架、模板等自升式架设设施的使用达到国家规定的检验检测期限的，必须经具有专业资质的检验检测机构检测。经检测不合格的，不得继续使用。

5）检验检测机构对检测合格的施工起重机械和整体提升脚手架、模板等自升式架设设施，应当出具安全合格证明文件，并对检测结果负责。

（三）施工过程中的安全生产管理

1. 施工现场的安全管理制度

《建筑法》、《建设工程安全生产管理条例》等相关法律法规对施工现场的安全生产管理制度作出了明确的规定，这些制度包括安全技术措施制度、现场安全责任制度、现场安全检查制度等。

（1）安全技术措施制度

预防是消除事故的最佳途径。建筑施工企业在施工准备阶段即编制施工组织设计时，制定安全技术措施是搞好预防的有效方法之一。施工组织设计是指导施工准备和组织施工的全面性的技术、经济文件，是指导现场施工的规范性文件。施工组织设计必须在施工准备阶段完成。安全技术措施是指针对建筑生产过程中已知的或可能出现的危险因素，采取的消除或者控制的技术性措施。

由于建设工程的规模、复杂程度不同，施工方法、劳动组织、作业环境各异，安全技术措施的内容不能一般化，而应针对这些特点作出不同的规定。对爆破、吊装、水下、深坑、支模、拆除等危险性大、专业性强的工程项目，应当编制专项安全施工组织设计，并采取安全技术措施。

安全技术措施是针对生产劳动中的不安全因素，从生产技术上采取控制措施，以预防工伤事故的发生。如基坑、地下室等的土方工程应根据土方开挖深度和土的种类，选择开挖方法，确定边坡的坡度或采取四种护坡支撑和护壁桩，以防止边坡坍塌；采用塔式起重机、龙门架等垂直运输设备时，要对其安放位置、搭设、拆卸、稳定性、安全装置等提出要求和采取必要的措施等。

（2）现场安全责任制度

施工现场安全由建筑施工企业负责。施工现场是指进行建筑施工活动、经批准占用的施工场地，它是建筑施工企业进行作业的场所。施工现场安全管理是建筑施工企业安全管理的重点和集中体现。其主要内容有：

1）按规定设置安全防护设施。

2）根据工程特点编制施工组织设计，制定有针对性的安全技术措施的作业项目，要编制专项安全施工组织设计和方案、措施。

《建设工程安全生产管理条例》第26条规定："施工单位应当在施工组织设计中编制安全技术措施和施工现场临时用电方案，对下列达到一定规模的危险性较大的分部分项工程编制专项施工方案，并附具安全验算结果，经施工单位技术负责人、总监理工程师签字后实施，由专职安全生产管理人员进行现场监督：基坑支护与降水工程；土方开挖工程；模板工程；起重吊装工程；脚手架工程；拆除、爆破工程；国务院建设行政主管部门或者其他有关部门规定的其他危险性较大的工程。

对上述工程中涉及深基坑工程、地下暗挖工程、高大模板工程的专项施工方案，施工单位还应当组织专家进行论证、审查。"

3）对施工现场的作业人员进行书面安全技术交底，被交底人应在书面交底上签字。

《建设工程安全生产管理条例》第27条规定："建设工程施工前，施工单位负责项目管理的技术人员应当对有关安全施工的技术要求向施工作业班组、作业人员作出详细说明，并由双方签字确认。"

4）施工现场的安全设施、防护用品和基础工程、模板工程、脚手架、垂直运输、起重吊装、机具设备、临时用电、临边洞口、高处作业、卫生急救等，都必须符合建筑安全技术标准和规范的规定并设专人管理。

5）在施工现场建立专业检查、职工自检和安全日检制度，发现隐患，立即整改。

6）高层和临街建筑施工，应当采用密目安全网或者其他装置进行遮护。

7）施工现场的道路应平整、畅通，并有交通指示标志；在施工现场交通频繁的交叉路口，应当设交通指挥；火车道口两边应设落杆；通行危险的地段要悬挂警戒标志，夜间设红灯示警；在车辆、行人通过的地方，应当对沟、井等进行必要的覆盖，并设置施工标志。《建设工程安全生产管理条例》第28条第1款规定："施工单位应当在施工现场入口处、施工起重机械、临时用电设施、脚手架、出入通道口、楼梯口、电梯井口、孔洞口、桥梁口、隧道口、基坑边沿、爆破物及有害危险气体和液体存放处等危险部位，设置明显的安全警示标志。安全警示标志必须符合国家标准。"

8）建立和执行防火管理制度，设置符合消防要求的消防设施并保持完好备用状态。《建设工程安全生产管理条例》第31条规定："施工单位应当在施工现场建立消防安全责任制度，确定消防安全责任人，制定用火、用电、使用易燃易爆材料等各项消防安全管理制度和操作规程，设置消防通道、消防水源，配备消防设施和灭火器材，并在施工现场入口处设置明显标志。"

9）施工单位采购、租赁的安全防护用具、机械设备、施工机具及配件，应当具有生产（制造）许可证、产品合格证，并在进入施工现场前进行查验。施工现场的安全防护用具、机械设备、施工机具及配件必须由专人管理，定期进行检查、维修和保养，建立相应的资料档案，并按照国家有关规定及时报废。

10）施工单位在使用施工起重机械和整体提升脚手架、模板等自升式架设设施前，应当组织有关单位进行验收，也可以委托具有相应资质的检验检测机构进行验收；使用承租的机械设备和施工机具及配件的，由施工总承包单位、分包单位、出租单位和安装单位共同进行验收。验收合格的方可使用。

实行施工总承包的，施工现场安全由总承包单位负责。《建设工程安全生产管理条例》第24条规定："建设工程实行施工总承包的，由总承包单位对施工现场的安全生产负总责。总承包单位应当自行完成建设工程主体结构的施工。总承包单位依法将建设工程分包给其他单位的，分包合同中应当明确各自在安全生产方面的权利、义务。总承包单位和分包单位对分包工程的安全生产承担连带责任。分包单位应当接受总承包单位的安全生产管理，分包单位不服从管理导致生产安全事故的，由分包单位承担主要责任。"

施工总承包是指建筑工程的施工由一个建筑施工企业全面负责。总承包单位不仅要负责建筑工程质量、建设工期、造价控制，而且要对施工现场的施工组织和安全生产进行统一管理和全面负责。总承包单位负责整个建筑工程施工组织设计的编制和施工总平面图的布置，监督检查分包单位的施工现场活动。

工程总承包单位可以依法进行分包。分包单位应对其分包工程的施工现场安全向总承包单位负责。分包单位应在总承包单位的统一管理下，在其分包范围内，建立施工现场安全生产管理责任制，并组织实施。分包单位应在总承包单位的总体部署下，负责编制分包工程的施工组织设计。分包单位确需进行改变施工总平面布置活动的，应当先向总承包单位提出申请，经总承包单位同意后方可实施。

（3）现场安全检查制度

施工现场除应经常进行安全生产检查外，还应组织定期检查。企业（公司）每季进行一次，工区每月进行一次，施工队每半月进行一次，班组每周进行一次。

检查要发动群众，以自查为主，互查为辅。以查思想、查制度、查纪律、查领导、查隐患为主要内容。要结合季节特点开展防洪、防雷电、防坍塌、防高处坠落、防煤气中毒"五防"检查。发现隐患，立即整改。对因特殊情况不能立即整改的要建立登记、整改、检查制度。要制定整改计划，定人、定措施、定经费、定完成日期。在隐患没有消除前，必须采取可靠的防护措施，如有危及人身安全的紧急险情，应立即停止作业。

2. 施工现场的安全防护管理

《建筑法》第39条规定："建筑施工企业应当在施工现场采取维护安全、防范危险、预防火灾等措施；有条件的，应当对施工现场实行封闭管理。"《建设工程安全生产管理条例》第29条规定："施工单位应当将施工现场的办公区、生活区与作业区分开设置，并保持安全距离；办公、生活区的选址应当符合安全性要求。职工的膳食、饮水、休息场所等应当符合卫生标准。施工单位不得在尚未竣工的建筑物内设置员工集体宿舍。"

根据法律的上述规定，施工现场安全防护管理的主要内容包括：

（1）建筑施工企业应当在施工现场采取维护安全、防范危险、预防火灾等措施。这些措施包括：

1）施工现场道路、上下水及采暖管道、电气线路、材料堆放、临时和附属设施等的平面布置，都要符合安全、卫生、防火要求，并要加强管理。

2）各种机电设备的安全装置和起重设备的限位装置，都要齐全有效，没有的不能使用；要建立定期维修保养制度，检修机械设备要同时检修防护装置。

3）脚手架、井字架（龙门架）、安全网搭设完后，必须经工长验收合格方能使用。使用期间要指定专人维护保养，发现有变形、倾斜、摇晃等情况，要及时加固。

4）施工现场坑、井、沟和各种孔洞，易燃、易爆场所，变压器周围，都要指定专人设置围栏或盖板和安全标志，夜间要设红灯示警；各种防护设施、警告标志，未经施工负责人批准，不得移动和拆除。

5）实行逐级安全技术交底制度。开工前，技术负责人要将工程概况、施工方法、安全技术措施等情况向全体职工进行详细交底；两个以上施工队或工种配合施工时，施工队长、工长要将工程进度定期或者不定期地向有关班组长进行交叉作业的安全交底；班组每天要对工人进行施工要求、作业环境的安全交底。

6）混凝土搅拌站、木工车间、沥青加工点及喷漆作业场所等，都要采取措施，限期使尘毒浓度不超过国家标准规定的限值。

7）加强季节性劳动保护工作。夏季要防暑降温；冬季要防寒防冻，防煤气中毒；雨季和台风到来之前，应对临时设施和电气设备进行检修，沿河流域的工地要做好防洪抢险准备；雨雪过后，要采取防滑措施。

8）施工现场和木工加工厂（车间）及贮存易燃易爆器材的仓库，要建立防火管理制度，备足防火设施和灭火器材，要经常检查，保持良好。

（2）有条件的，应当对施工现场实行封闭管理

《建设工程安全生产管理条例》第27条规定："施工单位还应当根据施工阶段和周围环境及季节、气候的变化，在施工现场采取相应的安全施工措施。施工现场暂时停止施工的，施工单位应当做好现场防护，所需费用由责任方承担，或按照合同约定执行。"封闭管理包括两个方面的内容：一是对在建的建筑物要用密封式安全网围栏，既保护作业人员的安全，又防止高处坠物伤人，减少物尘外泄；二是在施工现场四周设置围挡，无关人员不得随意进入。

施工现场实行封闭管理，主要是解决"扰民"和"民扰"两个问题。由于施工现场的环境和作业条件较差，不安全因素多，在作业过程中既容易伤害到自己，也容易伤害到施工现场以外的人员。因此，用密封式安全网、围墙、围栏等设施将施工现场封闭起来，既可以使施工中的不安全因素不扩散到场外，又可以起到保护环境、美化市容和文明施工的作用。此外，当前在很多地区的施工现场也出现了"民扰"问题。如附近居民或小孩随意进入现场玩闹而造成了伤亡事故，有的施工现场被偷盗或被砸打毁坏物品等，特别是一些部门或单位随意到现场进行检查或处罚，不仅干扰了施工现场正常的生产秩序，也造成了不安全的因素。因此，施工现场实行封闭管理很有必要。各地应根据本地实际情况，尽可能地对施工现场实行封闭管理。

（3）施工现场对毗邻的建筑物、构筑物和特殊作业环境可能造成损害的，建筑施工企业应当采取安全防护措施

从事建筑施工活动不应损害社会公众利益和他人的合法权益。建筑施工多为露天、高处作业，对周围环境特别是对毗邻的建筑物、构筑物等可能造成损害，建筑施工企业有责任和义务采取相应的安全防护措施，以避免对毗邻的建筑物、构筑物和特殊作业环境造成损害。

3. 施工现场的环境管理

《建筑法》第 41 条规定："建筑施工企业应当遵守有关环境保护和安全生产的法律、法规的规定，采取控制和处理施工现场的各种粉尘、废气、废水、固体废物以及噪声、振动对环境的污染和危害的措施。"《建设工程安全生产管理条例》第 30 条规定："施工单位对因建设工程施工可能造成损害的毗邻建筑物、构筑物和地下管线等，应当采取专项保护措施。施工单位应当遵守有关环境保护法律、法规的规定，在施工现场采取措施，防止或减少粉尘、废气、废水、固体废物、噪声、振动和施工照明对人和环境的危害和污染。"

根据上述法律条文，建筑施工企业应当在施工现场采取措施防止环境污染和危害。

（1）环境保护

所谓环境，根据《中华人民共和国环境保护法》（以下简称《环境保护法》）第 2 条规定："是指影响人类生存和发展的各种天然的和经过人工改造的自然因素的总体，包括大气、水、海洋、土地、矿藏、森林、草原、野生生物、自然遗迹、人文遗迹、自然保护区、风景名胜区、城市和乡村等。所谓环境保护，是指对上述环境的保护，防止对上述环境的污染和危害。"

（2）防止环境污染和危害须遵守的法律、法规

为了保护和改善环境，防治污染，保障人体健康，国家和地方政府制定了一系列环境保护的法律、法规。国家的法律有：《中华人民共和国环境保护法》、《中华人民共和国大气污染防治法》、《中华人民共和国水污染防治法》、《中华人民共和国固体废物污染环境防治法》、《中华人民共和国环境噪声污染防治法》等。国务院及各行政部门的行政法规有：《国务院关于环境保护若干问题的决定》、《防治海岸工程建设项目污染损害海洋环境管理条例》、《中华人民共和国水污染防治法实施条例》、《中华人民共和国大气污染防治法实施条例》等。

（3）建筑施工企业应当积极采取保护环境的相关措施

1）妥善处理泥浆水和其他废水，未经处理不得直接排入城市排水设施和河流。

2）除设有符合规定的装置外，不得在施工现场熔融沥青或者焚烧油毡、油漆以及其他会产生有毒、有害烟尘和恶臭气体的物质。

3）使用密封式的圈筒或者采取其他措施处理高空废弃物。

4）采取有效措施控制施工过程中的扬尘。

5）禁止将有毒有害废弃物用作土方回填。

4. 建筑装修和房屋拆除的安全管理

（1）涉及建筑主体和承重结构变动装修的安全管理

随着我国经济的发展和城乡居民生活条件的改善，房屋建筑的装饰装修活动规模不断扩大，但也出现了随意拆改建筑主体结构和承重结构等危及建筑工程安全和人民生命财产安全的问题。因此，《建筑法》第 49 条对此作出了明确规定："涉及建筑主体和承重结构变动的装修工程，建设单位应当在施工前委托原设计单位或者具有相应资质条件的设计单位提出设计方案；没有设计方案的，不得施工。"

建筑主体是指砖混结构的墙体与楼板、钢筋混凝土结构的框架。承重结构是指建筑工程中的屋盖、楼盖、墙、柱、基础等。建筑装修是指为使建筑物、构筑物内、外空间达到一定的环境质量要求，使用装饰装修材料，对建筑物、构筑物外表和内部进行修饰处理的

工程建筑活动。涉及建筑主体和承重结构变动的装修，直接关系到建筑工程的安全性能。因此，涉及建筑主体和承重结构变动的装修工程的施工，必须有设计方案。涉及建筑主体和承重结构变动的装修活动，直接关系到装修工程的安全和居民的人身财产安全，对其施工，必须依据设计方案进行。建筑设计方案是根据建筑物的功能要求，具体确定建筑标准、结构形式、建筑物的空间和平面布置以及建筑群体的安排。设计方案是施工的依据，没有设计方案的，不得施工。

设计方案的好坏对装修工程的安全等有直接影响。因此，建设单位应当委托原设计单位或者具有相应资质条件的设计单位提出设计方案。原设计单位对该项工程的情况、结构形式等比较熟悉，一般情况下应委托其进行该建筑工程的装修设计。在难以委托原设计单位的情况下，应委托与原设计单位有同等或以上资质的设计单位承担设计任务。

（2）房屋拆除的安全管理

为了进一步加强房屋拆除的安全管理，《建筑法》第50条对此作了专门规定："房屋拆除应当由具备保证安全条件的建筑施工单位承担，由建筑施工单位负责人对安全负责。"

房屋拆除由具备保证房屋拆除安全条件的建筑施工单位承担，不具备保证房屋拆除安全条件的建筑施工单位和非建筑施工单位不得承担房屋拆除任务。这里的安全条件主要包括：有编制房屋拆除安全技术措施的能力；有相应的专业技术人员；有相应的机械设备等。

建筑施工单位负责人对房屋拆除的安全负责。建筑施工单位的负责人是建筑施工企业的行政管理人员，他不仅对拆除业务负责，还应当对拆除过程中的安全负责。为了保证安全，建筑施工企业必须执行国家有关安全的规定；必须对拆除人员进行安全教育，必须为拆除人员准备防护用品等。在施工前，要组织技术人员和工人学习施工组织设计和安全操作规程；必须对拆除工程的施工进行统一领导和经常监督。

（四）建设工程重大安全事故的处理

为了规范生产安全事故的报告和调查处理，落实生产安全事故责任追究制度，防止和减少生产安全事故，根据《安全生产法》和有关法律，国务院2007年通过了《生产安全事故报告和调查处理条例》，生产经营活动中发生的造成人身伤亡或者直接经济损失的生产安全事故的报告和调查处理，均适用于该条例。

1. 建设工程伤亡事故的分类

根据生产安全事故（以下简称事故）造成的人员伤亡或者直接经济损失，事故一般分为以下等级：

（1）特别重大事故，是指造成30人以上死亡，或者100人以上重伤（包括急性工业中毒，下同），或者1亿元以上直接经济损失的事故；

（2）重大事故，是指造成10人以上30人以下死亡，或者50人以上100人以下重伤，或者5000万元以上1亿元以下直接经济损失的事故；

（3）较大事故，是指造成3人以上10人以下死亡，或者10人以上50人以下重伤，或者1000万元以上5000万元以下直接经济损失的事故；

（4）一般事故，是指造成3人以下死亡，或者10人以下重伤，或者1000万元以下直接经济损失的事故。

国务院安全生产监督管理部门可以会同国务院有关部门，制定事故等级划分的补充性规定。

其中"以上"包括本数，"以下"不包括本数。

2. 施工伤亡事故处理程序

施工中发生伤亡事故后，按照事故报告、事故调查、事故处理的程序来进行。

（1）事故报告

事故报告应当及时、准确、完整，任何单位和个人对事故不得迟报、漏报、谎报或者瞒报。

根据《生产安全事故报告和调查处理条例》，事故发生后，事故现场有关人员应当立即向本单位负责人报告；单位负责人接到报告后，应当于1小时内向事故发生地县级以上人民政府安全生产监督管理部门和负有安全生产监督管理职责的有关部门报告。

情况紧急时，事故现场有关人员可以直接向事故发生地县级以上人民政府安全生产监督管理部门和负有安全生产监督管理职责的有关部门报告。

安全生产监督管理部门和负有安全生产监督管理职责的有关部门接到事故报告后，应当依照下列规定上报事故情况，并通知公安机关、劳动保障行政部门、工会和人民检察院：

1）特别重大事故、重大事故逐级上报至国务院安全生产监督管理部门和负有安全生产监督管理职责的有关部门；

2）较大事故逐级上报至省、自治区、直辖市人民政府安全生产监督管理部门和负有安全生产监督管理职责的有关部门；

3）一般事故上报至设区的市级人民政府安全生产监督管理部门和负有安全生产监督管理职责的有关部门。

安全生产监督管理部门和负有安全生产监督管理职责的有关部门依照前款规定上报事故情况，应当同时报告本级人民政府。国务院安全生产监督管理部门和负有安全生产监督管理职责的有关部门以及省级人民政府接到发生特别重大事故、重大事故的报告后，应当立即报告国务院。

必要时，安全生产监督管理部门和负有安全生产监督管理职责的有关部门可以越级上报事故情况。

安全生产监督管理部门和负有安全生产监督管理职责的有关部门逐级上报事故情况，每级上报的时间不得超过2小时。

报告事故应当包括下列内容：

1）事故发生单位概况；

2）事故发生的时间、地点以及事故现场情况；

3）事故的简要经过；

4）事故已经造成或者可能造成的伤亡人数（包括下落不明的人数）和初步估计的直接经济损失；

5）已经采取的措施；

6）其他应当报告的情况。

事故报告后出现新情况的，应当及时补报。

自事故发生之日起 30 日内，事故造成的伤亡人数发生变化的，应当及时补报。道路交通事故、火灾事故自发生之日起 7 日内，事故造成的伤亡人数发生变化的，应当及时补报。

事故发生单位负责人接到事故报告后，应当立即启动事故相应应急预案，或者采取有效措施，组织抢救，防止事故扩大，减少人员伤亡和财产损失。

事故发生地有关地方人民政府、安全生产监督管理部门和负有安全生产监督管理职责的有关部门接到事故报告后，其负责人应当立即赶赴事故现场，组织事故救援。

事故发生后，有关单位和人员应当妥善保护事故现场以及相关证据，任何单位和个人不得破坏事故现场、毁灭相关证据。

因抢救人员、防止事故扩大以及疏通交通等原因，需要移动事故现场物件的，应当作出标志，绘制现场简图并作出书面记录，妥善保存现场重要痕迹、物证。

事故发生地公安机关根据事故的情况，对涉嫌犯罪的，应当依法立案侦查，采取强制措施和侦查措施。犯罪嫌疑人逃匿的，公安机关应当迅速追捕归案。

安全生产监督管理部门和负有安全生产监督管理职责的有关部门应当建立值班制度，并向社会公布值班电话，受理事故报告和举报。

（2）事故调查

特别重大事故由国务院或者国务院授权有关部门组织事故调查组进行调查。

重大事故、较大事故、一般事故分别由事故发生地省级人民政府、设区的市级人民政府、县级人民政府负责调查。省级人民政府、设区的市级人民政府、县级人民政府可以直接组织事故调查组进行调查，也可以授权或者委托有关部门组织事故调查组进行调查。

未造成人员伤亡的一般事故，县级人民政府也可以委托事故发生单位组织事故调查组进行调查。

上级人民政府认为必要时，可以调查由下级人民政府负责调查的事故。

自事故发生之日起 30 日内（道路交通事故、火灾事故自发生之日起 7 日内），因事故伤亡人数变化导致事故等级发生变化，依照条例规定应当由上级人民政府负责调查的，上级人民政府可以另行组织事故调查组进行调查。

特别重大事故以下等级事故，事故发生地与事故发生单位不在同一个县级以上行政区域的，由事故发生地人民政府负责调查，事故发生单位所在地人民政府应当派人参加。

事故调查组的组成应当遵循精简、效能的原则。

根据事故的具体情况，事故调查组由有关人民政府、安全生产监督管理部门、负有安全生产监督管理职责的有关部门、监察机关、公安机关以及工会派人组成，并应当邀请人民检察院派人参加。

事故调查组可以聘请有关专家参与调查。

事故调查组成员应当具有事故调查所需要的知识和专长，并与所调查的事故没有直接利害关系。

事故调查组组长由负责事故调查的人民政府指定。事故调查组组长主持事故调查组的工作。

事故调查组履行下列职责：

1）查明事故发生的经过、原因、人员伤亡情况及直接经济损失；

2）认定事故的性质和事故责任；

3）提出对事故责任者的处理建议；

4）总结事故教训，提出防范和整改措施；

5）提交事故调查报告。

事故调查组有权向有关单位和个人了解与事故有关的情况，并要求其提供相关文件、资料，有关单位和个人不得拒绝。

事故发生单位的负责人和有关人员在事故调查期间不得擅离职守，并应当随时接受事故调查组的询问，如实提供有关情况。

事故调查中发现涉嫌犯罪的，事故调查组应当及时将有关材料或者其复印件移交司法机关处理。

事故调查中需要进行技术鉴定的，事故调查组应当委托具有国家规定资质的单位进行技术鉴定。必要时，事故调查组可以直接组织专家进行技术鉴定。技术鉴定所需时间不计入事故调查期限。

事故调查组成员在事故调查工作中应当诚信公正、恪尽职守，遵守事故调查组的纪律，保守事故调查的秘密。

未经事故调查组组长允许，事故调查组成员不得擅自发布有关事故的信息。

事故调查组应当自事故发生之日起 60 日内提交事故调查报告；特殊情况下，经负责事故调查的人民政府批准，提交事故调查报告的期限可以适当延长，但延长的期限最长不超过 60 日。

事故调查报告应当包括下列内容：

1）事故发生单位概况；

2）事故发生经过和事故救援情况；

3）事故造成的人员伤亡和直接经济损失；

4）事故发生的原因和事故性质；

5）事故责任的认定以及对事故责任者的处理建议；

6）事故防范和整改措施。

事故调查报告应当附具有关证据材料。事故调查组成员应当在事故调查报告上签名。

事故调查报告报送负责事故调查的人民政府后，事故调查工作即告结束。事故调查的有关资料应当归档保存。

（3）事故处理

重大事故、较大事故、一般事故，负责事故调查的人民政府应当自收到事故调查报告之日起 15 日内作出批复；特别重大事故，30 日内作出批复，特殊情况下，批复时间可以适当延长，但延长的时间最长不超过 30 日。

有关机关应当按照人民政府的批复，依照法律、行政法规规定的权限和程序，对事故发生单位和有关人员进行行政处罚，对负有事故责任的国家工作人员进行处分。

事故发生单位应当按照负责事故调查的人民政府的批复，对本单位负有事故责任的人员进行处理。

负有事故责任的人员涉嫌犯罪的，依法追究刑事责任。

事故发生单位应当认真吸取事故教训，落实防范和整改措施，防止事故再次发生。防范和整改措施的落实情况应当接受工会和职工的监督。

安全生产监督管理部门和负有安全生产监督管理职责的有关部门应当对事故发生单位落实防范和整改措施的情况进行监督检查。

事故处理的情况由负责事故调查的人民政府或者其授权的有关部门、机构向社会公布，依法应当保密的除外。

（五）消防法与建设工程安全的相关法律规定

1. 建设工程消防设计的要求

（1）建设工程消防设计的审核

1）按照国家工程建设消防技术标准需要进行消防设计的建筑工程，设计单位应当按照国家工程建设消防技术标准进行设计，建设单位应当将建筑工程的消防设计图纸及有关资料报送公安消防机构审核；未经审核或者经审核不合格的，建设行政主管部门不得发给施工许可证，建设单位不得施工。

2）经公安消防机构审核的建设工程消防设计需要变更的，应当报经原审核的公安消防机构核准；未经核准的，任何单位、个人不得变更。

（2）建设工程消防工程的验收

1）按照国家工程建设消防技术标准进行消防设计的建筑工程竣工时，必须经公安消防机构进行消防验收；未经验收或者经验收不合格的，不得投入使用。

2）建筑构件和建筑材料的防火性能必须符合国家标准或者行业标准的要求。公共场所室内装修、装饰根据国家工程建设消防技术标准的规定，应当使用不燃、难燃材料的，必须选用依照产品质量法的规定确定的检验机构检验合格的材料。

2. 消防监督检查

根据公安部颁布的《消防监督检查规定》的要求，消防监督检查由各级公安消防机构组织实施。上级公安消防机构对下级公安消防机构的消防监督检查工作负有监督、检查和指导职责；城市（直辖市、副省级市、地级市、县级市以及市辖市区）、地（州、盟）、县（旗）公安消防机构具体实施消防监督检查。公安派出所应当对居民住宅区的管理单位、居民委员会、村民委员履行消防安全职责的情况和上级公安机关授权管理的单位进行消防监督检查。

（1）消防检查的形式

1）对消防安全重点单位的定期监督检查和对非消防安全重点单位的抽样性监督检查；

2）对公众聚集场所使用或者开业前和具有火灾危险的大型群众性活动举办前的消防监督检查；

3）对举报、投诉的违反消防法律、法规行为的监督检查；

4）针对重大节日、重大活动和火灾多发季节的消防监督检查；

5）其他根据需要进行的专项监督检查。

（2）消防检查的形式和重点

县级以上公安消防机构应当依照《中华人民共和国消防法》的规定，结合当地实际情况，将发生火灾可能性较大以及一旦发生火灾可能造成人身重大伤亡或者财产重大损失的下列单位，确定为本行政区域内的消防安全重点单位：

1）商场、市场、宾馆、饭店、体育场（馆）、会堂、公共娱乐场所等公众聚集场所；

2）车站、机场、码头、广播电台、电视台和邮电、通信枢纽等重要场所；

3）政府首脑机关；

4）重要的科研单位、大专院校、医院；

5）高层办公楼、商住楼、综合楼等公共建筑；

6）图书馆、档案馆、展览馆、博物馆以及重要的文物古建筑；

7）地下铁道以及其他地下公共建筑；

8）粮、棉、木材、百货等物资集中的大型仓库、堆场；

9）发电厂（站）、地区供电系统变电站；

10）城市燃气、燃油供应厂（站），大中型油库、危险品库、石油化工企业等易燃易爆物品生产、储存和销售单位；

11）国家和省级重点工程以及其他大型工程的施工现场；

12）其他重要场所和工业企业。

对于已经确定为消防安全重点单位，应当根据使用性质的变更情况，重新确定是否列入消防安全重点单位，对不再列入的，应上报本级人民政府和上一级公安消防机构备案。

公安消防机构对于本辖区消防安全重点单位的监督检查，每季度不应少于一次；对每个消防监督检查人员实施监督检查的工作量，各地应当根据当地的实际情况制定具体的量化标准。

公安消防机构应当将存在违反消防法律、法规行为，可能造成火灾危害的，确定为火灾隐患；将存在严重违反消防法律、法规行为，可能导致重大人员伤亡或者重点财产损失的，确定为重大火灾隐患。

3. 消防监督检查的内容与方法

（1）被检查单位的建筑物或者场所在施工、使用或者开业前，是否依法办理了有关审核、验收或者检查手续。

（2）已经通过消防设计审核和消防验收合格的下列项目使用、改变情况：总平面布局和平面布置中涉及消防安全的防火间距、消防车通道、消防水源等；建筑物的火灾危险性类别和耐火等级；建筑防火防烟分区和建筑构造；安全疏散通道和安全出口；火灾自动报警系统和自动灭火系统；防烟、排烟设施和通风、空调系统的防火设备；建筑内部装修防火材料；其他经消防设计审核、验收的内容。

（3）消防安全管理的内容包括：消防安全管理制度、消防安全操作规程的制定和落实情况；防火安全责任制及消防安全责任人的落实情况；职工及重点工种人员消防安全教育和培训情况；防火检查制度的制定和落实情况以及火灾隐患的整改情况；消防控制室值班人员在岗情况和设备运行记录情况；消防安全重点部位的确定和管理情况；易燃易爆危险物品和场所防火防爆措施的落实情况；防火档案的建立健全情况；每日防火巡查的实施情况和巡查记录情况；消防设施定期检查测试维修保养制度的建立和落实情况，消防器材配置及有效使用情况；消防安全重点单位灭火预案和应急疏散预案的制定和定期组织演练情况。

（4）进行消防监督检查的资料、文件：

1）有关建设工程消防设计审核和消防验收的文件、资料；

2）各项防火安全管理制度；

3）防火检查、培训教育记录；

4）新增消防产品、防火材料的合格证明材料；

5）消防设施定期记录和每12个月对建筑自动消防系统进行全面检查测试维修保养的报告；

6）与消防安全有关的电气设施检测（包括防静电、防雷）等记录资料；

7）燃油、燃气设备安全装置和容器检测的记录资料；

8）其他与消防安全有关的文件、资料。

（5）消防监督检查人员实施监督检查的方法：

1）询问单位防火工作和员工消防知识掌握等情况；

2）查阅有关消防安全的文件、资料；

3）查看消防设施、设备的外观、运行情况；

4）抽查测试消防设施功能；

5）检查灭火、疏散预案等的操作情况。

4. 检查的程序

消防监督检查人员在进行消防监督检查时，应当着制式警服，并出示《公安消防监督检查证》。《公安消防监督检查证》由公安部统一制作。消防监督检查人员在对消防安全重点单位进行监督检查时，应当填写《消防监督检查记录表》中的相关内容，并将记录表存档备查。

（1）当场改正的情形

消防监督检查时发现有下列违反消防法律、法规行为之一的，消防监督检查人员应当责令其当场改正，填发《责令当场改正通知书》：

1）违反消防安全规定进入生产、储存易燃易爆危险物品场所的；

2）违法使用明火作业或者在具有火灾、爆炸危险的场所违反禁令，吸烟、使用明火的；

3）公共场所在营业时将安全出口锁住，疏散通道不畅通的；

4）消火栓、灭火器被挪作他用的；

5）常闭式防火门经常处于开启状态；防火卷帘下堆放物品，影响使用的；

6）违章关闭消防设施的；

7）消防设施管理值班人员和消防安全巡逻人员脱岗的；

8）举办大型集会、焰火晚会、灯会等群众性活动，具有火灾隐患的；

9）违法生产、使用、储存、销售、运输或者大量销毁易燃易爆危险物品的；

10）其他应当当场改正的行为。

对于新建、扩建、改建、建筑内部装修和用途变更的工程项目，未经消防设计审核或者审核不合格，擅自开工的；未经消防验收或者验收不合格，擅自使用的，一经发现，应当责令限期改正。逾期不改的，依法予以处罚。对现行国家工程建筑消防技术标准实施以前的建筑物，发现其缺少消防设计或者消防设计不符合现行标准的，应当通知建筑物的产权或者管理单位限期改正。

（2）限期改正的情形

消防监督检查时发现有下列违反消防法律、法规行为的，应当责令限期改正：

1）《消防监督检查规定》第14条所列场所未经消防安全检查或者经检查不合格，擅自使用或者开业的；

2）违反规定在设有车间或者仓库的建筑物内设置员工集体宿舍的；

3）违章搭建临时建筑，影响安全布局，占用防火间距，阻塞消防车通道的；

4）违章改变防火分区，防火门、防火卷帘、防火阀等防火分隔设施缺少、损坏或者故障的；

5）建筑内安全出口、楼梯、疏散通道被封堵占用的；

6）疏散指示标志缺少、损坏或者标识错误，影响人员安全疏散的；

7）消防水源、消火栓、灭火器不足或者损坏的；

8）火灾自动报警系统、自动灭火系统或者防烟排烟设施等自动消防系统发生故障、缺损，不能正常运行的；

9）室外消防设施被埋压、圈占、损坏，影响使用的；

10）消防安全责任人不明确，消防安全制度不健全，防火检查不落实的；

11）电器产品、燃气用具的安装或者线路、管路的敷设不符合安全技术规定，危及消防安全的；

12）电工、焊工等具有火灾危险的作业人员和自动消防系统的操作人员未经培训考核持证上岗的；

13）职工缺乏消防安全基本知识，本岗位消防安全职责不落实的；

14）消防安全重点单位不履行法律规定的消防安全职责的；

15）其他应当责令限期改正的行为。

七、建设工程质量法律制度

（一）建设工程质量概述

1. 建设工程质量的概念

建设工程质量有广义和狭义之分。狭义上的建设工程质量是指在国家现行的有关法律、法规、技术规范、设计文件和合同中，对工程的安全、适用、经济、美观等特性的综合要求。广义上的建设工程质量还包括工程建设参与者的服务质量和工作质量。工程实体质量的好坏是决策、计划、勘察、设计、施工等单位各方面、各环节工作质量的综合反映。

广义的工程质量不仅包括工程的实体质量，还包括形成实体质量的工作质量。工作质量是指参与工程的建设者，为了保证工程实体质量所从事工作的水平和完善程度，包括社会工作质量，如社会调查、市场预测、质量回访和保修服务等；生产过程工作质量，如管理工作质量、技术工作质量和后勤工作质量等。工作质量直接决定了实体质量，工程实体质量的好坏是决策、计划、勘察、设计、施工等单位各方面、各环节工作质量的综合反映。

因此，我们须从广义上理解工程质量的概念，而不能仅仅把认识停留在工程的实体质量上。过去对工程质量的管理通常是一种事后的行为，楼倒人伤才想起应该追究有关方面的工程质量责任，这时即使对责任主体依法惩处，也无法挽回已经造成的经济损失。但如果在工程质量形成过程中就对参建单位的建设活动进行规范化管理，就可以将工程质量隐患消灭在萌芽状态。这样做虽然看上去加大了工作量，但却可以有效地解决工程质量问题，这是广大建设行政管理人员值得注意的地方。

建设工程质量的优劣，直接关系到国民经济的发展和人民生命财产的安全。为此，《建筑法》第5章对建筑工程质量作了全面具体的规范。针对我国建设工程存在的质量问题，国务院根据《建筑法》于2000年1月颁发了《建设工程质量管理条例》。该条例与《建筑法》相配套，对加强建设工程质量管理，保证建设工程质量，保护人民生命财产安全以及规范建设市场，都有十分重要的意义。

影响建设工程质量的因素很多，如决策、设计、材料、机械、地形、地质、水文、气象、施工工艺、操作方法、技术措施、人员素质、管理制度，等等。在工程建设全过程中，控制好这些影响工程质量的因素，是保证建设工程质量的关键。

2. 工程质量的特点

与一般的产品质量相比较，工程质量具有如下特点：

（1）影响因素多，质量变动大

决策、设计、材料、机械、环境、施工工艺、管理制度以及参建人员素质等均直接或间接地影响工程质量。工程项目建设不像一般工业产品的生产那样，有固定的生产流水线，有规范化的生产工艺和完善的检测技术，有成套的生产设备和稳定的生产环境。工程质量波动较大，这是与影响因素多的特点相一致的。

（2）隐蔽性强，终检局限大

工程项目在施工过程中，由于工序交接多，若不及时检查发现其存在的质量问题，事后尽管表面上质量很好，但这时混凝土可能已经失去了强度，钢筋已经被锈蚀得完全失去了作用，诸如此类的工程质量问题在终检时是很难通过肉眼判断出来的，有时即使使用检测工具，也不一定能发现问题。

（3）对社会环境影响大

与工程规划、设计、施工质量的好坏有密切联系的不仅仅是使用者，而是整个社会。工程质量不仅直接影响人民群众的生产生活，而且还影响着社会可持续发展的环境，特别是有关绿化、"三废"和噪声等方面的问题。

3. 我国工程质量管理法律规范体系

（1）我国工程质量管理法律规范的基本形式

1）法律——《建筑法》

广义上的法律泛指一切规范性文件，这里的法律是狭义上的，是指由全国人大及其常委会制定和变动的规范性文件，如《中华人民共和国刑法》、《中华人民共和国合同法》等。《建筑法》是法律当中的一种。

《建筑法》于1997年11月1日经第八届全国人大常委会第28次会议审议通过，自1998年3月1日起施行。《建筑法》第6章规范了建筑工程质量管理，包括建筑工程的质量要求、质量义务和质量管理制度。第7章规范了建筑工程质量责任。《建筑法》是我国社会主义市场经济法律体系中的重要法律，对于加强建筑活动的监督管理，维护建筑市场秩序，保证建筑工程的质量和安全，促进建筑业的健康发展，具有重要意义。

2）行政法规——《建设工程质量管理条例》

行政法规是由最高国家行政机关——国务院依法制定的，有关行政管理和行政事项的规范性文件，《建设工程质量管理条例》就是一种行政法规。

《建设工程质量管理条例》于2000年1月10经国务院第25次常务会议通过，自1月30日发布实施。《建设工程质量管理条例》以参与建筑活动各方主体为主线，分别规定了建设单位、勘察单位、设计单位、施工单位、工程监理单位的质量责任和义务，确立了建设工程质量保修制度，工程质量监督管理制度等内容。《建设工程质量管理条例》对违法行为的种类和相应处罚作出了原则性规定，同时，完善了责任追究制度，加大了处罚力度。《建设工程质量管理条例》的发布施行，对于强化政府质量监督，规范建设工程各方主体的质量责任和义务，维护建筑市场秩序，全面提高建设工程质量，具有重要意义。

3）技术法规

严格讲，我国目前还没有真正意义上的工程建设技术法规，正如原建设部部长俞正声谈到的："组织编制技术法规，取代现行的强制性标准，这是将来改革的方向。"《工程建设标准强制性条文》虽然是技术法规的过渡成果，但《建设工程质量管理条例》确立了其法律地位，已经成为工程质量管理法律规范体系中重要的一部分。

4）地方性法规、自治法规

这两类法规都是由地方权力机关制定的规范性文件。

地方性法规是由省、自治区、直辖市、省级政府所在地的市及经国务院批准的较大市的人大及其常委会制定和修改的，效力不超过本行政区域范围，作为地方司法依据之一的规范性文件。我国的地方性法规，一般采用"条例"、"规则"、"规定"、"办法"等名称，《北京市建设工程质量条例》、《深圳经济特区建设工程质量条例》等，都是有关工程质量管理的地方性法规。

自治法规是民族自治地方的权力机关所制定的特殊的地方规范性文件，即自治条例和单行条例的总称。自治条例是民族自治地方根据自治权制定的综合性法律规范，单行条例是根据自治权制定的调整某一方面事项的规范性文件。

5）行政规章

行政规章是有关行政机关依法制定的事关行政管理的规范性文件的总称，分为部门规章和政府规章两种。

部门规章是国务院所属部委根据行政法规、决定、命令，在本部门的权限内，所发布的各种行政性的规范性文件。有关工程质量管理的部门规章很多，如《建设工程质量管理办法》、《建筑工程施工许可管理办法》、《房屋建筑工程质量保修办法》等。

政府规章是有权制定地方性法规的地方人民政府，根据法律、行政法规及相应的地方性法规，制定的规范性文件。

（2）我国工程质量管理法律规范性文件的适用

在具体工作中，我们经常遇到这样的难题，对于同一个问题，这个条例可能这样规定，那个规章可能那样规定，常常使人无所适从，不知该依据哪一个规范性文件。这涉及一个法律适用的问题，根据《中华人民共和国立法法》（以下简称《立法法》）的有关规定，我们对这个问题加以解释：

1）法律的效力高于行政法规、地方性法规、规章。这就是说，在规范工程质量管理方面，《建筑法》具有最高的法律效力，任何行政法规、地方性法规、规章都不得与《建筑法》相抵触。

2）行政法规的效力高于地方性法规、规章。《建设工程质量管理条例》的法律效力仅次于《建筑法》，其效力要高于地方性法规（如《北京市建设工程质量条例》、《深圳经济特区建设工程质量条例》等），也高于建设部及有关部委发布的部门规章（如《建设工程质量管理办法》、《房屋建筑工程质量保修办法》等）。

3）地方性法规的效力高于本级和下级地方政府规章。省、自治区人民政府制定的地方性法规的效力高于本行政区域内较大的市的人民政府制定的规章。

4）部门规章之间、部门规章与地方政府规章之间具有同等的效力，在各自的权限范围内施行。

5）同一机关制定的规范性文件，特别规定与一般规定不一致的，适用特别规定；新的规定与旧的规定不一致的，适用新的规定。

6）法律、行政法规、地方性法规、自治条例和单行条例、规章不溯及既往，但为了更好地保护公民、法人和其他组织的权益而作的特别规定除外。

7）法律之间对同一事项的新的一般规定与旧的特别规定不一致，不能确定如何适用时，由全国人民代表大会常务委员会裁决。行政法规之间对同一事项新的一般规定与旧的特别规定不一致，不能确定如何适用时，由国务院裁决。

8）地方性法规、规章之间不一致时，由有关机关依照下列规定的权限裁决：

①同一机关制定的新的一般规定与旧的特别规定不一致时，由制定机关裁决；

②地方性法规与部门规章之间对同一事项的规定不一致，不能确定如何适用时，由国务院提出意见，国务院认为应当适用地方性法规的，应当决定在该地方适用地方性法规的规定；认为应当适用政府规章的，应当提请全国人民代表大会常务委员会裁决；

③部门规章之间、部门规章与地方政府规章之间对同一事项的规定不一致时，由国务院裁决。

关于法律适用的问题，是建设行政管理人员在具体工作中经常遇到的问题。我国的《立法法》对此有详细的规定，限于篇幅我们在这里不做更深入的介绍，但希望读者能仔细学习《立法法》第5章适用与备案的有关内容，这可以帮助我们有效地解决实践中碰到的各种规范性文件之间相互矛盾冲突的问题。

（二）建设工程质量管理责任

建设工程项目具有投资大、规模大、建设周期长、生产环节多、参与方多、影响质量形成的因素多等特点，不论是哪个主体出了问题，都会导致质量缺陷，甚至重大质量事故的产生。例如，如果建设单位将工程发包给不具备相应资质等级的单位，或指使施工单位使用不合格的建筑材料、构配件和设备；勘察单位提供的水文地质资料不准确；设计单位计算错误，设备选型不准；施工单位不按图施工；工程监理单位不严格进行隐蔽工程检查等，都会造成工程质量缺陷，甚至重大质量事故。因此，工程质量管理最基本的原则和方法就是建立健全质量责任制度。

1. 建设单位质量责任和义务

建设单位是建设工程的投资人，也称"业主"。建设单位是工程建设过程的总负责方，拥有确定建设项目的规模、功能、外观、选用材料设备、按照国家法律法规选择承包单位的权力。建设单位可以是法人或者自然人，包括房地产开发商，建设单位作为建设工程的投资人，在整个建设活动中居于主导地位。因此，要确保建设工程质量，首先就要对建设单位的行为进行规范，对其质量责任予以明确。

长期以来，对建设单位的管理一直是监督管理的薄弱环节，因建设单位行为不规范，直接或间接导致工程出现问题的情况屡屡发生。按理说，建设单位对建设工程质量应最为关心。但在我国，工程建设的投资者主要还是国家及一些开发商，代表建设单位直接参与工程管理的人并不是工程最后的所有人和使用者，建设工程质量的好坏与其自身利益并无十分密切的关系，他们享有建设单位的权利，但不承担工程质量低劣的后果。另外，我国建筑行业竞争十分激烈，基本上是僧多粥少的局面，承包方与建设单位处于不平等的地位，建设单位压造价、压工期等一些不合理要求得不到抵制，使得工程建设中建设单位的行为缺乏约束，其主观随意性很大，大量工程在建设单位恣意干涉下，以违背正常建设规律的方式建成，造成建设工程质量事故层出不穷。有鉴于此，国务院于2000年1月30日发布的《建设工程质量管理条例》特别对建设单位的质量责任和义务作出了明确规定。我国建设工程质量法律规范在规定建设单位质量责任和义务上，主要有以下几方面：

（1）依法发包工程的责任

通过工程发包，选取具有技术和经济实力，享有良好信誉的承包商来承包工程建设，是确保工程质量的重要环节。但不少建设单位不遵守有关法律法规的规定，将工程发包变成了谋取团体利益和私人利益的手段。为此，《建设工程质量管理条例》规定："建设单位应当将工程发包给具有相应资质等级的单位"。"建设单位不得将工程肢解发包"。同时，还进一步规定，对于应当招标的工程项目，建设单位应依法招标。发包单位及其工作人员在建设工程发包中不得收受贿赂、回扣或者索取其他好处。

1）承包单位应具备的条件

建设活动不同于一般的经济活动，从业单位素质的高低直接影响工程质量。因此，从事建设活动的单位必须符合严格的资质条件。资质等级反映了企业从事某项工作的资格和能力，是国家对建设市场准入管理的重要手段。

2）禁止肢解发包

肢解发包是指建设单位将应当由一个承包单位完成的建设工程分解成若干部分发包给不同的承包单位的行为。在我国建设市场中一些建设单位利用肢解发包工程为手段进行不正当交易的行为，不仅导致了某些个人的贪污犯罪，同时也危害了公共安全，因此，《建筑法》和《建设工程质量管理条例》禁止建设单位将建设工程肢解发包。

3）依法招标

建设单位应当依法对工程建设项目的勘察、设计、施工、监理以及与工程建设有关的重要设备、材料等的采购进行招标。根据《招标投标法》有关强制招标的规定，在我国境内进行下列工程建设项目的勘察、设计、施工、监理以及与工程建设有关的重要设备、材料等的采购，必须进行招标：①大型基础设施、公用事业等关系社会公共利益、公众安全的项目；②全部或者部分使用国有资金投资或者国家融资的项目；③使用国际组织或者外国政策贷款、援助资金的项目。前款所列项目的具体范围和规模标准，由国务院发展计划部门会同国务院有关部门制订，报国务院批准。

（2）遵守国家规定及技术标准的责任

建立工程建设的技术标准及相关规定，是保证建设工程质量的重要措施，任何单位和个人都必须严格遵守这些标准和规定，不得随意更改和破坏。

1）建设单位不得迫使承包方以低于成本的价格竞标，不得任意压缩合理工期

这一规定对保证工程质量至关重要。在实际工作中，不少建设单位一味强调降低成本，压级压价，如要求甲级设计单位按乙级资质取费，一级施工企业按二级资质取费，或迫使投标方互相压价，最终承包单位以低于其成本的价格中标。而中标的单位在承包工程后，为了减少开支，降低成本，不得不偷工减料、以次充好、粗制滥造，致使工程出现质量问题。

合理工期是指在正常建设条件下，采取科学合理的施工工艺和管理方法，以现行的建设行政主管部门颁布的工期定额为基础，结合项目建设的具体情况，而确定的工期。建设单位不能为了早日发挥项目的效益，迫使承包单位赶工期。在实际工作中，盲目赶工期，简化程序，不按规程操作，导致建设项目出问题的情况很多，这是应该制止的。

2）建设单位不得明示或者暗示设计单位或者施工单位违反工程建设强制性标准

强制性标准是保证工程结构安全可靠的基础性要求，违反了这类标准，必然会给工程

带来重大质量隐患。在实践中，一些建设单位为了自身的经济利益，明示或者暗示承包单位违反强制性标准的要求，降低工程质量的标准，这种行为必须坚决制止。

3）建设单位不得明示或者暗示施工单位使用不合格的建筑材料、建筑构配件和设备

不合格的建筑材料、建筑构配件和设备是导致工程质量事故的直接因素，建设单位明示或者暗示施工单位使用不合格的建筑材料、建筑构配件和设备，是一种严重的违法行为，必须予以制止。

4）施工图设计文件未经审查批准的，建设单位不得交付施工

《建设工程质量管理条例》规定了施工图设计文件审查制度，这是政府对工程设计质量进行质量监督的新举措。

在市场经济条件下，由于市场竞争的原因，设计单位常常受制于建设单位，违心地服从建设单位提出的种种不合理要求，违反国家和地方的有关规定和强制性标准，产生各种各样的设计质量问题。而一旦发现设计的质量问题，往往已经开始施工甚至开始使用，这将带来巨大的损失。因此，对施工图设计文件开展审查，既是对建设单位的成果进行质量控制，也能纠正参与建设活动各方的不规范行为。而且审查是在施工图设计文件完成之后，开始施工之前进行，这样就可以有效地避免损失，保证建设工程的质量。

《建筑工程施工图设计文件审查暂行办法》已经印发，按照其规定，建筑工程的建设单位应当将施工图报送建设行政主管部门，由建设行政主管部门委托有关审查机构审查。审查的主要内容为：建筑的稳定性、安全性审查，包括地基基础和主体结构体系是否安全、可靠；是否符合消防、节能、环保、抗震、卫生、人防等有关强制性标准规范的规定；施工图是否能达到规定的深度要求；是否会损害公众利益。凡应当审查而未经审查或者审查不合格的施工图项目，建设行政主管部门不得发放施工许可证，施工图不得交付施工。

5）涉及建筑主体和承重结构变动的装修工程，建设单位要有设计方案

现实生活中，一些装修工程为了满足特定的使用目的，要对结构主体和承重结构进行改动。建设单位在没有设计方案的前提下擅自施工，必然给工程带来质量隐患，后果是十分严重的。为此，《建筑法》、《建设工程质量管理条例》均规定，建设单位应当在施工前委托设计单位或者具有相应资质等级的其他设计单位提出设计方案；没有设计方案的，不得施工。

《住宅室内装饰装修管理办法》（2002年2月26日建设部令第110号发布）对装修工程必须履行的手续进行了严格的规定，如原有房屋装饰装修涉及拆改主体结构和明显加大荷载的，房屋所有权人、使用人应当经城市规划行政主管部门批准，并应当经原设计单位或者具有相应资质等级的设计单位提出设计方案。建设行政主管部门应结合《建筑法》、《建设工程质量管理条例》以及《住宅室内装饰装修管理办法》等有关法律法规，加强对装修工程的监督管理。

（3）委托监理的责任

建设单位对工程建设应进行必要的监督、管理，对于国家规定必须实行监理的工程，建设单位应委托具有相应资质等级的工程监理单位进行监理。也可以委托具有工程监理相应资质等级并与被监理工程的施工承包单位没有隶属关系或者其他利害关系的该工程的设计单位进行监理。

从我国目前的实际情况来看，我国尚不具备全面实行监理制度的条件。建设部根据《建设工程质量管理条例》，于 2001 年 1 月 17 日颁布了 86 号令《建设工程监理范围和规模标准规定》，明确了必须实行监理的具体范围和规模标准。这些必须实行监理的工程项目主要集中在国家重点建设工程、大中型公用事业工程、成片开发建设的住宅小区工程、利用外国政府或者国际组织贷款、援助资金的工程项目。此外，国家还规定了必须实行监理的其他工程，主要指总投资额在 3000 万元以上关系到社会公共利益、公众安全的基础设施项目。

（4）依法报批、接受政府监督的责任

建设单位在工程设计完成后，应将施工图设计文件报县级以上人民政府建设行政主管部门或者其他有关部门审查，未经审查批准的施工图设计文件，不得使用。具体报批审查办法，目前正在制定。

建设单位在领取施工许可证或者进行开工报告前，应按国家有关规定办理工程质量监督手续。

施工许可制度是《建筑法》确立的一项制度，必须申请领取施工许可证的建筑工程未取得施工许可证的，一律不得开工。《建筑工程施工许可管理办法》（1999 年 10 月 15 日建设部令第 71 号发布）对该项制度的实施进行了详细的规定。

建设单位在领取施工许可证或者开工报告之前，应按照国家有关规定，到工程质量监督机构办理工程质量监督手续，并应提供以下文件和资料：

1）工程规划许可证；

2）设计单位资质等级证书；

3）监理单位资质等级证书，监理合同及《工程项目监理登记表》；

4）施工单位资质等级证书及营业执照副本；

5）工程勘察设计文件；

6）中标通知书及施工承包合同等。

工程质量监督管理机构收到上述文件和资料后，进行审查，符合规定的，办理工程质量监督注册手续，签发监督通知书。

建设单位办理工程质量监督手续是法定程序，不办理监督手续的，县级以上建设行政主管部门和其他专业部门不发放施工许可证，工程不得开工。

（5）提供资料、组织验收的责任

在工程建设的各个阶段，建设单位都负有向勘察、设计、施工、工程监理等单位提供工程有关原始资料，并保证其真实、准确、齐全的责任。在收到工程竣工报告后，建设单位应负责组织设计、施工、工程监理等有关单位对工程进行验收，并应按国家有关档案管理的规定，及时收集、整理建设项目各环节的文件资料，在工程验收后，负责及时向建设行政主管部门或者其他有关部门移交建设项目档案。

建设单位应按照国家有关规定组织竣工验收，建设工程验收合格的，方可交付使用。工程项目的竣工验收是施工全过程的最后一道程序，是全面考核投资效益、检验设计和施工质量的重要环节。建设工程完成后，承包单位应当按照国家竣工验收有关规定，向建设单位提供完整的竣工资料和竣工验收报告。建设单位收到竣工验收报告后，应及时组织设计、施工、工程监理等单位进行竣工验收。竣工验收应当具备下列条件：

1）完成建设工程设计和合同约定的各项内容；

2）有完整的技术档案和施工管理资料；

3）有工程使用的主要建筑材料、建筑构配件和设备的进场试验报告；

4）有勘察、设计、施工、工程监理等单位分别签署的质量合格文件；

5）有施工单位签署的工程保修书。

建设工程经验收合格后，才可交付使用。如果建设单位为提前获得经济效益，在工程未经验收或者验收不合格的情况下将工程交付使用，由此引发的质量问题，建设单位要承担责任。《建设工程质量管理条例》确立了竣工验收备案制度，这是加强政府监督管理，防止不合格工程流向社会的重要手段。

如果建设单位未尽上述责任，将分别受到限期改正、责令停工、处以罚款等处罚；构成犯罪的，还将追究单位、主管人员、直接责任人的刑事责任。建设单位如为房屋建设开发公司，除承担一般建设单位的有关责任、义务外，还应建立健全质量保证体系，加强对开发工程的质量管理；其开发经营的工程质量应符合国家现行有关法律、法规、技术标准和设计文件的要求；其出售的房屋，应符合使用要求，并应提供有关使用、保养和维护的说明；如发生质量问题，应在保修期内负责保修。房屋建设开发公司如违反上述规定，将视其情节轻重，给予降低资质等级、吊销资质证书和罚款的处罚。

2. 勘察、设计单位的质量责任和义务

勘察单位是指对地形、地质及水文等要素进行测绘、勘探、测试及综合评定，并提供可行性评价及建设工程所需勘察成果资料的单位。设计单位是指按照现行技术标准对建设工程项目进行综合性设计及技术经济分析，并提供建设工程施工依据的设计文件和图纸的单位。

（1）遵守执业资质等级制度的责任

勘察、设计单位应当依法取得相应资质等级的证书，并在其资质等级许可的范围内承揽工程，不得转包或者违法分包所承揽的工程，不得擅自超越资质等级或者以其他勘察、设计单位的名义承揽工程，不得允许其他单位或者个人以本单位的名义承揽工程，也不得转包或者违法分包自己所承揽的工程。

勘察、设计单位的资质等级反映其从事某项勘察、设计工作的资格和能力，是国家对勘察、设计市场准入管理的重要手段。勘察、设计单位只有具备了相应的资质条件，才有能力保证勘察、设计的质量。超越资质等级许可的范围承揽工程，也就超越了其勘察、设计的能力，因而无法保证其勘察、设计的质量。为此，《建设工程质量管理条例》规定："禁止勘察、设计单位超越其资质等级许可的范围或者以其他勘察、设计单位的名义承揽工程。禁止勘察、设计单位允许其他单位或者个人以本单位的名义承揽工程"。

转包是指承包人将其承包的全部建设工程又发包给第三人。转包容易造成承包人压价转包，层层扒皮，使最终用于勘察、设计的费用大为降低以至于影响勘察、设计的质量；同时，承包人转包违背了发包人的意志，损害了发包人的利益，所以法律对转包行为予以禁止。

分包是指承包人将其承包工程的一部分或者某几部分再发包给其他承包人，与其签订承包合同下的分包合同。勘察、设计单位的违法分包主要是指将勘察、设计业务分包给不具备相应资质条件的单位，或勘察、设计单位作为分包单位又将其承包的工程再分包。上述违法分包的行为易造成责任不清以及因中间环节过多而使实际用于勘察、设计的费用减少，最终影响勘察、设计质量的后果。因此，法律对违法分包的行为也予以禁止。

（2）建立质量保证体系的责任

勘察、设计单位必须按照工程建设强制性标准进行勘察、设计，注册执业人员应当在设计文件上签字，对设计文件负责。因此，勘察、设计单位应建立健全质量保证体系，加强设计过程的质量控制，健全设计文件的审核会签制度。注册建筑师、注册结构工程师等执业人员应在设计文件上签字，对设计文件的质量负责。

工程建设强制性标准是保证工程质量，满足对工程安全、卫生、环保等方面要求的最低标准。因此在勘察、设计中必须严格执行。

我国目前对勘察、设计行业已实现了建筑师和结构工程师的个人执业注册制度，并规定注册建筑师、注册结构工程师必须在规定的执业范围内对本人负责的工程设计文件，实施签字盖章制度。注册建筑师、注册结构工程师作为设计单位完成设计的主要技术人员，其工作质量直接影响设计的质量，因此应对设计文件负责。

此外，建设行政主管部门正会同有关部门准备对岩土工程师实行执业注册制度，勘察、设计行业其他有关专业的个人执业注册制度也将逐步建立。

（3）遵守国家工程建设强制性标准及有关规定的责任

1）除有特殊要求的建筑材料、专用设备、工艺生产线等以外，设计单位不得指定生产厂、供应商

凡设计所选用的建筑材料、建筑构配件和设备，应注明规格、型号、性能等技术指标，其质量必须符合国家规定的标准要求；除有特殊要求的建筑材料、专用设备、工艺生产线等以外，设计单位不得指定生产厂家或者供应商。

设计单位有在设计文件中注明所选用的建筑材料、建筑构配件和设备的规格、型号、性能等技术指标的权利和义务。但设计单位如果滥用这项权利，会限制建设单位和施工单位在材料采购上的自主权，同时也限制了其他建筑材料、建筑构配件和设备厂商的平等竞争权，妨碍了公平竞争。此外，指定产品往往会和腐败行为相联系，收受回扣后设计单位常常难以对产品的质量和性能有正确的评价，这无疑会对工程质量产生负面影响。

鉴于以上原因，《建筑法》和《建设工程质量管理条例》均规定，除有特殊要求的建筑材料、专用设备、工艺生产线等以外，设计单位不得指定生产厂、供应商。这里的"特殊要求"通常是指根据设计要求，所选产品的性能或规格只有某个厂家能够生产或加工，必须在设计文件中注明方可进行下一步的设计和采购工作。在通用产品能满足工程质量要求的前提下，设计单位不可故意选用特殊要求的产品。

2）设计单位应当根据勘察成果文件进行建设工程设计

工程勘察文件要反映工程地质、地形地貌、水文地质状况，其勘察成果必须真实准确，评价应准确可靠。设计单位要根据勘察成果文件进行设计，设计文件的深度应符合国家规定，满足相应设计阶段的技术要求，并注明工程合理使用年限；所完成的施工图应配套，细部节点应交代清楚，标注说明应清晰、完整。因此勘察成果文件是设计的基础资料，是设计的依据，先勘察后设计是工程建设程序的要求。但是，由于工期紧迫和建设单位的利益驱动，目前违背基本建设程序的做法时有发生。在勘察、设计质量检查中发现，不少工程存在先设计、后勘察的现象，甚至仅参考附近场地的勘察资料而不进行勘察，这

些都会造成严重的质量隐患和质量事故。因此，设计单位应当根据相应的勘察成果文件进行建设工程设计。

（4）技术交底和事故处理的责任

设计单位应就审查合格的施工图向施工单位作出详细说明，做好设计文件的技术交底工作。对大中型建设工程、超高层建筑以及采用新技术、新结构的工程，设计单位还应向施工现场派驻设计代表。当其所设计的工程发生质量事故时，设计单位应参与质量事故分析，并对因设计造成的质量事故提出相应的技术处理方案。

勘察、设计单位应对本单位编制的勘察、设计文件的质量负责。当其违反国家的法律、法规及相关规定，没有尽到上述质量责任时，根据情节轻重，将会受到责令改正、没收违法所得、罚款、责令停业整顿、降低资质等级、吊销资质证书等处罚；造成损失的，依法承担赔偿责任。注册建筑师、注册结构工程师等注册执业人员因过错造成质量事故的，责令停止执业1年；造成重大事故的，吊销执业资格证书，5年内不予注册；情节特别恶劣的，终身不予注册。勘察、设计单位违反国家规定，降低工程质量标准，造成重大安全事故、构成犯罪的，要依法追究直接责任人员的刑事责任。

3. 施工单位的质量责任和义务

施工单位指经过建设行政主管部门的资质审查，从事建设工程施工承包的单位。按照承包方式不同，可分为总承包单位和专业承包单位。施工阶段是建设工程实体质量的形成阶段，勘察、设计工作质量均要在这一阶段得以实现。施工单位是建设市场的重要责任主体之一，它的能力和行为对建设工程的施工质量起关键性作用。由于施工阶段涉及的责任主体多，生产环节多，时间长，影响质量稳定的因素多，协调管理难度较大，因此，施工阶段的质量责任制度显得尤为重要。

（1）遵守执业资质等级制度的责任

施工单位应当依法取得相应资质等级的证书，并必须在其资质等级许可的范围内承揽工程施工任务，不得超越本单位资质等级许可的业务范围或者以其他施工单位的名义承揽工程。禁止施工单位允许其他单位或者个人以本单位的名义承揽工程。施工单位也不得将自己承包的工程再进行转包或者非法分包。

施工单位的资质等级，是施工单位建设业绩、人员素质、管理水平、资金数量、技术装备等综合能力的体现，反映了该施工单位从事某项施工工作的资格和能力，是国家对建筑市场准入管理的重要手段。《建筑业企业资质管理规定》对此作出了明确的规定。

施工单位必须在其资质等级许可的范围内承揽工程，禁止以其他施工单位的名义承揽工程和允许其他单位或者个人以本单位的名义承揽工程。在实践中，一些施工单位因自身资质条件不符合招标项目所要求的资质条件，会采取种种欺骗手段取得发包方的信任，其中包括借用其他施工单位的资质证书，以其他施工单位的名义承揽工程等手段进行违法承包活动。这些施工单位一旦拿到工程，一般要向出借方交纳一大笔管理费，就只有靠偷工减料、以次充好等非法手段赚取利润。这样一来，必然会给工程带来质量隐患。因此，必须明令禁止这种行为，无论是"出借方"还是"借用方"都将受到法律的处罚。

（2）总承包单位与分包单位之间的质量责任

1）总承包单位与分包单位对分包工程的质量承担连带责任

建筑工程实行总承包的，总承包单位应对全部建筑工程质量负责；实行勘察、设计、施工、设备采购的一项或多项总承包的，总承包单位应对其承包工程或采购设备的质量负责。总承包单位依法进行分包的，分包单位应按分包合同的约定对其分包工程的质量向总承包单位负责，总承包单位与分包单位对分包工程的质量承担连带责任。依据这种责任，对于分包工程发生的质量责任，建设单位或者其他受害人既可以向分包单位请求赔偿全部损失，也可以向总承包单位请求赔偿损失。在总承包单位承担责任后，可以依照法律及分包合同的约定，向分包单位追偿。

施工单位未尽到上述质量责任时，根据其违法行为的严重程度，将受到责令改正、罚款、降低资质等级、责令停业整顿、吊销资质证书等处罚。对不符合质量标准的工程，负责返工、修理，并赔偿因此造成的损失；对降低工程质量标准，造成重大安全事故，构成犯罪的，要追究直接责任人的刑事责任。

2）禁止转包

转包的最主要特点是转包人只从受转包方收取管理费，而不对工程进行施工和管理。建设单位对受转包人的管理缺乏法律依据，受转包人的行为不受承包合同的约束。后者为了非法赢利，不择手段。《建筑法》和《合同法》都明令禁止承包单位将其承包的全部工程转包给他人，同时也禁止承包单位将其承包的工程肢解以后，以分包的名义分别转包给他人。

3）违法分包

正常的总分包施工经营方式是建设活动自身的客观需要，但工程实践中，有许多违法分包的行为，表现在：总承包单位将建设工程分包给不具备相应资质条件的单位；建设工程总承包合同中未有约定，又未经建设单位认可，承包单位将其承包的部分工程交由其他单位完成；施工总承包单位将建设工程主体结构的施工分包给其他单位；分包单位将其承包的建设工程再分包。

上述行为均是《建筑法》、《建设工程质量管理条例》明令禁止的。

（3）遵守技术标准、严格按图施工的责任

1）施工单位必须按照工程设计图纸和施工技术标准施工，不得擅自修改工程设计，不得偷工减料

施工过程中如发现设计文件和图纸的差错，应及时向设计单位提出意见和建议，不得擅自处理。按工程设计图纸施工，是保证工程实现设计意图的前提，也是明确划分设计、施工单位质量责任的前提。施工过程中，如果施工单位不按图施工或者不经原设计单位同意，就擅自修改工程设计，其直接的后果往往是违反了原设计的意图，影响工程的质量。间接后果是在原设计有缺陷或出现工程质量事故的情况下，混淆了设计、施工单位各自应负的质量责任。所以按图施工，不擅自修改工程设计，是施工单位保证工程质量的最基本要求。

2）施工单位必须按照工程设计要求、施工技术标准和合同约定，对建筑材料、建筑构配件、设备及商品混凝土进行检验，未经检验或者检验不合格的，不得使用

建筑材料、建筑构配件、设备及商品混凝土检验制度，是施工单位质量保证体系的重要组成部分，是保障建设工程质量的重要内容。施工中要按照工程设计要求、施工技术标准和合同约定，对建筑材料、建筑构配件、设备及商品混凝土进行检验。检验工作要按规定的范围和要求进行，按现行的标准、规定的数量、频率、取样方法进行检验。检验结果

要按规定的格式形成书面记录，并由有关专业人员签字。未经检验或者检验不合格的，不得使用；使用在工程上的，要追究批准使用人的责任。

3）施工人员对涉及结构安全的试块、试件以及有关材料，应在建设单位或工程监理单位监督下现场取样，并送具有相应资质等级的质量检测单位进行检测

在工程施工过程中，为了控制工程总体或相应部位的施工质量，一般要依据有关技术标准，用特定的方法对用于工程的材料或构件抽取一定数量的样品，进行检测或试验，并根据其结果来判断其所代表部位的质量。这是控制和判断工程质量所采取的重要技术措施。试块和试件的真实性和代表性，是保证这一措施有效的前提条件。为此，建设工程施工检测，应实行有见证取样和送检制度，即施工单位在建设单位或监理单位见证下取样，送至具有相应资质的质量检测单位进行检测。有见证取样可以保证取样的方法、数量、频率、规格等符合标准的要求，防止假试块、假试件和假试验报告的出现。

检测单位的资质，是保证试块、试件检测质量的前提条件。具有相应资质等级的质量检测单位是指必须经省级以上建设行政主管部门进行资质审查和经有关部门进行质量认证的工程质量检测单位。从事建筑材料和制品等试验工作的施工企业、混凝土预制构件和商品混凝土生产企业、科研单位、大专院校对外服务的工程试验室以及工程质量检测机构，均应按有关规定取得资质证书。

（4）建立质量保证体系的责任

施工单位应当建立健全质量保证体系，要明确工程项目的项目经理、技术负责人和管理负责人。施工单位必须建立健全并落实质量责任制度，严格工序管理，做好隐蔽工程的质量检查和记录。隐蔽工程在掩埋前，应通知建设单位和建设工程质量监督机构进行检验。施工单位还应当建立健全质量教育培训制度，加强对职工的质量教育培训，未经教育培训或者考核不合格的人员，不得上岗作业。施工单位还应加强计量、检测等基础工作。

4. 工程监理单位的质量责任和义务

工程监理单位是指经过建设行政主管部门的资质审查，受建设单位委托，依据法律法规以及有关技术标准、设计文件和承包合同，在建设单位的委托范围内对建设工程进行监督管理的单位。工程监理单位可以是具有法人资格的监理公司、监理事务所，也可以是兼营监理业务的工程技术、科学研究及建设工程咨询的单位。

（1）遵守执业资质等级制度的责任

工程监理单位应当依法取得相应资质等级的证书，并在其资质等级许可的范围内承担工程监理业务，不得转让工程监理业务，不得超越本单位资质等级许可的范围或者以其他工程监理单位的名义承担工程监理业务。禁止工程监理单位允许其他单位或者个人以本单位的名义承担工程监理业务。工程监理单位也不得将自己承担的工程监理业务进行转让。

（2）回避的义务

工程监理单位与被监理工程的施工承包单位以及建筑材料、建筑构配件和设备供应单位有隶属关系或者其他利害关系的，不得承担该项建设工程的监理业务，以保证监理活动的公平、公正。这里的隶属关系是指工程监理单位与被监理工程的施工承包单位以及建筑材料、建筑构配件和设备供应单位有行政上下级关系等。其他利害关系，是指工程监理单位与被监理工程的施工承包单位以及建筑材料、建筑构配件和设备供应单位之间存在可能直接影响监理单位工作公正性的经济或者其他利益关系，如参股、联营等关系。

（3）依法进行现场监理的责任

工程监理单位应当依照法律法规以及有关技术标准、设计文件和建设工程承包合同，代表建设单位对施工质量实施监理，并对施工质量承担监理责任。工程监理单位应选派具有相应资格的总监理工程师进驻施工现场。总监理工程师应依据有关技术标准、设计文件和建设工程承包合同及工程监理规范的要求，采取旁站、巡视和平行检验等形式，对建筑工程实施监理，对违反有关规范及技术标准的行为进行制止，责令改正；对工程使用的建筑材料、建筑构配件和设备的质量进行检验，不合格者，不得准许使用。工程监理单位不得与建设单位或施工单位串通、弄虚作假，降低工程质量。

根据《建筑法》和《建设工程质量管理条例》对监理单位违法责任的规定，工程监理单位与建设单位或者施工单位串通、弄虚作假，降低工程质量的，或者将不合格的建设工程、建筑材料、建筑构配件和设备按照合格签字的，承担连带赔偿责任。

如果监理单位在责任期内，不按照监理合同约定履行监理职责，给建设单位或者其他单位造成损失的，属违约责任，应当向建设单位赔偿。影响工程质量的，将根据其违法行为的严重程度，给予责令改正、没收非法所得、罚款、降低资质等级、吊销资质证书等处罚。造成重大安全事故，构成犯罪的，要追究直接责任人员的刑事责任。

5. 建筑材料、构配件生产及设备供应单位的质量责任和义务

设备材料供应商是指提供构成建筑工程实体的设备和材料的企业。不仅仅指设备材料生产商，还包括设备材料经销商。建筑材料、构配件生产及设备供应单位必须具备相应的生产条件、技术装备和质量保证体系，具备必要的检测人员和设备，并应把好产品看样、订货、储存、运输和核验的质量关，其供应的建筑材料、构配件和设备质量应符合国家或行业现行有关技术标准规定的合格标准和设计要求，并应符合以其产品说明、实物样品等方式表明的质量状况。根据《中华人民共和国产品质量法》（以下简称《产品质量法》）（2000 年 7 月 8 日重新发布）的有关规定，建筑材料、构配件生产及设备供应单位主要有以下几方面的质量责任和义务：

（1）建筑材料、构配件生产及设备供应单位的基本要求

建筑材料、构配件生产及设备供应单位必须具备相应的生产条件、技术装备和质量保证体系，具备必要的检测人员和设备，把好产品看样、订货、储存、运输和核验的质量关。

（2）建筑材料、构配件及设备质量应当符合的要求

1）符合国家或行业现行有关技术标准规定的合格标准和设计要求；

2）符合在建筑材料、构配件及设备或者其包装上注明采用的标准，符合以建筑材料、构配件及设备说明、实物样品等方式表明的质量状况。

（3）建筑材料、构配件及设备或者其包装上的标识应当符合的要求

1）有产品质量检验合格证明；

2）有中文标明的产品名称、生产厂名和厂址；

3）产品包装和商标样式符合国家有关规定和标准要求；

4）设备应有产品详细的使用说明书，电气设备还应附有线路图；

5）实施生产许可证或使用产品质量认证标志的产品，应有许可证或质量认证的编号、批准日期和有效期限。

（4）建筑材料、构配件生产及设备供应单位的其他质量责任和义务

建筑材料、构配件生产及设备供应单位不得生产国家明令淘汰的产品，不得伪造产地，不得伪造或冒用他人的厂名、厂址，不得伪造或冒用认证标志等质量标志，不得掺杂、掺假，不得以假充真、以次充好，不得以不合格产品冒充合格产品等。

（三）建设工程质量监督制度

1. 政府的质量监督制度

（1）政府监督工程质量是一种国际惯例

工程质量责任重大，关系到社会公众的利益和公共安全。因此，无论是在发达国家，还是在发展中国家，均强调政府对工程质量进行监督管理。

大多数发达国家和地区的政府建设行政主管部门都把制定并执行住宅、城市、交通、环境建设等建设工程质量管理的法规作为主要任务，同时把大型项目和政府投资项目作为监督管理的重点。与其完善的市场经济体制相适应，这些国家和地区的政府都非常重视各种学会和行业协会的作用，对专业人士实行注册制度，依据法律、法规实行项目许可制度、市场准入制度、设计文件审核制度、质量体系认证制度、竣工验收许可证制度等。对建设工程质量进行全方位、全过程的管理是这些国家和地区的政府的通常做法。

政府有关部门对工程质量进行必要的监督检查，也是国际惯例。美国各个城市市政当局都设有工程质量监督管理部门，对辖区内各类公共投资工程和私人投资工程进行强制性监督检查；新加坡政府主管部门——建屋发展局在每个工地派驻工程监督员，负责对建设工程质量进行监督管理；德国各州政府建设主管部门委托或授权国家认可的质量监督审查公司（由质量监督工程师组成），代表政府对所有新建工程和涉及结构安全的改建工程的质量进行强制性监督审查。这些发达国家和地区的政府质量监督检查，包括施工图设计审查和施工过程的检查，一般委托给有关机构进行。

（2）我国的建设工程质量监督管理制度

我国实行国务院建设行政主管部门统一监督管理，各专业部门按照国务院确定的职责分别对其管理范围内的专业工程进行监督管理。根据国务院批准的"三定"方案的规定，建设部是负责全国建设行政管理的职能部门，铁路、交通、水利等有关部门分别对专业建设工程进行监督管理。县级以上人民政府建设行政主管部门在本行政区域内实行建设工程质量监督管理，专业部门按其职责对本专业建设工程质量实行监督管理。这种管理体制明确了政府各部门的职责，职权划分清晰，权力与职责一致，谁管理谁负责，有利于对建设工程质量实施监督管理。

建筑工程质量监督制度是建筑工程质量管理过程中的基本法律制度之一，它包括政府质量监督制度、建筑工程质量检测制度、建筑工程质量的验评和奖励制度、建材使用许可制度和建筑工程质量群众监督制度。

《建筑法》第3条规定："建筑活动应当确保建筑工程质量和安全，符合国家的建筑工程安全标准。"第79条规定："负责质量监督检查或者竣工验收的部门及其工作人员对不合格的建筑工程出具质量合格文件或者按合格工程验收的，由上级机关责令改正，对责任人员给予行政处分；构成犯罪的，依法追究刑事责任，造成损失的，由该部门承担相应的

赔偿责任。"这些条文从法律上明确了政府质量监督的内容。

为了确保工程质量，确保公共安全，保护人民群众的生命和财产安全，我国政府大力加强工程质量的监督管理。《建设工程质量管理条例》用专门一章来规定政府对建设工程质量的监督管理，主要内容包括建设工程质量管理职责、范围的划分，质量监督管理的实施机构和有权采取的强制性措施，建设工程竣工验收备案制度，建设工程质量事故报告制度等。

为了加强政府对工程质量的监督管理，我国从 20 世纪 80 年代中期逐步建立起了政府建设工程质量监督制度，各地、各部门相继成立了工程质量监督站，这一制度在确保建筑工程质量、减少重大质量事故等方面发挥了重要作用。《建筑法》与《建设工程质量管理条例》的实施更为建筑工程质量监督制度提供了法律上的依据。为保证建筑工程的安全可靠，保护人民生命和财产安全，政府必须对建筑工程质量实行强制性的监督管理。在政府建设行政主管部门和有关部门内设立一个精干高效的机构来行使监督管理职能，同时在政府机构之外还必须有经过政府认可的工程质量监督机构，接受政府委托具体实施对工程质量的监督，最终建立起以保证建筑工程使用安全和环境质量为主要目的，以法律、法规和强制性标准为依据，以政府认可的第三方强制监督为主要方式，以地基基础、主体结构、环境质量和与此相关的工程建设各方主体的质量行为为主要内容，以施工许可制度和竣工验收备案制度为主要手段的政府工程质量监督体系。

政府质量监督作为一项制度，以法规的形式在《建设工程质量管理条例》中加以明确，强调了工程质量必须实行政府监督管理。《建设工程质量管理条例》对加强工程质量监督管理的一系列重大问题作出了明确的规定：一是对业主的行为进行了严格规范。二是对建设单位、勘察单位、设计单位、施工单位和工程监理单位的质量责任及其在实际工作中容易出问题的重要环节作出了明确的规定，依法追究责任。今后，政府对工程质量的监督管理主要以保证建设工程使用安全和环境质量为主要目的，以法律、法规和强制性标准为依据，以地基基础、主体结构、环境质量和与此相关的工程建设各方主体的质量行为为主要内容，以施工许可制度和竣工验收备案制度为主要手段。

以上是对政府质量监督行为的界定。政府的任务就是以法律、法规和强制性标准为依据，以政府认可的第三方强制监督为主要方式，这和过去相比，是一个重大的变化。广大建设行政管理人员必须深入理解《建设工程质量管理条例》的规定，牢牢把握建设工程质量监督管理制度的实质，及时转变观念，迅速地调整实施工程质量监督管理的方式方法，使这项重要的管理制度得到真正的贯彻执行。

进一步讲，建设工程质量监督管理制度具有以下几个特点：第一，具有权威性，建设工程质量监督体现的是国家意志，任何单位和个人从事工程建设活动都应当服从这种监督管理。第二，具有强制性，这种监督是由国家的强制力来保证的，任何单位和个人不服从这种监督管理都将受到法律的制裁。第三，具有综合性，这种监督管理并不局限于某一个阶段或者某一个方面，而是贯穿于建设活动的全过程，并适用于建设单位、勘察单位、设计单位、施工单位、工程建设监理单位。

1）各级政府主管部门质量监督管理的职责

①国务院建设行政主管部门的职责是：贯彻国家有关建设工程质量的法律、法规、政策，制定建设工程质量监督工作的有关规定和实施细则；指导全国建设工程质量监督工

作；制定工程质量监督机构和质量监督工程师（以下简称质监工程师）的资格标准及考核、审批和管理办法，制定质监工程师培训教材、考试大纲和证书。

②省、自治区、直辖市建设行政主管部门的职责是：贯彻国家有关建设工程质量的法律、法规、政策，制定本地区建设工程质量监督工作的有关规定和实施细则；本地区的市、区、县质量监督机构考核、认定；组织对工程质监工程师和质量监督人员的考核，颁发证书。

省、自治区、直辖市建设行政主管部门可根据本地实际情况，将以上建设工程质量监督管理方面的职责委托有关工程质量监督管理机构行使。

③各市（地区）、县建设行政主管部门的职责是：贯彻国家和地方有关建设工程质量的法律、法规、政策；委托质量监督机构具体实施工程质量监督工作；在工程竣工验收后，接受质量监督机构报送的工程质量监督报告和建设单位申请工程竣工验收备案的有关资料，并决定是否办理备案手续；对质监机构上报的需实施行政处罚的报告进行审核，并依法对工程建设有关责任主体实施行政处罚。

④国务院有关部门按照各自的职能对本专业的建设工程行使质量监督职责。

2）政府对建筑活动主体的监督管理制度

建筑活动主体是指建筑工程的参与者，包括建设单位、勘察单位、设计单位、工程监理单位和构配件生产单位及施工企业等单位及其相关人员。政府对建筑工程主体的监督管理主要是：

①对建设单位的能力进行审查

审查其是否具备与发包工程项目相适应的技术、经济管理能力，是否具备编制招标文件及组织开标、评标、定标的能力。如不具备上述能力，则要求其委托招标代理机构代为办理招标事宜。

②对勘察、设计、施工、工程监理、构配件生产、房地产开发单位实行资格（质）等级认证、生产许可证和业务范围的监督管理。

上述单位必须按规定申请并取得相应资格证书后，方能从事其资格（质）等级允许范围内的业务活动。各级建设行政主管部门将严格监督各单位在其资格（质）等级允许的业务范围内从事活动。

③实行执业工程师的注册制度

目前，我国法规规定从事建筑设计、结构设计、工程监理和工程造价的工程技术人员，须经过考试取得资格证书并经注册后方能获得相应执业资格。各级建设行政主管部门将负责对考试、注册及执业活动的监督管理。

④建设行政主管部门履行监督检查职责时有权采取的措施

《建设工程质量管理条例》规定，县级以上人民政府建设行政主管部门和其他有关部门履行监督检查职责时，有权采取下列措施：要求被检查的单位提供有关工程质量的文件和资料；进入被检查单位的施工现场进行检查；发现有影响工程质量的问题时，责令改正。

2. 工程质量监督机构及其职责

根据规定，凡新建、扩建、改建的工业、交通和民用、市政公用工程（含实施监理的工程）及构配件生产，均应接受建筑工程质量监督机构的监督。

（1）建筑工程质量监督机构

对建设工程质量进行监督管理的主要是各级政府建设行政主管部门和其他有关部门。但是，建设工程周期长，环节多，工程质量监督工作是一项专业性强且又十分复杂的工作，政府部门不可能有庞大的编制亲自进行日常检查工作，这就需要委托由政府认可的第三方，即具有独立法人资格的单位来代行工程质量监督职能。也就是说，建设工程质量的监督管理职责可以由建设行政主管部门或者其他有关部门委托的工程质量监督机构承担。

工程质量监督工作的主管部门，在国家为建设部，在地方为各级人民政府的建设主管部门。铁路、交通、水利等有关部门负责本专业建设工程项目的质量监督管理工作。国务院发展计划部门按国务院规定的职责，组织稽查特派员，对国家出资的重大建设项目实施监督检查。国务院经济贸易主管部门按国务院规定的职责，对国家重大技术改造项目实施监督检查。市、县建设工程质量监督站和国务院各工业、交通部门所设的专业建设工程质量监督站（简称为监督站）为建设工程质量监督的实施机构。监督站的主要职责是：检查受监工程的勘察、设计、施工单位和建筑构配件厂是否严格执行技术标准，工程的质量等级和建筑构配件质量；参与评定本地区、本部门的优质工程；参与重大工程质量事故的处理；总结质量监督工作经验，掌握工程质量状况，定期向主管部门汇报。

工程质量监督机构是指经建设行政主管部门或其他有关部门考核，具有法人独立资格的单位。它受政府建设行政主管部门或有关专业部门的委托，对建设工程质量具体实施监督管理，并对委托的政府有关部门负责。《建设工程质量管理条例》规定从事房屋建筑工程和市政基础设施工程质量监督的机构，必须按照国家有关规定经国务院建设行政主管部门或者省、自治区、直辖市人民政府建设行政主管部门考核；从事专业建设工程质量监督的机构，必须按照国家有关规定经国务院有关部门或者省、自治区、直辖市人民政府有关部门考核。经考核合格后，方可实施质量监督。工程质量监督机构必须拥有一定数量的质量监督工程师，有满足工程质量监督检查工作需要的工具和设备。有关工程质量监督机构的资格、工程质量监督工程师管理办法，目前正由建设部制定。

（2）建筑工程质量监督机构的性质和基本条件

1）建筑工程质量监督机构是经省级以上政府有关部门考核认定，具有独立法人资格的事业单位。

2）建筑工程质量监督机构接受各级建设行政主管部门或有关专业部门的委托，在规定地域或专业范围内对工程建设项目进行强制性监督和检查，向委托部门出具质量监督报告，并对其负责。

3）建筑工程质量监督机构必须拥有一定数量的质监工程师，有满足工程质量监督检查工作需要的工具和设备。

（3）建筑工程质量监督机构的基本职责

建筑工程质量监督机构按政府主管部门的委托，行使下列职责：

1）办理建设单位工程建设项目报建手续，收取监督费；

2）依照国家有关法律、法规和工程建设强制性技术标准，对建设工程的地基基础、主体结构及相关的材料、构配件的质量进行抽查，核查实物质量有关的工程建设各方参与者的质量行为，对工程质量文件进行检查，发现有影响工程质量的问题时，有权采取局部暂停施工等强制性措施，直至问题得到解决；

3）对建设单位组织的竣工验收实施监督，察看其验收程序是否合法，资料是否齐全，实物质量是否存在严重缺陷；

4）工程竣工验收后，工程质量监督机构应向其委托的政府部门报送建设工程质量监督报告，主要内容为地基基础和主体结构的检查结论，工程竣工验收是否符合规定，以及历次抽查发现的质量问题及处理情况；

5）对需要实施行政处罚的，报告其委托的政府主管部门进行行政处罚。

（4）建筑工程质量监督的工作程序

监督站在接到文件、资料后两周内，应确定该工程的监督员，并通知建设、勘察、设计、施工单位，同时应提出监督计划。

工程开工前，监督员应对受监工程的勘察、设计和施工单位的资质等级及营业范围进行核查，凡不符合规定要求的不许开工；监督员还要对施工图中的建筑结构、安全、防火和卫生等方面进行审查，使之符合相应标准的要求。

工程施工中，监督员依据监督计划对工程质量进行抽查。房屋建筑和构筑物工程的抽查重点地基基础、主体结构和决定使用功能、安全性能的重要部位；其他工程的监督重点视工程性质决定。工程完工后，监督站在施工单位验收的基础上对工程质量等级进行核查，重点核查生产单位的生产许可证、检测手段和构件质量。

（5）监督站的权限与责任

1）监督站的权限

①对不按技术标准和有关文件要求设计和施工的单位，可给予警告或通报批评；

②对发生严重工程质量问题的单位可令其及时妥善处理，对情节严重的，可按有关规定进行罚款，如为在施工程，则应令其停工整顿；

③对于核验不合格的工程，可作出返修加固的决定，直至合格后方准予交付使用；

④对造成重大质量事故的单位，可参加有关部门组成的调查组，提出调查处理意见；

⑤对工程质量优良的单位，可提请当地建设主管部门给予奖励。

2）监督人员的责任

因监督人员失误、失职、渎职而使建设工程出现重大质量事故或在核验中弄虚作假的，主管部门将视情节轻重对其给予批评、警告、记过直至撤职的处分，触及刑律的将由司法机关追究刑事责任。

（6）建筑工程质量监督与监理的关系

工程质量监督与监理有着某些相似之处。例如二者都是由独立于建设单位、承建单位之外的专门机构来实施，都要对工程的质量进行监督管理等。但是，他们之间又有着本质的区别。

1）工程质量监督机构（如工程质量监督站）代表政府对工程建设实施质量监督与认证，对政府负责，具有一定的行政强制性；而监理单位是受业主的委托，依据委托的内容对工程建设进行监督管理，对业主负责，具有服务性。

2）工程质量监督主要是对施工质量进行监督，部分地区也包括对设计质量的监督；监理的范围囊括了整个工程建设的全过程，即包括招标、设计、施工、材料设备手续、设备安装调试等环节，对工期、造价、质量、安全等诸方面进行监督管理。

3）工程质量监督是以技术标准、规范为依据，监督的内容是技术标准、规范的执行情况；监理以依法确立的合同为依据，监理过程实际上是监督合同双方履行合同约定的义务的一系列活动。

4）工程质量监督以保证质量特别是施工质量为目的；监理的目的是追求包括工期、造价、质量、安全等在内的综合的经济效益、社会效益乃至环境效益。

5）工程质量监督主要是运用行政手段，如禁止不符合技术标准、规范的工程投入使用，以鞭策施工单位保证工程质量；监理主要是运用经济手段如分部分项工程不合格，监理工程师不予签认工程量，不予拨付工程款等促使受监各方以关心自身经济利益出发，自觉提高工程质量，从而保证工程的质量和合同的履行。

3. 建筑工程质量的检测制度

（1）建筑工程质量检测机构的性质

建筑工程质量检测工作是对建筑工程质量进行监督管理的重要手段之一。建筑工程质量检测机构需经省级以上人民政府建设行政主管部门或国务院工业、交通行政主管部门（或其授权的机构）考核合格后，方可承担建筑工程质量的检测任务。它是对建筑工程和建筑构件、制品及建筑材料和设备的质量进行检测的法定单位。它所出具的检测报告具有法定效力。国家级检测机构出具的检测报告，在国内为最终裁定；在国外具有代表国家的性质。

（2）各级建筑工程质量检测机构的任务

建筑工程质量检测机构，分为国家、省、市（地区）、县四级。

1）建筑工程质量国家检测中心是国家级的建筑工程质量检测机构。其主要任务是：①承担重大建设工程质量的检测和试验任务；②负责建筑工程所用的构件、制品及有关材料、设备的质量认证和仲裁检测工作；③负责对结构安全、建设功能的鉴定，参加重大工程质量事故的处理和仲裁检测工作等。

2）各省、自治区、直辖市的建筑工程质量检测中心和市（地区）、县级的建筑工程质量检测站则主要是承担本地区建设工程和建筑构件、制品以及建筑现场所用材料质量的检测工作和参加本地区工程质量事故的处理和仲裁检测工作。此外，还可参与本地区建筑新结构、新技术、新产品的科技成果鉴定等工作。

（3）各级建筑工程质量检测机构的权限

国家级检测机构受国务院建设行政主管部门的委托，有权对指定的国家重点工程进行检测复核，并向国务院建设行政主管部门提出检测复核报告和建议。各地检测机构有权对本地区正在施工的建设工程所用的建筑材料和建筑构件等进行随机抽样检测，并向本地建设工程质量主管部门和质量监督部门提出抽检报告和建议。

受国家建设行政主管部门和国家标准部门委托，国家级检测机构有权对建筑构件、制品及有关的材料、设备等产品进行抽样检验。省、市（地区）、县级检测机构，受同级建设行政主管部门和标准部门委托，有权对本省、市（地区）、县的建筑构件、制品进行抽样检测。对违反技术标准、失去质量控制的产品，检测单位有权提出请主管部门作出责令停止生产、不合格产品不准出厂、已出厂的不得使用的决定。

4. 建材使用许可制度

为保证建设工程中使用的建筑材料性能符合规定标准，从而确保建设工程质量，我国实行建材使用许可制度。这一制度包括建材生产许可证制、建材产品质量认证制及建材进场检验制等制度。

（1）建材生产许可证制

国家规定，对于一些十分重要的建材产品，如钢材、水泥等，实行生产许可证制。生产这些建材产品的企业必须具备相应的生产条件、技术装备、技术人员和质量保证体系，经有关部门审核批准取得相应资质等级并获得生产许可证后，才能进行这些建材产品的生产。其生产销售的建材产品或产品包装上除应标有产品质量检验合格证明外，还应标明生产许可证的编号、批准日期和有效日期。未获得生产许可证的任何其他企业，都不得生产这类建材产品。

（2）建材产品质量认证制

国家有关部门规定，对于重要的建筑材料和设备，推行产品质量认证制度。经认证合格的，由认证机构颁发质量认证证书，准许企业在产品或其包装上使用质量认证标志。使用单位经检验发现认证的产品质量不合格的，有权向产品质量认证机构投诉。同时规定，销售已经过质量认证的建材产品时，在产品或其包装上除标有产品质量检验合格证明外，还应标明质量认证的编号、批准日期和有效期限。

（3）建材进场检验制

为保证建筑的结构安全及其质量，建设部还规定，建筑施工企业必须加强对进场的建筑材料、构配件及设备的质量检查、检测。对各类建筑材料、构配件等，都必须按规定进行检查或复试。凡影响结构安全的主要建筑材料、构配件及设备的采购与使用必须经同级技术负责人同意。质量不合格的建筑材料、构配件及设备，不得在工程上使用。建设部还进一步规定，对进入施工现场的屋面防水材料，不仅要有出厂合格证，还必须要有进场试验报告，确保其符合标准和设计要求。未经检验而直接使用了质量不符合要求的建筑材料、设备及配件的施工企业将承担相应责任。

5. 建筑工程质量群众监督制度

《中华人民共和国消费者权益保护法》（以下简称《消费者权益保护法》）规定："消费者有权检举、控告侵害消费者权益的行为。"《建筑法》第63条规定："任何单位和个人对建筑工程的质量事故、质量缺陷都有权向建设行政主管部门和其他有关部门进行检举、控告、投诉。"《建筑法》与《建设工程质量管理条例》均明确，任何单位和个人对建设工程的质量事故、质量缺陷都有权检举、控告、投诉。工程质量检举、控告、投诉制度是为了更好地发挥群众监督和社会舆论监督的作用，是保证建设工程质量的一项有效措施。

建筑工程质量是个永恒的主题。要保证建筑工程质量，除了政府监督，建设单位、勘察单位、设计单位、施工单位、工程监理单位以及建材生产经销单位的努力外，还需要整个社会和广大人民群众增强质量意识，依法监督，维护自己和他人、国家、集体的合法权益，这样才能全方位、多角度地搞好建筑工程质量管理工作。上述两部法律的有关规定为建筑工程质量的群众监督制度提供了法律依据。

（1）质量事故与质量缺陷

建筑工程质量事故是指在工程建设过程中，由于责任过失造成工程倒塌或者报废、机械设备破坏、安全设备失当，造成人身伤亡或者重大经济损失的事故。建筑工程质量缺陷是指工程不符合有关标准规定，存在危及人身与财产安全的危险性。质量缺陷按其形成原因有勘察缺陷、设计缺陷、施工缺陷、指示缺陷四种。勘察、设计缺陷是工程在勘察、设计中存在的不合理或不达标的状况或危险性。施工缺陷是工程在施工过程中因施工原因使建筑产品存在的缺陷。指示缺陷是建筑工程设计和施工都不存在问题，但由于产品具有特殊性和使用方法、使用条件等，对产品没有必要的指示、说明，而在使用中可能出现或已经出现的不合理危险性或缺陷。

质量事故和质量缺陷都可能给公民和社会造成经济损失和生命财产的损害。在建筑工程质量管理中，广大人民群众从自身合法权益或者国家社会利益方面，都可以依法运用投诉、检举、控告等手段，伸张正义，维护法律的尊严和建筑工程质量的严肃性。

（2）工程质量投诉的范围

工程质量投诉，是指公民、法人和其他组织通过信函、电话、来访等形式反映工程质量问题的活动。凡是新建、改建、扩建的各类建筑安装、市政、公用、装饰装修等建设工程，在保修期内和建设过程中发生的工程质量问题，均属投诉范围。对超过保修期，在使用过程中发生的工程质量问题，由产权单位或有关部门处理。

（3）负责工程质量投诉管理工作的部门及其职责

1）住房和城乡建设部负责全国建设工程质量投诉管理工作。国务院各有关主管部门的工程质量投诉受理工作，由各部门根据具体情况指定专门机构负责。省、自治区、直辖市建设行政主管部门指定专门机构，负责受理工程质量的投诉。

住房和城乡建设部对工程质量投诉管理工作的主要职责是：制定工程质量投诉处理的有关规定和办法；对各省、自治区、直辖市和国务院有关部门的投诉处理工作进行指导、督促；受理全国范围内有重大影响的工程质量投诉。

2）各省、自治区、直辖市建设行政主管部门和国务院各有关主管部门对工程质量投诉管理工作的主要职责是：贯彻国家有关建设工程质量方面的方针、政策和法律、法规、规章，制定本地区、本部门的工程质量投诉处理的有关规定和办法；组织、协调和督促本地区、本部门的工程质量投诉处理工作；受理本地区、本部门范围内的工程质量投诉。

市（地）、县建委（建设局）的工程质量投诉管理机构和职责，由省、自治区、直辖市建设行政主管部门或地方人民政府确定。

（4）投诉处理机构的职责和义务

投诉处理机构要督促工程质量责任方，按照有关规定，认真处理好用户的工程质量投诉。要做好投诉登记工作。对需要几个部门共同处理的投诉，投诉处理机构要主动与有关部门协商，在政府的统一领导和协调下，有关部门各司其职，协同处理。住房和城乡建设部转批各地区、各部门处理的工程质量投诉材料，各地区、各部门的投诉处理机构应在三个月内将调查和处理情况上报住房和城乡建设部。

省级投诉处理机构受理的工程质量投诉，按照属地解决的原则，交由工程所在地的投诉处理机构处理，并要求报告处理结果。对于严重的工程质量问题可派人协助有关方面调查处理。市、县级投诉处理机构受理的工程质量投诉，原则上应直接派人或与有关部门共同调查处理，不得层层转批。

对于投诉的工程质量问题，投诉处理机构要本着实事求是的原则，对合理的要求，要及时妥善处理；暂时解决不了的，要向投诉人作出解释，并责成工程质量责任方限期解决；对不合理的要求，要作出说明，经说明后仍坚持无理要求的，应给予批评教育。对注明联系地址和联系人姓名的投诉，要将处理的情况通知投诉人。

在处理工程质量投诉过程中，不得将工程质量投诉中涉及的检举、揭发、控告材料及有关情况，透露或者转送给被检举、揭发、控告的人员和单位。任何组织和个人不得压制、打击报复、迫害投诉人。

各级建设行政主管部门要把处理工程质量投诉作为工程质量监督管理工作的重要内容抓好。对在工程质量投诉处理工作中做出成绩的单位和个人，要给予表彰。对在处理投诉工作中不履行职责、敷衍、推诿、拖延的单位及人员，要给予批评教育。

（5）建筑工程质量群众监督制度的形式

建筑工程质量群众监督制度的形式主要有检举、投诉和控告。群众可以依法向有关部门反映并请求处理有关工程质量问题。因此，群众监督制度是健全、完善建筑工程质量保证体系的重要内容。

1）检举

检举是公民对与自己无利害关系的建筑工程质量事故和缺陷向有关机关和部门进行举报，提请有关部门进行查处的活动。

对工程质量事故和缺陷进行检举的人，可以是建筑活动主体的职工干部，也可以是与建筑活动无关的第三人。举报处理部门可以是建设行政主管部门，也可以是工商行政管理部门、司法机关，如检察院也有权受理举报，其他的如新闻机关、消费者协会等单位也可受理举报。检举建筑工程质量问题，可以口头进行，也可以书面报告。

2）投诉

投诉是用户或者消费者对不合格的产品向有关部门反映，并请求处理以维护自己合法权益的活动。根据建设部发布的《建筑工程质量投诉处理暂行规定》，凡是新建、改建、扩建的各类建筑安装、市政、公用、装饰装修等建设工程，在保修期和建设过程中发生的工程质量问题，均属投诉范围。

3）控告

机关、团体、企业、事业单位和公民发现建筑工程质量缺陷或质量事故或其他违法行为的，有权依法向公安机关、人民检察院、人民法院、建设行政主管部门和工商行政管理部门等提出控告。与检举不同的是，控告人必须是质量事故、质量缺陷的受害者，即控告人必须与质量案件有利害关系，才能进行控告。受理机关应当接受控告，认真审查，并积极处理。

6. 工程质量事故报告制度

工程质量事故报告制度是《建设工程质量管理条例》确立的一项重要制度。建设工程发生质量事故后，有关单位应当在24小时内向当地建设行政主管部门和其他有关部门报告。对重大质量事故，事故发生地的建设行政主管部门和其他有关部门应当按照事故类别和等级向当地人民政府和上级建设行政主管部门和其他有关部门报告。《工程建设重大事故报告和调查程序规定》对重大事故的等级、重大事故的报告和现场保护、重大事故的调查等均作了详细规定。事故发生后隐瞒不报、谎报、故意拖延报告期限的、故意破坏现场的、阻碍调查工作正常进行的、无正当理由拒绝调查组查询或者拒绝提供与事故有关情况、资料的，以及提供伪证的，由其所在单位或上级主管部门按有关规定给予行政处分；构成犯罪的，由司法机关依法追究刑事责任。

（四）建筑工程竣工验收、备案及保修制度

1. 竣工验收的条件

竣工验收是工程建设过程的最后一环，是全面考核基本建设成果、检验设计和工程质量的重要步骤，也是基本建设转入生产或使用的标志。通过竣工验收，一是检验设计和工程质量，保证项目按设计要求的技术经济指标正常生产；二是有关部门和单位可以总结经验教训；三是建设单位对经验收合格的项目可以及时移交固定资产，使其由基础系统转入生产系统或投入使用。

《建筑法》第81条第1款规定："交付竣工验收的建筑工程，必须符合规定的建筑工程质量标准，有完整的工程技术经济资料和经签署的工程保修书，并具备国家规定的其他竣工条件。"

（1）必须符合规定的建筑工程质量标准

由于建设工程项目类别很多，要求各异，因此必须有相应的竣工验收标准。一般有土建工程、安装工程、人防工程、管道工程、桥梁工程、电气工程及铁路建筑安装工程等的验收标准。例如，土建工程验收标准为：凡生产性工程、辅助公用设施及生活设施要按照设计图纸、技术说明书、验收规范进行验收，工程质量符合各项要求。在工程内容上按规定全部施工完毕，即对生产性工程要求室内全部做完，内外粉刷完毕；建筑物、构筑物周围场地平整、障碍物清除，道路及下水道畅通；对生活设施和职工住宅除上述要求外，还要求水通、电通、道路通。

（2）有完整的工程技术经济资料和经签署的工程保修书

工程技术经济资料是工程项目竣工验收和质量保证的重要依据之一，施工单位应按合同要求提供全套竣工验收所必需的工程资料，经监理工程师审核，确认无误后，方能同意竣工验收。

一般情况下，工程项目竣工验收的资料主要有：工程项目竣工报告；分项、分部工程和单位工程技术人员名单；图纸会审和设计交底记录；设计变更通知单，技术变更核实单；工程质量事故发生后调查和处理资料；材料、设备、构配件的质量合格说明资料；试验、检验报告；隐蔽验收记录及施工日志；竣工图；质量检验评定资料。

施工企业提供的以上竣工验收资料应当经监理工程师审查后，认为符合工程施工合同及国家有关规定，并且准确、完整、真实，才可签署同意竣工验收的意见。

此外，施工单位同建设单位签署工程质量保修书也是交付竣工验收的条件之一，未签署工程质量保修书的，工程不得竣工验收。

2. 竣工验收的类型

在工程实践中，竣工验收一般有两种类型：

（1）单项工程验收

是指在一个总体建设项目中，一个单项工程或一个车间已按设计要求建设完成，能满足生产要求或具备使用条件，且施工单位已自验，监理工程师已初验通过，在此条件下进行的正式验收。由几个施工单位负责施工的单项工程，当其中一个单位所负责的部分已按设计完成，也可组织正式验收，办理交工手续，交工时应请总承包单位参加。

对于建成的住宅可分幢进行正式验收，以便及早交付使用，提高投资效益。

（2）全部验收

是指整个建设项目已按设计要求全部建设完成，并已符合竣工验收标准，施工单位预验通过，监理工程师初验认可，由监理工程师组织以建设单位为主，设计、施工等单位参加的正式验收。在整个项目进行全部验收时，对已验收过的单项工程，可以不再进行正式验收和办理验收手续，但应将单项工程验收单作为全部工程验收的附件而加以说明。

《建筑法》第61条第2款规定："建筑工程竣工经验收合格后，方可交付使用；未经验收或者验收不合格的，不得交付使用。"因此，无论是单项工程提前交付使用（例如单幢住宅），还是全部工程整体交付使用，都必须经过竣工验收这一环节，而且必须验收合格，否则不能交付使用。

3. 竣工验收的范围和标准

（1）根据国家现行规定，所有建设项目按照上级批准的设计文件所规定的内容和施工图纸的要求全部建成，工业项目经负荷试运转和试生产考核能够生产合格产品，非工业项目符合设计要求，能够正常使用，都要及时组织验收。

（2）建设项目竣工验收、交付生产和使用，应达到下列标准：

1）生产性工程和辅助公用设施已按设计要求建完，能满足生产要求；

2）主要工艺设备已安装配套，经联动负荷试车合格，构成生产线，形成生产能力，能生产出设计文件中规定的产品；

3）职工宿舍和其他必要的生产福利设施，能适应投产初期的需要；

4）生产准备工作能适应投产初期的需要。

有的建设项目（工程）基本符合竣工验收标准，只是零星土建工程和少数非主要设备未按设计的内容全部建成，但不影响正常生产，亦应办理竣工验收手续。对剩余工程，应按设计留足投资，限期完成。有的项目投产初期一时未能达到设计能力所规定的产量，不应因此拖延办理验收和移交固定资产手续。国家规定，已具备竣工验收条件的项目，三个月内不办理验收和移交固定资产手续的，取消企业和主管部门的基建试车收入分成，由银行监督全部上缴财政。如三个月内办理竣工验收确有困难，经验收主管部门批准，可以适当延长期限。

4. 申报竣工验收的准备工作

建设单位应认真做好以下竣工验收的准备工作：

（1）整理技术资料

各有关单位（包括设计、施工单位）应将技术资料进行系统整理，由建设单位分类立卷，交生产单位或使用单位统一保管。技术资料主要包括土建卷、安装卷及各种有关的文件、合同和试生产的情况报告等。

（2）绘制竣工图纸

与其他技术资料一样，竣工图纸是建设单位移交生产单位的重要资料，是生产单位必须长期保存技术档案，也是国家的重要技术档案。竣工图必须准确、完整、符合归档要求，方能交工验收。

（3）编制竣工决算

建设单位必须及时清理所有财产、物资和未花完或应收回的资金，编制工程竣工决算，分析预（概）算执行情况，考核投资效益，报主管部门审查。编制竣工决算是基本建设管理工作的重要组成部分，竣工决算是反映建设项目实际造价和投资效益的文件，是办理交付使用新增固定资产的依据，是竣工验收报告的重要组成部分。

5. 竣工验收的程序和组织

按照国家现行规定，建设项目的验收根据项目规模的大小和复杂程度可分为初步验收和竣工验收两个阶段进行。规模较大、较复杂的建设项目（工程）应先进行初验，然后进行全部建设项目（工程）的竣工验收。规模较小、较简单的建设项目（工程），可以一次进行全部建设项目（工程）的竣工验收。

建设项目（工程）全部完成，经过各单项工程的验收，符合设计要求，并具备竣工图表、竣工决算、工程总结等必要的文件资料后，由项目主管部门或者建设单位向负责验收的单位提出竣工验收申请报告。

大、中型和限额以上建设项目（工程）由国家计委或由国家计委委托项目主管部门、地方政府组织验收，小型和限额以下建设项目（工程），由建设项目（工程）主管部门或地方政府部门组织验收，竣工验收要根据工程规模大小和复杂程度组成验收委员会或验收小组。验收委员会或验收小组由银行、物资、环保、劳动、统计及其他有关部门组成。建设单位、接管单位、施工单位、勘察单位、设计单位参加验收工作。

验收委员会或验收小组负责审查工程建设的各个环节，听取各有关单位的工作，审问工程档案并实地查验建筑工程和设备安装，并对工程设计、施工和设备质量等方面作出评价。不合格的工程不予验收；对遗留问题提出具体解决意见，限期落实完成。

6. 竣工验收备案管理制度

《建设工程质量管理条例》确立了建设工程竣工验收备案制度。该项制度是加强政府监督管理，防止不合格工程流向社会的一个重要手段。2000 年 4 月 7 日建设部以部令 78 号的形式发布了《房屋建筑工程和市政基础设施工程竣工验收备案管理暂行办法》，对房屋建筑工程和市政基础设施工程的竣工验收备案管理作出了具体规定。

国务院建设行政主管部门负责全国房屋建筑工程和市政基础设施工程的竣工验收备案管理工作。

县级以上地方人民政府建设行政主管部门负责本行政区域内工程的竣工验收备案管理工作。

（1）备案时间

建设单位应当自工程竣工验收合格之日起 15 日内，按照规定向工程所在地的县级以上地方人民政府建设行政主管部门（以下简称备案机关）备案。

（2）建设单位办理工程竣工验收备案应当提交的文件

1）工程竣工验收备案表。

2）工程竣工验收报告。竣工验收报告应当包括以下内容：工程报建日期，施工许可证号，施工图设计文件审查意见，勘察、设计、施工、工程监理等单位分别签署的质量合格文件及验收人员签署的竣工验收原始文件，市政基础设施的有关质量检测和功能性试验资料以及备案机关认为需要提供的有关资料。

3）法律、行政法规规定应当由规划、消防、环保等部门出具的认可文件或者准许使用文件。

4）施工单位签署的工程质量保修书。

5）法规、规章规定必须提供的其他文件。

商品住宅还应当提交《住宅质量保证书》和《住宅使用说明书》。

备案机关收到建设单位报送的竣工验收备案文件，验证文件齐全后，应当在工程竣工验收备案表上签署文件收讫。工程竣工验收备案表一式两份，一份由建设单位保存，一份留备案机关存档。

工程质量监督机构应当在工程竣工验收之日起5日内，向备案机关提交工程质量监督报告。

7. 建筑工程质量保修制度

建筑工程质量保修制度是指建筑工程在办理竣工验收手续后，在规定的保修期限内，因勘察、设计、施工、材料等原因造成的质量缺陷，应当由施工承包单位负责维修、返工或更换，由责任单位负责赔偿损失。建筑工程实行质量保修制度是落实建筑工程质量责任的重要措施。建立完善的建筑工程质量保修制度对于促进承包方加强质量管理，保护用户及消费者的合法权益有着重要的意义。

建筑工程承包单位在向建设单位提交工程竣工验收报告时，应当向建设单位出具质量保修书。质量保修书中应当明确建筑工程的保修范围、保修期限和保修责任等。

（1）建筑工程的保修范围及保修期限

1）保修范围

根据《建筑法》第62条的规定，建筑工程保修范围包括地基基础工程；主体结构工程；屋面防水工程；其他土建工程以及相配套的电气管线、上下水管线的安装工程；供热供冷系统工程等项目。

2）保修期限

根据《建设工程质量管理条例》的规定，保修期限为：

① 基础设施工程、房屋建筑的地基基础工程和主体结构工程，为设计文件规定的该工程的合理使用年限；

② 屋面防水工程、有防水要求的卫生间、房间和外墙面的防渗漏，为5年；

③ 供热与供冷系统，为2个采暖期、供冷期；

④ 电气管线、给水排水管道、设备安装和装修工程，为2年。

其他项目的保修期限由发包方与承包方约定。建筑工程的保修期限，自竣工验收合格之日起计算。因使用不当或者第三方造成的质量缺陷，以及因不可抗力造成的质量缺陷，不属于法律规定的保修范围。

（2）建筑工程的保修责任

建筑工程在保修范围内和保修期限内发生质量问题，由施工单位履行保修义务，但要区别保修责任的承担问题。依法由施工单位负责进行维修的并不意味着都是由施工单位承担维修责任，对于维修的经济责任的确定，应当根据具体情况，分清责任方，由责任方承担。

1）施工单位未按国家有关规范、标准和设计要求施工造成的质量缺陷，由施工单位负责返修并承担经济责任。

2）由于设计方面的原因造成的质量缺陷，由设计单位承担经济责任。由施工单位负责维修，其费用按有关规定通过建设单位向设计单位索赔；不足部分由建设单位负责。

3）因建筑材料、构配件和设备质量不合格引起的质量缺陷，属于施工单位采购的或经其验收同意的，由施工单位承担经济责任；属于建设单位采购的，由建设单位承担经济责任。

4）因使用单位使用不当造成的质量缺陷，由使用单位自行负责。

5）因地震、洪水、台风等不可抗力造成的质量问题，施工单位、设计单位不承担责任。

对于超过合理使用年限后仍需要继续使用的建筑工程，产权所有人应委托具有相应资质等级的勘察、设计单位鉴定，并根据鉴定结果采取加固、维修等措施，重新界定使用期限。

（3）建筑工程保修的程序

施工单位自接到保修通知书之日起，必须在两周内到达现场与建设单位共同明确责任方、商议返修内容。属于施工单位责任的，施工单位应按约定期限到达现场，如施工单位未能按期到达现场，建设单位应再次通知施工单位，施工单位自接到再次通知书的一周内仍不能到达时，建设单位有权自行返修，所发生的费用由原施工单位承担；不属于施工单位责任的，建设单位应与施工单位联系，商议维修的具体期限。

（4）建筑工程质量缺陷的损害赔偿

《消费者权益保护法》规定，使用商品者及接受服务者受到人身、财产损害的，享有依法获得赔偿的权利。《建设工程质量管理条例》也规定，因建筑工程质量缺陷造成人身、缺陷工程以外的其他财产损害的，侵害人应按有关规定，给予受害人赔偿。

根据《民法通则》和《产品质量法》的精神，因建筑工程质量缺陷造成受害人人身伤害的，侵害人应当赔偿医疗费、因误工减少的收入、残废者生活补助费等费用；造成受害人死亡的，并应支付丧葬费、抚恤费、死者生前抚养的人所必需的生活费用等。因建筑工程质量缺陷造成受害人财产损失的，侵害人除承担返修责任外，对其他财产损失，应予赔偿。

因建筑工程质量存在缺陷造成损害、要求赔偿的诉讼时效期限为一年，自当事人知道或者应当知道其权益受到损害时起计算。

八、建设工程环境保护法律制度

（一）工程建设环境保护法概述

1. 环境概述

（1）环境的概念

"环境"在通常意义上是指，围绕某一中心事物的所有外部条件的总和。或者说，凡是作用于某一具体对象的所有外界影响与力量的总和就被称之为是其环境。

而作为环境科学意义上的环境，是指围绕人类活动这一中心事物，或针对客观世界为人类所提供生存和发展的空间以及其中可以直接影响人类生活的各种自然因素，而对这一具体对象发生作用的所有外界影响与力量的总和，即通常所谓的人类环境。

所以简单地讲，环境的定义应是：影响人类生存和发展的各种物质条件及自然因素的总和。为了研究和运用的需要，我国环境保护基本法将环境分为天然环境和人工环境。而在有关环境的单行法中，是依据环境要素和功能来进行分类的，如大气环境、水环境、草原环境、森林环境、海洋环境、农业环境、生态环境，等等。在学术上人们可以对环境从不同的角度进行种类繁多的分类。

（2）人类与环境的关系

人类既是大自然的一个组成部分，又是自然环境长期发展演化的产物，从人类诞生的那一天起，就与自然环境相互作用和相互影响。

1）自然环境对人类的作用

自然环境是人类生活和生产活动的物质场所。自然环境是人类获取生活资料和生产资料的来源。自然环境的质量同样是人类赖以存在和延续的条件。

总之，自然环境对人类的繁衍和发展有着决定性的作用。

2）人类活动对自然环境的影响

人类区别于动物的最大特点，就在于其不只是被动地适应自然环境，而且能够利用自然环境中的一切条件去能动地改造自然环境。

人类总是不断地演化以适应外部环境的变化。人类以环境作为其生存的基本条件，通过新陈代谢与环境不断地进行着物质和能量的交换。人类的社会性，决定了它能不断地认识环境，并利用环境为自身的生存和发展服务。即所谓的进行"改造自然"。人类永无终止地发展变化，环境的变化同样永无终止。

（3）环境问题

人类改造自然的活动既会对环境产生好的影响，使自然环境变得对人越来越有利；也可能产生坏的影响，即当人类利用和改造自然环境的活动违反了环境自身的发展规律，破坏了生态平衡时，就可能造成人类的生存环境日益恶化。

故我们所谓的环境问题，其实是指那些由于人类的活动作用于环境所引起的，不利于人类生存和发展的环境质量以及结构和状态变化的现象。环境问题是随着人类社会经济的发展而产生的，随着生产力的不断发展，在不同阶段有其不同的表现形式，虽然后果和危害程度因时因地而异，但总的趋势是越来越严重。所以人们对环境保护内容的认识，有一个历史的发展过程。

人们最初意识到环境问题，是从对大气和水的污染以及固体废物的处置开始的，当时认为，环境保护仅仅是工业发达地区的局部问题。目前的环境问题已涉及十分广泛的内容，而且具有综合性和系统性的特征。环境保护从最初的大气污染、海洋污染、淡水资源缺乏和水体污染问题，开始扩展到有毒化学品和危险废物污染、土地退化和荒漠化、森林过度砍伐和退化的问题上，进而发展到了对臭氧层消耗、气候变暖、生物多样性丧失等更复杂的问题的关注上。

解决环境问题，其实就是在综合考虑人口、文化、经济发展、资源与环境承载能力的基础上，通过调整生产力与科学技术发展方向，修正经济运行模式并控制人口，按照生态规律和环境要素的整体演化规律来协调人与环境之间的物质转换和能量传递关系，重新建立起一种和谐的状态。

2. 环境保护的定义与内容

（1）环境保护的定义

所谓环境保护是指以协调人与自然的关系，保障经济社会的持续发展为目的，而采取的各种措施和所进行的各种活动的总称。

环境保护作为人类为解决环境问题而进行的一种积极的行为，与环境管理形成了两个既有区别又有联系的概念。

所谓环境管理是指在环境容量允许的条件下，按照环境科学的规律，综合运用各种管理手段，对人类影响环境的各种活动进行的调节和控制。环境管理以协调社会经济发展与环境的关系，从而保护和改善环境为目的。其目的、手段和产生的前提与环境保护没有什么不同，只是主体和内容与环境保护有区别。

（2）环境保护的主要内容

1）预防和治理由生产和生活活动所引起的环境污染。①防治工业生产排放的"三废"、粉尘、放射性物质，以及产生的噪声、振动、恶臭和电磁辐射等造成的污染；②防治交通运输活动产生的有害气体、废液和噪声形成的污染等；③防治工农业生产和人们日常生活使用的有毒有害化学品和城镇生活排放的烟尘、污水、垃圾造成的污染。

2）防止由建设和开发活动引起的环境破坏。①防止大中型水利工程、铁路、公路干线、大中型港口码头、机场和大中型工业项目等工程建设对环境引起的污染和破坏；②防止农垦、海岸带和沼泽地的开发及森林资源和矿产资源的开发对环境的破坏和影响；③防止新工业区和新城镇的建设对环境的破坏和影响等。

3）保护有特殊价值的自然环境。珍稀物种及其生活环境的保护，特殊的自然发展史遗迹的保护，人文遗迹的保护，湿地的保护，风景名胜的保护，生物多样性的保护等。

4）其他。防止臭氧层破坏、防止气候变暖、国土整治、城乡规划、植树造林、控制水土流失和荒漠化、控制人口的增长和分布、合理配置生产力等，也是我国环境保护的内容。

3. 环境保护法的概念及其基本原则

（1）环境保护法的概念

所谓环境保护法，是调整人们在开发和利用，特别是在保护及改善环境的活动中所产生的各种社会关系的法律规范的总称。

环境保护法以保护和改善生活环境和自然环境、防治污染和其他公害、保障人体健康、促进经济社会的持续发展为主要任务和基本目的。

环境保护法调整的对象是环境社会关系；环境保护法保护的对象是各种环境要素和作为整体的环境；环境保护法保护的客体是环境社会关系所涉及的环境权利。

（2）环境保护法的任务、目的与作用

1）环境保护法的任务

根据《中华人民共和国宪法》（以下简称《宪法》）和《环境保护法》的规定，我国环境保护法有两项任务：保证合理地利用自然环境，自然资源也是自然环境的重要组成部分；防治环境污染与生态破坏，防治环境污染是指防治废水、废气、废渣、粉尘、垃圾、滥伐森林、破坏草原、破坏植物、乱采乱挖矿产资源、滥捕滥猎鱼类和动物，等等。

2）环境保护法的目的

为人民创造一个清洁、适宜的生活环境和劳动环境以及符合生态系统健全发展的生态环境，保护人民健康，为促进经济发展提供法律上的保障。

3）环境保护法的作用

环境保护法是保护人民健康，促进经济发展的法律武器；是推动我国环境法制建设的动力；是提高广大干部、群众环境意识和环保法制观念的好教材；是维护我国环境权益的有效工具；是促进环境保护的国际交流与合作，开展国际环境保护活动的有效手段。

（3）环境保护法的特点

环境保护法除了具有法律的一般特征外，还具有以下特点：

1）科学性。环境保护是以科学的生态规律与经济规律为依据的，它的体系原则、法律规律、管理制度都是从环境科学的研究成果和技术规范中总结出来的。

2）综合性。环境保护法所调整的社会关系相当复杂，涉及面广、综合性强。既有基本法，又有单行法；既有实体法，又有程序法；而且涉及行政法、经济法、劳动法、民法、刑法等有关内容。

3）区域性。我国是一个大国，区域差别很大，因此我国的环境保护法具有区域性特点。各省市可根据本地区制定相应的地方法规和地方标准，体现地区间的差异。

4）奖励与惩罚相结合。我国的环境保护法不仅要对违法者给予惩罚，而且还要对保护资源、环境有功者给予奖励，做到赏罚分明。这是我国环境保护法区别于其他国家法律的一大特点。

（4）环境保护法的基本原则

环境保护法的基本原则是指在环境保护法的各种原则中起主导作用的根本原则。它们体现了环境保护法的特点，为制定环境保护法的规则性规范和处理环境保护具体问题提供了基本法律依据，是在环境保护法的适用中始终起着广泛的宏观指导作用的具有稳定性特征的规范。

1）经济建设与环境保护协调发展原则

经济建设和社会发展的规模与速度不能超越环境与资源的承受能力。我们既要达到经济建设和社会发展的目标，又要使环境符合人类对环境质量的要求，二者应是互相促进、共同发展的关系。

2）预防为主、防治结合、综合治理的原则

解决环境问题只能是立足于预防，防患于未然。要积极治理已经产生的污染，但工作重点要放在预防新的污染方面。我们必须正确处理防与治、单项治理与区域治理的关系，综合运用各种手段治理、保护和改善环境。

3）公众参与的原则

环境质量的好坏关系到广大群众的切身利益，因此保护环境，不仅是公民的义务，也是公民的权利。首先体现在要保证公众有获得环境信息的知情权；其次体现在要保障公众对有关环境活动的决策参与权；最后体现在当公众的环境权益遭受非法侵害时，可以请求赔偿或者补偿，享有获得法律救济的权利。

4）环境经济责任原则

开发利用环境和资源，排放污染物影响或危害环境质量的，必须治理其所造成的环境污染与破坏，或者支付治理由于其活动所造成的环境损害的有关费用。即所谓"开发者养护，利用者补偿，污染者治理，破坏者恢复"、"谁污染，谁治理"、"谁开发，谁保护"原则，其基本思想是明确治理污染、保护环境的经济责任。

5）环境质量负责的原则

环境保护是一项涉及政治、经济、技术、社会等多个方面的复杂而又艰巨的任务，是我国的基本国策，关系到国家和人民的长远利益，解决这种关乎全局、综合性很强的问题，是政府的重要职责之一。

4. 环境保护法律、法规及标准

环境保护法是国家整个法律体系的重要组成部分，具有自身一套比较完整的体系。《宪法》是我国的基本大法，它为制定环境保护基本法和专项法奠定了基础；新的《中华人民共和国刑法》增加了"破坏环境资源罪"的条款，使得违反国家环境保护规定的个人或集体都不只负有行政责任，而且还要负刑事责任。6个环境保护专项法为防治大气、水体、海洋、固体废物及噪声污染等提供了法规依据。环境保护工作涉及方方面面，特别是资源、能源的利用，因此资源法和其他有关的法也是环境保护法规体系的重要组成部分。

（1）宪法

《宪法》第26条规定："国家保护和改善生活环境和生态环境，防治污染和其他公害。国家鼓励植树造林，保护林木。"第9条第2款规定："国家保障自然资源的合理利用，保护珍贵的动物和植物，禁止任何组织和个人用任何手段侵占或者破坏自然资源。"第22条规定："国家保护名胜古迹、珍贵文物和其他重要历史文化遗产。"第5条规定："一切国家机关和武装力量、各政党和各社会团体、各企业事业组织都必须遵守宪法和法律。一切违反宪法和法律的行为，必须予以追究。"宪法中所有这些规定，是我国环境保护法的法律依据和指导原则。

（2）刑法

《刑法》第6章"妨害社会管理秩序罪"第6节"破坏环境资源罪"中有9条规定，凡违反国家有关环境保护的规定，应负有相应的刑事责任。

（3）环境保护基本法

环境保护基本法指《中华人民共和国环境保护法》，它是环境保护领域的基本法律，是环境保护专项法的基本依据，它是由全国人大常务委员会批准颁布的。

（4）环境保护专项法

是针对特定的污染防治领域和特定的资源保护对象而制定的单项法律。目前已颁布了《中华人民共和国大气污染防治法》、《中华人民共和国水污染防治法》、《中华人民共和国固体废弃物污染环境防治法》、《中华人民共和国海洋环境保护法》、《中华人民共和国环境噪声污染防治法》、《中华人民共和国环境影响评价法》6项法规，这6项法规都是由全国人大常务委员会批准颁布的。

（5）环境保护资源法和相关法

自然资源是人类赖以生存和发展的条件，为了合理地开发、利用和保护自然资源，特制定了《中华人民共和国森林法》、《中华人民共和国草原法》、《中华人民共和国煤炭法》、《中华人民共和国矿产资源法》、《中华人民共和国渔业法》、《中华人民共和国土地管理法》、《中华人民共和国水法》、《中华人民共和国水土保持法》和《中华人民共和国野生动物保护法》等多部环境保护资源法；相关法指《中华人民共和国城市规划法》、《中华人民共和国文物保护法》及《中华人民共和国卫生防疫法》等与环境保护工作密切相关的法律。

（6）环境保护行政法规

是由国务院组织制定并批准公布的，为实施环境保护法律或规范环境监督管理制度及程度而颁布的"条例"、"实施细则"，如《水污染防治法实施细则》、《建设项目环境保护管理条例》等。

（7）环境保护部门规章

是由国务院有关部门为加强环境保护工作而颁布的环境保护规范性文件，如国家环境保护局颁布的《建设项目环境影响评价文件分级审批规定》、《建设项目竣工环境保护验收管理办法》、《环境保护行政处罚办法》等。

（8）环境保护地方性法规和地方政府规章

是指有立法权的地方权力机关——人民代表大会及其常委会和地方政府制定的环境保护规范性文件，是对国家环境保护法律、法规的补充和完善，它以解决本地区某一特定的环境问题为目标，具有较强的针对性和可操作性。

（9）环境标准

环境标准是我国环境法规体系的一个重要组成部分，也是环境法制管理的基础和重要依据。环境标准主要包括环境质量标准、污染物排放标准、基础标准、方法标准等，其中环境质量标准和污染物排放标准为强制性标准。

（10）国际环境保护公约

是中国政府为保护全球环境而签订的国际条约和议定书，是中国承担全球环保义务的承诺，根据《环境保护法》的规定，国内环境保护法律与国际条约有不同规定时，应优先采用国际条约的规定（除我国保留条件的条款外）。

（11）其他要求

其他要求指的是产业实施规范、与政府机构的协定、非法规性指南、污染物控制、国家关于重点治理三河（淮河、海河、辽河）、三湖（太湖、巢湖、滇池）和酸雨控制区、二氧化硫控制区、城市综合整治定量考核要求，以及旅游度假区、风景区、名胜古迹、文物保护区要求等。

（二）建设项目环境保护法律制度

1. 环境影响评价制度

环境影响评价，即所谓的环境质量预断评价，它是指在环境开发利用之前，就对开发或建设项目的选址、设计、施工及其建成以后将对周围环境所产生的影响，拟采取的防范措施，以及最终不可避免的影响，所进行的调查、预测和估计。2002年12月28日全国人民代表大会常务委员会发布了《中华人民共和国环境影响评价法》，以法律的形式确立了规划和建设项目的环境影响评价制度。

（1）建设项目环境影响评价的分类管理

建设单位应当按照下列规定组织编制环境影响报告书、环境影响报告表或者填报环境影响登记表（以下统称环境影响评价文件）：

1）可能造成重大环境影响的，应当编制环境影响报告书，对产生的环境影响进行全面评价；

2）可能造成轻度环境影响的，应当编制环境影响报告表，对产生的环境影响进行分析或者专项评价；

3）对环境影响很小、不需要进行环境影响评价的，应当填报环境影响登记表。

（2）环境影响报告书的基本内容

建设项目的环境影响报告书应当包括下列内容：

1）建设项目概况；

2）建设项目周围环境现状；

3）建设项目对环境可能造成影响的分析、预测和评估；

4）建设项目环境保护措施及其技术、经济论证；

5）建设项目对环境影响的经济损益分析；

6）对建设项目实施环境监测的建议；

7）环境影响评价的结论。

涉及水土保持的建设项目，还必须有经水行政主管部门审查同意的水土保持方案。

（3）建设项目环境影响评价机构

接受委托为建设项目环境影响评价提供技术服务的机构，应当经国务院环境保护行政主管部门考核审查合格后，颁发资质证书，按照资质证书规定的等级和评价范围，从事环境影响评价服务，并对评价结论负责。为建设项目环境影响评价提供技术服务的机构的资质条件和管理办法，由国务院环境保护行政主管部门制定。

对于已取得资质证书的为建设项目环境影响评价提供技术服务的机构的名单，国务院环境保护行政主管部门应当予以公布。

为建设项目环境影响评价提供技术服务的机构，不得与负责审批建设项目环境影响评价文件的环境保护行政主管部门或者其他有关审批部门存在任何利益关系。

环境影响评价文件中的环境影响报告书或者环境影响报告表，应当由具有相应环境影响评价资质的机构编制。任何单位和个人不得为建设单位指定对其建设项目进行环境影响评价的机构。

（4）建设项目环境影响评价文件的审批管理

建设项目的环境影响评价文件，由建设单位按照国务院的规定报有审批权的环境保护行政主管部门审批；建设项目有行业主管部门的，其环境影响报告书或者环境影响报告表应当经行业主管部门预审后，报有审批权的环境保护行政主管部门审批。

审批部门应当自收到环境影响报告书之日起六十日内，收到环境影响报告表之日起三十日内，收到环境影响登记表之日起十五日内，分别作出审批决定并书面通知建设单位。

建设项目的环境影响评价文件经批准后，建设项目的性质、规模、地点、采用的生产工艺或者防治污染、防止生态破坏的措施发生重大变动的，建设单位应当重新报批建设项目的环境影响评价文件。

建设项目的环境影响评价文件自批准之日起超过五年，方决定该项目开工建设的，其环境影响评价文件应当报原审批部门重新审核；原审批部门应当自收到建设项目环境影响评价文件之日起十日内，将审核意见书面通知建设单位。

建设项目的环境影响评价文件未经法律规定的审批部门审查或者审查后未予批准的，该项目审批部门不得批准其建设，建设单位不得开工建设。建设项目建设过程中，建设单位应当同时实施环境影响报告书、环境影响报告表以及环境影响评价文件审批部门审批意见中提出的环境保护对策措施。

（5）环境影响的后评价和跟踪管理

在项目建设、运行过程中产生不符合经审批的环境影响评价文件的情形的，建设单位应当组织环境影响的后评价，采取改进措施，并报原环境影响评价文件审批部门和建设项目审批部门备案；原环境影响评价文件审批部门也可以责成建设单位进行环境影响的后评价，采取改进措施。

环境保护行政主管部门应当对建设项目投入生产或者使用后所产生的环境影响进行跟踪检查，对造成严重环境污染或者生态破坏的，应当查清原因、查明责任。对属于为建设项目环境影响评价提供技术服务的机构编制不实的环境影响评价文件的，或者属于审批部门工作人员失职、渎职，对依法不应批准的建设项目环境影响评价文件予以批准的，依法追究其法律责任。

（6）违反环境影响评价制度的法律后果

环境影响评价制度的适用对象是从事对环境有不利影响的开发建设活动的单位。违反这个规定，要承担法律后果。法律规定，对于未经批准环境影响报告书（表）的开发项目，有关部门不得办理其他相应手续。擅自开工的，除可以责令停止施工，补作环境影响报告书及其手续以外，还可对建设单位及其领导人罚款。

2.“三同时”制度

（1）“三同时”制度的含义

所谓“三同时”是指建设项目中的环境保护设施必须与主体工程同时设计、同时施工、同时投产使用的环境保护法律制度。

“三同时”制度以严格的程序作保证，对不同的建设阶段都提出了环境保护的具体要求，是一项具有独创性的环境法律制度，有利于控制新污染源的产生，有效地贯彻了预防为主的原则。

（2）"三同时"制度的适用范围

1）新建、扩建、改建项目

新建项目，是指原来没有什么基础，从头开始建设的项目。扩建项目，是指以扩大产品生产能力或者提高经济效益为目的，在已有的建设基础上再行建设的项目。改建项目，是指在原有设施的基础上，为了改变生产工艺、增加产品种类以及为了提高产量或质量，在不扩大原有建设规模的情况下进行建设的项目。

2）技术改造项目。是指利用更新改造资金进行挖潜、革新和改造的建设项目。

3）凡可能对环境造成污染和破坏的工程建设项目，都要执行"三同时"制度。

4）即使是确有经济效益的综合利用项目，也应当同治理环境污染一样，与主体工程同时设计、同时施工、同时投产使用。这无疑是对原有的"三同时"制度新的发展。

（3）"三同时"制度的内容

《建设项目环境保护管理条例》在"第3章环境保护设施建设"中，对"三同时"制度进行了规定。主要内容有：

1）建设项目的初步设计，应当按照环境保护设计规范的要求，编制环境保护篇章，并依据经批准的建设项目环境影响报告书或者环境影响报告表，在环境保护篇章中落实防治环境污染和生态破坏的措施以及环境保护设施投资概算。

2）建设项目的主体工程完工后，需要进行试生产的，其配套建设的环境保护设施必须与主体工程同时投入试运行。

3）建设项目试生产期间，建设单位应当对环境保护设施运行情况和建设项目对环境的影响进行监测。

4）建设项目竣工后，建设单位应当向审批该建设项目环境影响报告书、环境影响报告表或者环境影响登记表的环境保护行政主管部门，申请该建设项目需要配套建设的环境保护设施的竣工验收。

5）环境保护设施竣工验收，应当与主体工程竣工验收同时进行。需要进行试生产的建设项目，建设单位应当自建设项目投入试生产之日起3个月内，向审批该建设项目环境影响报告书、环境影响报告表或者环境影响登记表的环境保护行政主管部门，申请该建设项目需要配套建设的环境保护设施的竣工验收。

6）分期建设、分期投入生产或者使用的建设项目，其相应的环境保护设施应当分期验收。

7）环境保护行政主管部门应当自收到环境保护设施竣工验收申请之日起30日内，完成验收。

8）建设项目需要配套建设的环境保护设施经验收合格，该建设项目方可正式投入生产或者使用。

（4）环境保护设施竣工后的验收

在建设项目正式投产和使用前，为保证环境保护设施与主体工程同时施工、同时投产使用，建设单位必须向负责审批的环境保护行政主管部门提交环境保护设施的"验收申请报告"，说明环境保护设施的运行情况和治理效果以及其达到的标准，经环境保护行政主管部门验收合格后，才能正式投入生产和使用。

自接到环境保护设施"验收申请报告"之日起一个月内，环境保护行政主管部门要组织审查验收，并在"验收申请报告"上签署意见。逾期不签署意见的，视为已被批准。

建设项目环境保护设施验收合格，须具备法定的条件。要求前期审查、审批手续完备，资料齐全，设施按批准和设计要求建成；安装质量符合验收规范、规程和检验标准；设施与主体工程建成后经负荷试车合格；防治能力适应主体工程的需要；外排污染物符合要求；建设过程中受到破坏并且可恢复的环境已经得到修整；设施能正常运转，符合交付使用的要求，并具备正常运行的条件；环境保护管理和监测机构，符合环境影响报告书（表）和有关规定的要求。

（5）违反"三同时"规定的法律后果

建设单位都必须严格按照"三同时"制度办事，履行相应的环境保护义务，否则须承担相应的法律后果。初步设计环境保护篇章未经环境保护行政主管部门审查批准，擅自施工的，除责令其停止施工，补办审批手续外，还可以对建设单位及其负责人处以罚款。

建设项目的环境保护设施没有建成或者没有达到国家规定的要求，投入生产或者使用的，由批准该建设项目环境影响报告书的环境保护行政主管部门责令停止生产或者使用，可以并处罚款。因违反"三同时"制度而造成环境污染破坏或其他公害的，除承担赔偿责任外，环境保护行政主管部门还可以对其给予行政处罚。

3. 限期治理制度

（1）限期治理制度的概念

作为我国普遍采用的减轻或消除现有污染源的污染和改善环境质量状况的一种有效措施。所谓限期治理制度，是指对已经存在危害环境的污染源的单位，由法定机关作出决定，责令其在一定期限内治理并达到规定要求的一整套措施。

（2）限期治理的对象

1）位于特别保护区域内的超标排污的污染源。在国务院、国务院有关主管部门和省、自治区、直辖市人民政府划定的风景名胜区、自然保护区和其他需要特别保护的区域内，按规定不得建设污染环境的工业生产设施；建设其他设施，其污染物排放不得超过规定的排放标准；已经建成的设施，其污染物排放超过规定的排放标准的，要限期治理。

2）对特殊水体的污染源。例如：《淮河流域水污染防治暂行条例》规定，向淮河流域水体排污的单位超过排污总量控制指标排污的，由县级以上人民政府责令限期治理；淮河流域重点排污单位超标排放水污染物的，也要由有关人民政府责令限期治理。与特别保护区域内污染源的治理类似，这类污染源不论是总量超标，还是浓度超标，都可责令其限期治理。

3）造成严重污染的污染源。对此类污染源限期治理是造成了严重污染才进行，而并非超标排污就限期治理。至于是否属于严重污染，一般是根据排放的污染物是否对人体健康有严重影响和危害，是否严重扰民，以及经济效益是否远小于环境危害所造成的损失，再加上是否属于有条件治理而不治理等情况来认定。

（3）限期治理的目标和期限

1）限期治理的目标。限期治理最终要达到的环境保护结果即其目标。一般情况下是指浓度目标，它是通过限期治理使污染源排放的污染物所达到的排放标准。对于实行总量控制的地区来说，在浓度目标之外，还要制定总量目标，就是要求污染源排放的污染物总量不超过其规定的总量指标。

2）限期治理的期限。其最长期限不得超过 3 年。由决定限期治理的机关根据污染源的具体情况，包括治理难度和治理能力等因素来合理确定。

（4）决定限期治理的权限

限期治理是由有关的人民政府根据当地的社会经济情况来决定的，而并非是由环境保护行政主管部门决定的。这即意味着，不是所有符合限期治理条件的污染源都要限期治理，故是否限期治理以及什么时候限期治理，按照我国法律的规定，市、县或者市、县以下人民政府管辖的企业事业单位的限期治理，由市、县人民政府决定；中央或者省、自治区、直辖市人民政府直接管辖的企业事业单位的限期治理，由省、自治区、直辖市人民政府决定。

作为变通办法，《中华人民共和国环境噪声污染防治法》规定，小型企业、事业单位的限期治理，可以由县级以上人民政府在国务院规定的权限内授权其环境保护行政主管部门决定。对于淮河流域重点排污单位的限期治理问题，除了依据一般权限决定外，限期治理的重点排污单位名单，要由国务院环境保护行政主管部门会同四省人民政府拟订，经淮河流域水资源保护领导小组审核同意后予以公布。

（5）违反限期治理规定的法律后果

如果经限期治理，逾期仍未完成治理任务的，依照国家规定要加收超标排污费，还可以根据其所造成的危害后果处以罚款，或者责令停业直至关闭。向淮河流域水体排污的单位，如经限期治理逾期仍未完成治理任务的，除了先要求其集中资金尽快完成治理任务外，在完成治理任务前，限制其不得建设扩大生产规模的项目；同时，由县级以上地方人民政府环境保护行政主管部门责令其限量排污，并可以处 10 万元以下的罚款；对情节严重的，由有关县级以上人民政府责令关闭或者停业。

4. 排污申报登记制度

（1）排污申报登记制度的概念

所谓排污申报登记制度，是指排污单位要向环境保护行政主管部门申报其污染物的排放和防治情况，并依法接受监督管理的一种环境保护法律制度。建立排污申报登记制度，是为了环境保护行政主管部门能及时地掌握准确的排污信息，为排污管理提供根据。

（2）排污申报登记制度的适用对象

排污申报登记制度适用于在我国领域内及我国管辖的其他海域内直接或者间接向环境排放污染物、工业和建筑施工噪声、产生工业固体废物的单位。这里的污染物包括废水、废气和其他有害环境的物质。但生活废水、废气和生活垃圾以及生活噪声除外。对于排放放射性废物的，法律另有特殊的规定。

（3）排污申报登记的内容

排污单位须按规定的程序和时间要求申报登记，但对登记内容，排放不同的污染物有不同的要求。一般包括排污单位的基本情况，使用的主要原料，排放污染物的种类、数量、浓度，排放地点、去向、方式，噪声源的种类、数量和噪声强度，污染防治的设施等。法律还规定，需要拆除或者闲置污染物处理设施的，必须提前向所在地环境保护行政主管部门申报，说明理由。环境保护行政主管部门接到申报后，应当在一个月内予以批复；逾期未批复的，视为同意拆除或者闲置。

（4）违反排污申报登记制度的法律后果

对拒报或者谎报排污申报登记事项的排污单位，环境保护行政主管部门可给予罚款，并责令其限期补办排污申报登记手续。应当办理变更申报登记手续而未办理的，视为拒报，可按拒报给予处罚。

5. 环境保护许可证制度

（1）环境保护许可证制度的定义

所谓环境保护许可证制度是指凡从事有害或者可能有害环境的活动，必须向有关管理机关提出申请，经审查批准，发给许可证后，方可进行的一种环境保护措施。它是对开发利用环境的各种活动进行事先审查和控制的一种行政许可。其目的都是为了把各种有害或者可能有害环境的活动纳入国家统一管理下，以便将其严格控制在国家规定的范围内。环境保护许可证制度可以说是环境保护法中最重要的制度。

（2）环境保护许可证的分类

1）防止环境污染许可证。如排污许可证，海洋倾废许可证，危险废物收集、贮存、处置许可证，放射性同位素与射线装置的生产、使用、销售许可证，废物进口许可证等。

2）防止环境破坏许可证。如林木采伐许可证，渔业捕捞许可证，野生动物特许猎捕证、狩猎证、驯养繁殖许可证等。

3）整体环境保护许可证。如建设规划许可证等。

（3）环境保护许可证的颁发程序

环境保护许可证制度同样规定了申请、审核、颁发、中止或吊销等一整套程序和手续。对拒发、中止、吊销许可证的，还有补救程序。如水污染物的排污许可证的申办程序包括：排污申报登记、分配排污量、发放许可证以及发证后的监督管理等内容。

6. 征收排污费制度

（1）征收排污费制度的定义

征收排污费制度，即所谓的排污收费制度，指国家环境保护管理机关通过依法对排污者征收一定费用的办法来进行环境保护管理的措施。

征收排污费制度的基本目的，是以经济手段约束排污者的行为，促使其节约并综合利用资源，治理污染，改善环境，同时也可以为保护环境和补偿污染损害筹集资金，所以其充分体现了"污染者负担"原则。

需要特别注意的是，排污单位缴纳排污费后，并不免除缴费者应当承担的治理污染、赔偿损失的责任和法律规定的其他责任。排污费纳入预算，要作为环境保护补助资金，由环境保护行政主管部门会同财政部门统筹安排使用。使用原则是，专款专用，先收后用，量入为出，不得超支挪用，如有节余，可结转下年使用。

1）一般情况下在不高于排污单位缴费的 80% 的范围内，补助重点排污单位治理污染源。

2）用于环境污染的综合性治理。

3）用于补助环境保护行政主管部门购置监测仪器设备，但不得用于环境保护行政主管部门自身行政经费以及盖办公楼、宿舍等非业务性开支。

（2）征收排污费的对象和范围

我国法律规定，对超过国家或者地方排放标准排放污染物的企业事业单位，征收排污费。其他单位，只征收采暖锅炉烟尘排污费。对向水体排污的单位，未超过污染物排放标准的，也要缴纳排污费。但超过国家或者地方规定的污染物排放标准的，要按照国家规定缴纳超标准排污费。

依照我国法律规定，征收排污费的污染物的范围包括：污水、废气、固体废物、噪声、放射性 5 大类。

对于蒸汽机车和其他流动污染源排放的废气，在符合环境保护标准的贮存或处置的设施、场所内贮存、处置的工业固体废物，进入城市污水集中处理设施的污水，不征收排污费。

（3）征收排污费的标准与计算方法

排污费要按国家统一的收费标准来征收。但经国务院环境保护行政主管部门批准，在个别工业密集、污染特别严重的大、中城市，对收费标准可作适当调整。同一排污口排放两种以上污染物的，只按收费最高的一种计算收费。对排放大气污染物的，其收费额可按排放污染物的数量乘以收费单价计算，或按消耗的燃料数量乘以收费单价计算。

污染物超标的废水，其收费额按收费单价乘以污染物超标总量计算。但对于污染物未超标的废水，其收费额按废水总量（吨）乘以收费单价计算。

对于固体废物的排污费，其收费额通常是用收费单价乘以每月废物量（吨）来计算。

排放环境噪声的收费标准，已经具体列出了通常情况下的收费额，不需要另行计算。不过，如果一个单位边界上有多处环境噪声超标，其收费额应根据最高一处超标声级计征；若有不同地点的作业场所，收费金额逐一计征；昼、夜均超标的环境噪声收费额应分别计算，迭加征收；声源一月内超标不足 15 天（昼夜）的，超标排污费减半征收。

（4）排污费的加收、减收和停收

1）所谓排污费的加收，是指在法定额度之上多收排污费。环境保护法规定，在四种情况下加收排污费：对缴纳排污费后仍未达到排放标准的排污单位，从开征第三年起，每年提高征收标准 5%。对 1979 年 9 月 13 日以后新建的建设项目，排污超标的，加倍收费。对有污染物处理设施不运行或者擅自拆除，排污超标的，加倍收费。对经限期治理逾期未完成治理任务的，加倍收费。

2）所谓排污费的减收是指在排污单位显著降低排污数量和浓度的情况下而少收排污费。

3）所谓停收是指由于排污单位经过治理已经达到排放标准或者已经建成符合环境保护标准的固体废物贮存、处置设施、场所而停收排污费。

（5）排污费的征收、管理和使用

征收排污费，首先要确定污染物排放量；然后由环境保护部门按月或按季向排污单位发出缴费通知单。排污单位应在收到缴费通知单 20 天内向指定的银行缴付。逾期不缴的，每天增收滞纳金 1‰。对于拒缴排污费的，环境保护行政主管部门可对其处以罚款，亦可申请人民法院强制执行。

排污费的加收、减收和停收，应由排污单位向环境保护部门提出申请，经环境保护部门监测属实后决定。

（三）环境标准

1. 环境标准的定义

环境标准是国家根据人体健康、生态平衡和社会经济发展对环境结构、状态的要求，在综合考虑本国自然环境特征、科学技术水平和经济条件的基础上，对环境要素间的配比、布局和各种环境要素的组成以及进行环境保护工作的某些技术要求加以限定的规范。

环境标准制度是环境法制建设逐步发展的产物。环境标准的主要内容包括技术要求和各种量值规定。制定环境标准为实施环境法的其他规范提供了准确和严格的范围界限，并为认定行为的合法性提供了法定的技术依据。法律对环境标准的制定、修改、分类、分级、效力等都作了具体的规定。

2. 环境标准的分类

（1）环境质量标准

作为法律，环境质量标准以保护人体健康和社会物质财富安全和维护生态平衡为目的，对环境中有害物质或因素含量的最高限额和有利于环境要素的最低要求进行了规定，环境质量标准是一个国家环境政策和环境质量目标的具体体现，是衡量一个国家、一个地区环境受污染程度的尺度，是制定污染物排放标准的依据。

按照环境要素的不同，分为大气环境质量标准、水环境质量标准、土壤环境质量标准、声环境质量标准等。

（2）污染物排放标准

即为实现环境质量标准的目标，在技术经济条件和环境特点允许的情况下，对污染源排放污染物或有害环境能量所规定的最高限额。

1）浓度标准，即浓度控制标准，是在经济技术可行性基础上规定的排放标准，一般以某种污染物在其载体中的百分比来表示。

2）总量标准，即总量控制标准，是以环境容量为根据而对污染源规定的排放污染物的数量限额。它是以一定时间内排放的污染物的总量来表示的。

（3）环境基础标准

环境基础标准是指国家为制定和执行各类环境标准提供统一遵循的准则，而对在环境保护中具有普遍意义的名词术语、符号、规程、指南、导则等作出的规定。

环境标准必须按照环境基础标准规定的准则来制定，其名词术语、符号、单位等与环境基础标准的规定必须相一致，否则就不是合法有效的，就不能得以贯彻实施。

（4）环境方法标准

是国家为了使各种环境监测和统计中的数字准确可靠并具有可比性，而对环境保护中所使用的试验、检查、采样、分析、统计和其他作业方法作出的规定。

（5）环境样品标准

是为了在环境保护工作和环境标准实施过程中标定仪器、检验测试方法、进行量值传递而由国家法定机关制作的能够确定一个或多个特性值的物质和材料的一种实物标准。

3. 我国环境标准的制定与适用

（1）制定环境标准的原则

环境标准中的限值都是在综合考虑各种有关因素的基础上，遵循一定的原则确定的。这些原则包括：

1）确保环境不受污染破坏的原则；

2）公众生命健康和公私财产不受污染损害的原则；

3）技术可行与经济合理的原则；

4）以环境基准为依据的原则；

5）充分考虑地区差异性的原则。

（2）国家环境标准和地方环境标准的关系

1）国家环境标准是由国务院有关部门依法制定和颁发的在全国范围内或者在全国的特定区域、特定行业适用的环境标准。按照法律规定，国务院环境保护行政主管部门可以制定所有种类的环境标准。

2）地方环境标准是指由省、自治区、直辖市人民政府制定和颁发的在其管辖区域内适用的环境标准。

省、自治区、直辖市人民政府只能就国家环境质量标准中未规定的项目制定地方补充标准；对国家污染物排放标准中未规定的项目，可以制定地方污染物排放标准；对国家污染物排放标准中已规定的项目，只能制定严于国家污染物排放标准的地方污染物排放标准。

地方环境标准必须报国务院环境保护行政主管部门备案。省、自治区、直辖市人民政府无权制定环境基础标准、环境方法标准和环境样品标准。地方环境标准只有省、自治区、直辖市人民政府有权制定，其他各级地方人民政府是无权制定的。

3）国家环境标准对全国适用，地方环境标准只对制定该标准的机构所辖的或其下级行政机构所辖的地区适用。

当地方污染物排放标准与国家污染物排放标准并存，而且地方标准严于国家标准时，优先适用地方标准。

4. 环境标准在环境法实施中的作用

作为环境保护法重要组成部分的环境标准的作用是：

（1）环境质量标准是确定环境污染的程度以及是否应让排污者承担相应的法律责任的根据。

（2）污染物排放标准是认定排污行为是否违法以及排污者是否应承担相应的法律义务和责任的根据。

根据我国环境保护法的规定，合法排污，只有在已造成环境污染或破坏的情况下才承担某些民事责任。而违法排污，除了应按规定缴纳超标排污费外，还会受到行政处罚；如果因此造成环境污染损害，还要承担民事责任；使环境受到严重污染，导致人身伤亡或者公私财产重大损失的，还要承担刑事责任。

（3）环境基础标准被用来确定单个环境标准的合法有效性。

（4）环境方法标准被用来确定环境监测数据以及环境纠纷中各有关方出示的证据是否合法有效。

（5）环境样品标准被用来标定环境监测仪器和检验环境保护设备的性能。

参 考 文 献

[1] 徐云博，李林. 建设法规与职业道德. 北京：中国电力出版社，2013.

[2] 生青杰. 建设行业职业道德. 郑州：黄河水利出版社，2006.

[3] 康志华，杨乃忠，陈蓓. 建筑职业道德教育. 武汉：武汉大学出版社，2014.

[4] 何佰洲. 建设法概论. 北京：中国建筑工业出版社，2000.

[5] 何佰洲. 工程建设法规与案例. 北京：中国建筑工业出版社，2004.

[6] 朱宏亮. 建设法规（第二版）武汉：武汉工业大学出版社，2003.

[7] 胡向真. 建设法规. 北京：北京大学出版社，2007.

[8] 王立久. 建设法规. 北京：中国建材工业出版社，2006.

[9] 黄安永. 建设法规. 南京：东南大学出版社，2002.

[10] 闫铁流，张桂芹. 建筑法条文释义. 北京：人民法院出版社，1998.

[11] 王天翊. 建筑法案例精析. 北京：人民法院出版社，1999.